U0598224

酒店人力资源管理

（第二版）

主　编　游富相

副主编　余宜娴　宋丹莉　邹红梅

ZHEJIANG UNIVERSITY PRESS
浙江大学出版社

图书在版编目（CIP）数据

酒店人力资源管理 / 游富相主编. —2版. —杭州：
浙江大学出版社，2018.8（2022.1重印）
　ISBN 978-7-308-18585-1

Ⅰ．①酒… Ⅱ．①游… Ⅲ．①饭店—人力资源管
理—高等职业教育—教材 Ⅳ．①F719.2

中国版本图书馆CIP数据核字（2018）第200820号

酒店人力资源管理（第二版）
主　编　游富相
副主编　余宜娴　宋丹莉　邹红梅

责任编辑	徐　霞
责任校对	杨利军　汪　潇
封面设计	卢　涛　周　灵
出版发行	浙江大学出版社
	（杭州市天目山路148号　邮政编码　310007）
	（网址：http://www.zjupress.com）
排　　版	杭州林智广告有限公司
印　　刷	浙江省邮电印刷股份有限公司
开　　本	787mm×1092mm　1/16
印　　张	15.5
字　　数	349千
版 印 次	2018年8月第2版　2022年1月第4次印刷
书　　号	ISBN 978-7-308-18585-1
定　　价	39.00元

内容提要

INTRODUCTION

　　全书围绕酒店人力资源管理基本职能，按照高职教学要求，采用模块化结构，每个模块由若干项目组成，每个项目又由若干任务组成。全书共分为七个模块，，包括酒店人力资源管理概述、酒店工作分析、酒店员工招聘、酒店培训、酒店考核、酒店薪酬设计、酒店劳动管理。本书在第一版的基础上进行了如下几个方面的修订：一是结合相关教师在星级酒店人力资源部工作实际，补充更新了来自企业一线的人力资源管理实务；二是补充了来自酒店人力资源管理一线的具体实例；三是结合近年来国家人事劳动政策变化，修订了相关酒店人力资源管理操作规程；四是精心制作了教学课件。

　　为了适应高职酒店管理专业的发展，满足高职院校酒店管理专业的教学和酒店企业人力资源管理的需要，编者在进行大量调查研究的基础上，总结了多年来高职院校酒店管理专业酒店人力资源管理的教学和实践经验，吸收了近年来出版的各版本教材的优点，针对国家人事政策调整和国内外星级酒店人力资源管理方法工具变化，在与长期从事本专业教学工作的专家教授与国内高星级酒店人力资源部职业经理的多次研究讨论后，修订了这本《酒店人力资源管理》。

　　全书采用模块化结构，每个模块由若干个任务组成，在第一版的基础上进行了如下几个方面的修订：一是结合相关教师在星级酒店人力资源部工作实际，补充更新了来自企业一线的人力资源管理实务；二是补充了来自酒店人力资源管理一线的具体实例；三是结合近年来国家人事劳动政策变化，修订了相关酒店人力资源管理操作规程；四是精心制作了教学课件。

　　本书可作为高职高专酒店管理、旅游管理专业的教材，也可作为从事酒店行业的在职管理者的培训教材。编者在编写过程中，吸收了国内外最新的酒店人力资源理论与实践成果，参考了大量的文献资料，在此谨向原作者致以谢忱。

　　本书由义乌工商职业技术学院游富相副教授担任主编，成都纺织高等专科学校余宜娴副教授、浙江广厦建设职业技术学院宋丹莉老师、义乌工商职业技术学院邹红梅老师担任副主编。本书共分为七个模块，其中模块一、二由游富相老师与上海波特曼丽思卡尔顿酒店有限公司（国内三家白金五星之一）人力资源部经理花蓓沁女士共同修订，模块三、四由邹红梅老师与浙江开元酒店管理股份有限公司宁波开元名都大酒店（五星）人力资源部总监周晓君女士共同修订，模块五、六由余宜娴老师与浙江中国小商品城集团股份有限公司银都酒店（四星）人力资源部经理傅利莉女士、义乌市市场发展集团有限公司幸福湖国际会议中心分公司（五星）人力资源部经理傅卓娅女士共同修订，模块七由宋丹莉老师与浙江中国小商品城集团股份有限公司海洋酒店（四星）人力资源部经理高岳生先生共同修订。

尽管修订版已经较为完善，但由于编者水平有限，书中难免有疏漏和不当之处，恳请读者批评指正。

编者

2018年5月

CONTENTS

目录

CONTENTS

模块一 酒店人力资源管理概述

学习目标

知识目标：
▶ 掌握酒店人力资源部工作内容
▶ 熟悉酒店人力资源管理者的工作职责
▶ 掌握酒店人力资源管理者应具备的能力

能力目标：
▶ 具备制定酒店人力资源部工作职责的能力
▶ 具备分析酒店人力资源部工作内容的能力

课件PPT

案例导入

马里奥特酒店成功的关键——人力资源管理

世界著名的马里奥特国际酒店集团的核心价值观就是以人为本，其中最重要的内容就是长期以来一直坚信"员工是最重要的资产"，这也是马里奥特几十年来成功的基础。

马里奥特的人力资源管理非常强调对员工的服务精神，具体体现在以下几方面：

1. 关心员工。关心员工就像关心自己，为他们铺平成功的道路，使他们自信并懂得自重，喜欢本职工作并对其产生兴趣。

2. 与员工沟通。马里奥特认为倾听员工的心声，征询他们的意见，发现他们的问题，对他们说"早上好"，询问他们家庭生活，了解他们的人生理想和目标、工作动机，都是非常重要的。

3. 满足员工需求。员工忠诚是非常重要的。经理们对待员工要像对自己一样。员工忠诚度、自豪感、团队精神和士气的培养与提高皆始于员工的需求，如干净的制服和合适的工具。马里奥特说得好："照顾好你的员工，他们将照顾好你的客人。"

4. 发展和赏识员工。"如果不雇用合适的人，你将不会从他们那里得到任何东西。合适的人是指友善、勤奋、真诚希望帮助别人的人。因为我们的事业需要高水平的接待和服务，具备以上品质的人将更容易管理，他们的反应更敏捷，其学习更迅速，能前进得更远。"

作为世界酒店业的领导者，马里奥特在全球拥有和管理着2600多家酒店，雇用了将近13万名员工，被美国《财富》杂志评为酒店业"最值得敬佩的酒店之一"和"最佳工作地点之一"。马里奥特的管理者一直奉行："好的员工将成为能干的经理。酒店要寻找、雇用和培训好的员工，并且像对待家人一样对待他们。"这是马里奥特成功的关键所在。

（资料来源：中国人力开发网，http://www.chinahrd.net）

项目一 | 人力资源与酒店人力资源管理的概念与特点

任务一 明确人力资源的概念与特点

一、人力资源的概念

经济学把为了创造物质财富而投入于生产活动中的一切要素通称为资源，包括人力资源、物力资源、财力资源、技术资源、时间资源等。其中人力资源是最重要的资源，只有有效开发人力资源，合理、科学地管理人力资源，一个企业才能蓬勃发展。那么，什么是人力资源呢？

人力资源有狭义和广义之分。

广义地说，智力正常的人都是人力资源。

狭义地说，人力资源是指能够推动整个经济和社会发展的具有智力劳动和体力劳动能力的人们的总和，它应包括数量和质量两个指标。

人力资源有四个方面的含义：人本身体质、人的智力、人所具有特定范畴的才干、人的意识观念状态和道德准则。只有具备这四个方面的条件，才能称之为人力资源。

二、人力资源的特点

人力资源是一种特殊而又重要的资源，是各种生产力要素中最具有活力和弹性的部分，它具有以下基本特点。

（一）能动性

自然资源在开发过程中，完全处于被动的地位。人力资源则不同，因为它是由劳动者的劳动能力构成的，而劳动能力存在于劳动者的身体之中。劳动者在各种活动中，总是处在发起、操纵、控制其他资源的位置上，根据外部环境的可能性、自身的条件和愿望，有目的地确定活动的方向，创造性地选择自己的行为。因此，人力资源具有主观能动性。作为人力资源管理者，挖掘人力资源的能动性是其主要职责之一。

挖掘人的主观能动性关键靠激励。凡是尽了最大努力的员工，都应该得到激励。至于在具体运用中究竟采取何种激励方式，应依据员工取得的成绩和他们对不同需要的追求程度而定。

（二）时效性

任何有生命的活体都有其生命周期，因此人力资源的形成、开发、使用都受到时间方面的制约和限制。与自然界存在的物质资源不同，由于人力资源在不同的年龄阶段有着不同的生理和心理特点，所以人力资源的使用与开发要用当其时。人力资源长期闲置或学非所用，会造成极大的浪费。

（三）再生性

人力资源是可再生资源，其再生性即人口的再生产和劳动力的再生产，通过人口总体内各个个体的不断替换更新和劳动力再生产的过程得以实现。人力资源的再生性不同于一般生物资源的再生性，除了遵守一般的生物学规律之外，它还受着人类意识的支配和人类活动的影响。

（四）增值性

人力资源不仅具有再生性的特点，而且其再生过程也是一种增值的过程。人力资源在开发和使用过程中，一方面可以创造财富，另一方面通过知识经验的积累、更新，提升自身的价值，从而使组织实现价值增值。

培训是实现人力资源增值的根本途径，是人力资本收益的重要决定因素，培训的出发点和归宿是"企业的生存与发展"。如果培训不能扎根于每个员工和管理者的工作，并给企业带来现实效率，培训就会成为一种额外负担；同样，如果培训不能给每个员工和管理者带来实际的好处，不能促使其做好工作，不能与做好工作之后的奖金、提薪、晋升发生直接关系，那么，培训也就成一种苦差事。

因此，酒店应针对员工的需要，提供不同的培训服务产品，以切实实现酒店人力资源的保值与增值。

（五）生产和消费的统一

人力资源主体——劳动者是生产者和消费者的统一体。在社会生产过程中，人是作为劳动者或生产者存在的。劳动者运用自己的体力和智能，对各种以物的形式存在的经济资源进行开发利用，生产出各种产品和提供服务，以满足人类的社会需求。在对各种经济资源开发利用的过程中，劳动者通过学习和总结经验，不断提高自身的素质。素质高的劳动者，又在新一轮社会生产过程中，把对经济资源的开发利用提高到一个新水平，提供更符合社会需要的产品和服务，如此循环往复，螺旋上升。

劳动者在进行生产的同时，还要不断地进行生活消费，不仅本人要消费，而且要为失去劳动能力的老人和尚未具备劳动能力的孩子提供必需的生活消费。因此，劳动者不仅是生产者，而且是消费者。

任务二　明确酒店人力资源管理的概念与特点

一、酒店人力资源管理的概念

酒店人力资源管理就是运用科学的方法，对酒店的人力资源进行有效的开发和利用，以提高酒店从业人员的素质，并使其得到最优的配置、发挥最大的积极性，从而不断提高酒店的劳动效率，实现组织目标。酒店人力资源管理，不仅是高质量完成服务过程、实现酒店目标的必要保证，也是酒店实施服务竞争战略的基础。

现代酒店人力资源管理不同于传统的酒店人事管理。许多酒店的人事部更名为人力资源部，这不仅是一种名称上的变化，它还反映了酒店员工管理模式的变革。传统的人事管理被视为酒店管理中的一项具体职能，其功能也被理解为聘请员工、支付薪水、调节劳资纠纷的工具，靠强制性监督和物质利益的引诱来推动工作的开展，不注重员工潜能的发挥，因而员工的积极性也难以被调动。现代酒店人力资源管理则是以人为中心，强调通过尊重人与满足人的多方面需求来调动员工的积极性，挖掘员工潜能；把人看作酒店的最重要的资源，强调人与工作的相互适应，并且认为具有良好素质的人力资源队伍绝不是自然形成的，而是通过酒店的精心选择、培育、开发、使用、激励等手段逐渐形成和发展起来的。现代酒店人力资源管理既要继续做好传统的人事管理工作，确保人与工作的最佳组合，更要采用现代科学管理的方法与手段，关注员工各方面的需求，尽可能地激发员工的积极性、主动性、创造性，挖掘员工潜能，从而实现现代酒店的经营管理目标。

二、酒店人力资源管理的特点

酒店人力资源管理作为一门管理科学，就具体工作的开展方面而言，具有局外性、跨越性、超前性和系统性等特点。

（一）局外性

局外性主要是指由客人监督和评定酒店工作人员的服务质量。这样做，一方面可以大大减少管理人员巡视检查的工作量，另一方面可以对酒店管理人员的工作起到拾遗补阙的作用。喜来登酒店集团创始人翰德森先生认为，酒店最有效的管理工具应该是客人对服务质量的监督和评定。喜来登酒店集团所属的每一家酒店都制定了一份详细的客人评定酒店服务质量的调查表，其内容和项目十分具体。我国酒店业也非常重视人力资源管理的局外性，并且予以制度化，几乎每家酒店都在前厅设立了大堂副理的岗位，以及客人意见箱和投诉电话。这样做可以广泛听取客人对员工和服务的意见，及时处理投诉，解决问题，改进酒店人力资源管理工作。

（二）跨越性

跨越性主要集中表现在地域和文化两个方面。首先是地域的跨越。近十年来，境外的一些著名酒店集团如假日、马里奥特、喜来登、希尔顿等以不同方式相继进入中国。与此同时，我国的一些酒店也实现了跨国界、跨地区的集团化经营管理，如上海锦江国际酒店集团、广州白天鹅酒店集团等。这就使我国酒店人力资源管理在员工招聘、员工培训、员工调配上都表现出了明显的地域跨越性。其次是文化的跨越性。酒店，特别是跨国酒店集团的员工来自不同的文化环境，酒店人力资源管理者如何使国籍、文化背景、语言都不同的员工共同完成工作，是一种挑战。

（三）超前性

无论是从人才的发现到人才的培养，还是从人才的利用到人才的驾驭，都离不开人才的超前培养和继续教育。否则，现在的人才，若干年后可能就是"现代文盲"。因此，酒店人力资源管理者要有超前意识，并主要解决好以下两方面的矛盾：

（1）解决好酒店人力资源开发的超前性和人力资源利用的滞后性之间的矛盾。争取缩短两者之间的时间差，即学即用，杜绝知识资本的浪费，提高知识的转化率和利用率。

（2）处理好酒店人力资源开发的长期性与人力资源利用的短期性之间的矛盾。把酒店人力资源的开发工作当作一件长期不懈的大事来抓，进行持久的、连续的开发，也可以分期分批地进行开发；同时也要珍惜开发出来的人力资源，进行适当的利用。

（四）系统性

当今酒店是靠员工的密切合作与客人的良好印象维持生存与发展的。如果酒店员工不能密切配合，服务就会脱节；服务脱节客人就会不满意；客人不满意酒店就会失去客人；酒店失去客人就会降低效益，甚至不能生存；酒店没有效益或不能生存，员工的生存和发展就会受到威胁。这种系统性的连锁反应，足以让酒店的管理人员和员工引起高度的重视。

三、酒店人力资源管理面临的新问题

酒店业是传统的劳动密集型行业，员工是酒店最为宝贵的财富。酒店特殊的产品形式——服务决定了酒店管理必须有一定数量和质量的人员作保证。在科技日益发达的今天，人们总是试图逃避科技所带来的孤寂，寻求一种亲情式的社交氛围。因此，酒店的面对面服务也就愈加受到重视；而这种亲情服务的实现，必须依靠一批高素质员工的有效工作。

从另一个角度讲，旅游饭店业又是一个非常敏感的行业，极易受外部因素的影响。且不说国际风云变幻等突发事件，就是常规意义上的经营淡旺季之分，都会对酒店的客房出租率产生极大的影响，给酒店的人力资源配置和人力成本核算带来很大困难。

中国加入WTO之后，国外酒店管理集团进入中国市场的步伐加快，市场竞争越发激烈，中国旅游饭店市场已进入了微利时代，这对各酒店企业的管理水平提出了更高的要求。谁能不断改进管理方式，提高服务水平，降低经营成本，谁就能在竞争中立于不败之地；与此同时，酒店企业劳动密集型与旅游行业敏感性强的特征在人力资源配置上表现出的矛盾也更加突出。面对这种状况，许多酒店企业表现出专业人才匮乏、员工工作积极性不高、人力资源配置方法落后、管理模式缺乏灵活性和应变能力等弱点。

多数酒店企业习惯于根据自己所拥有的客房数，按照较高的上客率来计划自己的员工数，这种方式在经营淡季时会导致人力成本的极大浪费，而占管理成本20%以上的人力成本无法得到有效控制，竞争优势的建立也就无从谈起了。即使为节约经营成本，在淡季采取减薪、裁员、休假等措施，仿佛找到了一种解决办法，但从企业的长远发展来讲这是对人力资源工作的极大损害。因此，如何吸引人才，留住人才，充分发挥人才的主观能动性；如何实现酒店淡、旺季人力资源配置的最优化，既充分发挥人力资源的效用，又最大限度地降低管理成本，是很多企业亟待解决的问题。这要求我们要在人力资源管理水平上有所突破，在管理方法上追求创新。

项目二 | 酒店人力资源部的作用与工作内容

任务一 明确人力资源部的地位与功能

一、人力资源部的地位

随着酒店不断地发展、成熟，酒店越来越注重对人力资源的发掘。酒店的服务包括软件服务和硬件服务，其竞争的核心内容是软件服务，而软件服务的实现又要靠高素质的酒店人才来完成。这一核心竞争力要求人力资源部从整体上对人才进行吸纳、开发、维持、激励和整合，并使之与酒店整体目标同步。

那么，在现代酒店中，人力资源部应该占据什么样的地位，同时又起到了什么作用呢?

在现代酒店的职能部门体系中，人力资源应该属于一个中心枢纽部门，其工作性质不仅仅是人事服务部门、职能部门、执行监察协调部门，同时也是围绕整个酒店根本目标工作的核心部门。

首先，人力资源部是人事服务部门。人力资源部的首要工作是为最高经营者和各职能部门提供及时、周到的人事方面的服务。通过对员工开展招聘、引进、培训、考核、福利等工作来满足其他各部门对于人员的需求，负责对人才的选、育、留、用，并针对这四点开展工作：通过开展招聘甄选工作，吸纳优秀人才进入本酒店工作；通过培训，引导制定职业生涯发展计划，教育人才；通过提供健康、安全的职位环境留住优秀人才；通过调动员工的积极性、主动性和创造性来让人的潜能得到最大化发挥。在工作上，努力为员工提供一个施展抱负和才干的平台；在生活上，使员工无后顾之忧；在情感上，给予员工高度的认同；在业余生活上，合理安排丰富多彩的活动，使员工发挥多方面的才干，增强企业的凝聚力。

其次，人力资源部是职能部门。人力资源部负责拟定酒店的人力资源政策，提交给酒店最高经营委员会决策，包括拟定员工手册、招聘简章、培训计划、绩效考核制度、员工保险、员工评先评优方案等，负责劳动合同的签订以及与其他行政职能部门（如劳动局、社区）进行公共关系方面的工作。在现代酒店中，人力资源部的管理目标在很大程度上是要保证酒店有合理的定岗、定员、定编，保证酒店一线服务部门有足够的服务员，同时保证酒店的劳务费用不超标，整体费用控制在参数之内。这些目标的设置是为了满足员工的需要，致力于员工的潜能发挥和全面发展，使其潜能的发挥能与酒店整体目标保持一致性。

再次，人力资源部是执行监察协调部门。人力资源部根据既定的价值评定标准对酒店中的大小规章制度与政策的执行情况、各部门以及员工的职位业绩等工作进行监督，确保各部门员工的活动有利于酒店经营总目标的实现。通过扮演仲裁者和协调者的角色来处理酒店内的各种冲突和纠纷，化解矛盾，建立团队精神，并凭借各种专业知识和技能，为酒店内部各层级以及各部门的管理者提供决策咨询，为员工解释酒店的人力资源政策。在酒店内，任何人事的任免、员工之间的纠纷、员工的入职和离职，都必须通过人力资源部。一个完善的人力资源管理系统，详细地记录了员工的生日、学历、身高、有无违法乱纪等信息。人力资源部处理的事务可从微观中见宏观，小到员工的纠纷，大到整体的人力资源规划，人力资源部全面执行监察协调工作，以确保酒店整体目标的实现。

最后，也是最主要的，人力资源部是酒店发展战略的核心部门。人力资源管理发展到今天，其在企业中的地位和作用已有了根本性的转变。在当前的管理战略中，许多大酒店的人力资源部门已经从传统的简单的人事服务部门提升到直属于总经理的人力资源部。人力资源与企业发展战略紧密结合在一起，企业要从战略的高度对待人力资源的开发和利用。对于酒店业来说，人力资源部围绕酒店的整体目标，通过对酒店现有人力资源的了解以及未来人力资源的需求进行预测，制定人力资源战略开发、管理的总规划，根据酒店发展战略进行组织结构调整，积极进行职位分工，提供健康安全的就职体系和科学合理的薪金体系，并根据市场的需求变化不断进行人力资源调整、补充和引进，合理配置人力资源，实现人才职业化、信息化，以确保酒店品牌竞争整体目标的实现。

二、人力资源部的功能

人力资源部在整个酒店的发展中功不可没，其功能表现在以下三个方面：

（1）建立符合酒店特点的企业文化。现代人力资源开发强调管理是一种控制行为，激活是一种促进措施，并把激发人的热情、增强人的能力作为现代人力资源开发的重要目标；提出要把整个人才队伍盘活，把每一个人才个体激活，通过有效而正确的激励技巧，激发出每个人内在的活力，使其始终保持一种积极进取、奋发向上、勇于拼搏、开拓创新的精神状态，把潜能最大限度地释放出来。人力资源部通过组织员工的培训、绩效考核、开展各类活动等方式将酒店的经营理念、服务理念、管理理念、行为理念灌输到员工的脑海中；通过对员工信念的培养、心灵的满足、精神的训练，建立起个人对企业整体的认同感和凝聚力，形成强烈的"团队精神"，并努力营造一个良好的工作环境、科学的薪金体系和完善的管理制度，使员工从思想上、情感上、行动上认同酒店，使员工能够在酒店中学到新的知识，发挥自己最大的才干，形成具有酒店特色的企业文化。

（2）人力资源部是赢利部门，是创造利润的主要来源。为什么说人力资源部是创造利润的主要来源？在酒店业中，客人的满意来源于员工优质的服务，而员工的满意度则来自对整个酒店的认同度。人力资源的管理就是通过对人的开发，把人才作为企业发展的重要资本，唯才是举，任人唯贤，提高人的知识和能力，把人的智慧、知识、经验、技能、创造性、积极性当作一种资源加以发掘、培养、发展和利用。通过"人"这一宝贵的资源，使酒店的稳步发展得到保证。酒店拥有了高素质的服务人才，才会赢得客人的满意，客人满意了，利润才能得以提高。所以说，人力资源部是一个赢利部门，并且是一个长期赢利的部门，其资产和资金是无形的，是通过人的潜能来实现的。人是创造利润的主要源泉，"抓住人力资源就等于把效益装入了酒店的口袋"，整体性人力资源开发是酒店通往成功大门的一把金钥匙。

（3）人力资源部为酒店管理工作提供重要的保障和依据。人力资源部主要负责人力资源规划、人员调整、人工成本控制；员工岗位知识、技能与素质培训；弘扬企业文化；建立内部沟通机制，调动员工积极性，做好人员流动的控制；劳资关系纠纷的预见与处理；领导力的开发，设计有效的绩效评估；培育员工的创新精神和主观能动性；建立完善的规章制度并监督执行等。它维持并建立了企业与员工之间的双向交流、理解、合作与认可，参与处理了各类大小事件，扮演了公共关系者的角色，上为最高经营者提供酒店整体目标的决策和规划，中间协调其他各部门之间的联系、减少摩擦，下为员工的公共利益提供周到的服务。人力资源部为整个酒店营造了和谐、融洽的整体氛围，既合理地利用了资源，提高了酒店的劳动效率和经济效益，更为整个酒店的发展与前进提供了有力的科学保障。

人才是酒店发展与成功的灵魂，人力资源部在酒店中的地位是举足轻重的，在激烈的市场竞争中，环境的变化、竞争对手的改进和自身内部的资源消耗都会影响酒店的运行和发展。酒店竞争优势的持续保障是酒店获得发展的基本条件，而这又有赖于酒店人力资源需求的科学定位和规划。人力资源部的发展在根本上影响着酒店资源的增值潜力及其竞争价值。只有抓住人才，留住人才，培育人才，使人的潜能得到最大限度发挥，酒店的发展才会越来越好，酒店的核心竞争力才会长青，才能在激烈的市场竞争中立于不败之地。

任务二　明确人力资源部的工作内容

酒店人力资源部在进行人力资源管理过程中，其基本工作包括以下多个方面。

一、工作分析

为了高效率地实现组织目标，有效地进行人力资源开发与管理，酒店人力资源部要做的第一件事就是了解酒店中各种工作的特点以及能胜任各种工作的各类人员的特点，以便为各项人力资源决策提供科学、客观的决策依据，这就是工作分析，也称为职务分析。它是人力资源开发与管理的前提条件。

二、招聘与录用

人才是竞争的源泉，因此挑选和录用合格乃至优秀的员工是酒店占据竞争主动地位的重要环节。许多酒店都十分注重员工的招聘方式，以求最快最省地招到最合适的员工。例如，有的酒店采用本酒店员工内部推荐的方式招聘员工，这样做既能节省费用，又能快速招到适合酒店需要的员工。

三、培训与开发

培训分为岗前培训和在职培训。岗前培训是对新员工进行职业教育，使其具有基本的职业素质；在职培训是结合员工工作中的表现，进一步开发和提高其工作能力。良好的培训能提高员工的生产效率，培养稀缺性人才资源。当酒店员工的技能、知识与竞争对手截然不同时，就成为一种具有竞争优势的资源。比如希尔顿酒店集团为了获得高于竞争者的优势，不惜出巨资培训员工。当然，一个酒店要想持续、健康、快速地发展，除了培训外，也离不开员工能力的开发。

四、绩效考核

一般认为，绩效考核是通过系统的方法、原理来评定和测量员工或部门的绩效。它是酒店人力资源管理部门在依照若干项目或目标对被考核者某一阶段工作行为进行切实记录而形成的对被考核者工作意见的基础上，进行有次序、有系统和科学的分析与评价，从而公平地确定被考核者在所在部门中的价值。科学的绩效考核体系能够识别员工绩效的不足，从而对症下药，制定绩效改进方案，提高员工的工作技能。此外，对于在考核中表现优秀的员工，酒店通过晋升、加薪等多种方式可以使员工产生满足感和成就感，进而迸发出更大的工作热情和创造精神。这一切都能带来员工工作绩效的改善，从而提升酒店在市场中的整体竞争实力。

五、设计薪酬与福利

薪酬和福利对竞争优势的影响表现为两方面。一方面，酒店要想在日益激烈的市场竞争中占有一席之地，就必须拥有优秀的人力资源，合理的薪酬和福利正是吸引和留住员工的重要手段。另一方面，员工激励的实施过程，实际上就是人的需要得到满足的过程。员工的表现受感情、情绪与态度的影响很大，他们在工作中产生的满足感会直接影响工作绩效。由于人的需要是多层次、多类别的，酒店中的员工不仅受物质的激励，而且也受各种不同的社会因素和精神因素的激励。因此，应根据不同员工的不同情况，采取不同的激励方式，使其合理的需求都能得到相应的满足，以充分调动员工的积极性，提高酒店业绩。

六、劳动关系管理

酒店劳动关系是指劳动者与酒店之间在劳动过程中发生的关系。酒店劳动合同既是酒店和劳动者建立劳动关系的基础，也是酒店和劳动者协调与处理劳动关系争议的依据。

酒店劳动关系管理主要包括劳动合同管理、劳动争议管理、职业安全卫生管理等几个方面。

项目三 | 酒店人力资源部的岗位职责

任务一 拟定人力资源部总体职责

酒店人力资源部的总体职责是：坚持"以市场为导向，以成本为中心，以质量为生命"的经营管理方针和"让客人完全满意"的服务宗旨，严格遵守国家、地方和上级有关部门的法规、政策和规定，制定适合酒店人力资源管理的政策和规章制度，并组织实施；根据酒店总经理的工作指令和经营管理工作的需要，加强酒店人力资源工作的科学化和规范化管理，有效地开发和配置酒店人力资源，努力造就一支具有良好政治、业务素质的员工队伍和一批不同层次的优秀后备人才。

一般来说，三星级以上酒店的人力资源部由酒店总经理直接管理，向其负责。其组织结构一般包括培训部、质检部、招聘部和人事部四个部门，具体见图1-1。

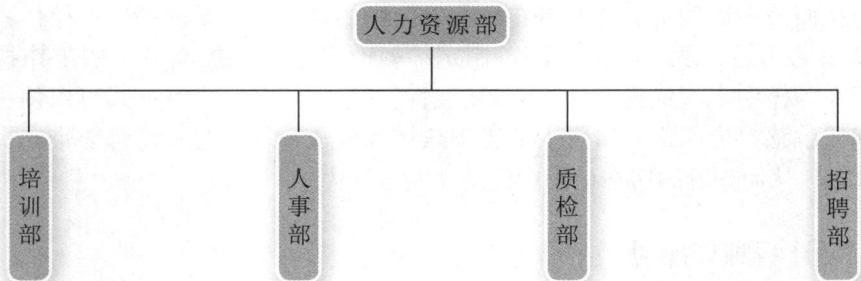

图1-1　三星级以上酒店人力资源部的组织结构

任务二　制定人力资源部岗位职责

一般酒店人力资源部设有人力资源总监、培训经理、质检经理、人事经理等岗位，其职责具体如下。

一、人力资源总监岗位职责

（1）执行酒店总经理的工作指令，向总经理负责并报告工作。

（2）贯彻执行国家人事、劳动方面的方针、政策和法规，全面负责酒店劳动定员定编，制定酒店人事管理、工资福利分配政策，制定和完善培训、考核、晋升、奖励等各项制度。

（3）根据酒店经营目标和工作需要，组织本部门工作人员编制人力资源年度工作计划、长远规划，负责人工成本、培训费用核算，并组织实施和监控。

（4）主持本部门工作例会，听取、汇报、督促工作进度，协调和解决工作中的问题，提出阶段性工作计划和要求，并督促执行和落实。

（5）组织搜集人才（劳动力）市场信息，随时掌握员工需求、人事调配、劳动工资、人员培训等方面的动态，负责组织和合理有效运用酒店的人力资源。

（6）负责协调和指导酒店各部门制定人力资源需求计划，掌握和控制酒店的人员编制总量，组织制定劳动定员定编方案，按编制合理安排和调配余、缺人员，做好员工录用、调动、晋级、辞退等工作事宜。

（7）掌握劳动力市场价格和同行业人均分配水平等信息，根据酒店经济效益和工资总额情况，组织制定劳动工资管理办法和分配方案，并适时提出酒店员工工资调整方案；负责会同酒店财务部制定各营业、管理部门的奖金分配方案，制定相关的福利政策并监督实施。

（8）负责人才的开发、引进和培训。在酒店内建立分层次的培训网络，负责制定培训计划和培训管理制度。重视新员工的系列培训，教育和督促员工执行酒店的各项规章制度；加强员工在职培训，不断提高员工的业务技能和外语水平。

（9）负责酒店主管以上管理人员的考核、考察、聘任呈报工作，以及本部门员工的工作考察评估工作。

（10）负责建立和完善劳动用工规章制度，严格依法用工，切实保障员工的合理权益，减少劳动争议的发生，针对员工提出的正当合理要求，认真、妥善处理和解决有关人力资源方面的问题；努力改善员工的工作环境和生活条件，不断增强员工的凝聚力。

（11）努力提高员工的素质，关心员工生活，做好政治思想工作，抓好部门文明建设等工作。

（12）每年组织对酒店各部门负责人的绩效评估，组织制定酒店员工的绩效评估方案，关注酒店所有员工的工作状况并为其发展提供协调和帮助。

（13）高度关注酒店的人员流失率，通过与离职人员面谈等方式了解原因，及时采取措施加以控制或改进。

二、培训经理岗位职责

（1）执行人力资源总监的工作指令，全面负责酒店的培训工作，向人力资源总监负责并报告工作。

（2）根据酒店经营管理和发展需要，负责拟定员工的培训规划、年度计划以及培训的各项管理制度。

（3）建立并完善酒店、部门、班组三级培训体系。

（4）根据员工培训的需要，制定教育培训大纲，设计各种培训项目，做好培训教师的聘用、教材的选用以及场地的落实等教学准备工作。

（5）负责收集各种资料，建立和健全培训档案库，为考核、评估、选拔各类人员当好参谋。

（6）负责对各部门举办的培训活动实施监督和控制，协助和配合酒店各部门开展各项培训活动。

（7）负责酒店员工的培训、评估、考核、发证等组织管理工作。

（8）负责酒店有关外派培训和外单位委托培训、考核的有关组织和管理工作。

（9）负责拟订酒店年度培训经费预算，严格控制培训经费，并做好教育设备、器具的保管和维修保养工作。

（10）负责招聘考试，并组织员工入店后的培训工作。

（11）加强酒店培训网络的沟通，充分发挥兼职培训人员的积极性，做好追踪培训和教学评估工作。

（12）不断提高培训网络中兼职培训人员的自身素质，做好培训人员的培训工作。

（13）做好办公室的日常清洁卫生工作，并负责安排人员清洁整理培训室，完成人力资源总监交办的其他工作任务。

（14）建立有效的宾客意见收集、分析流程，并定期进行分析。

（15）通过分析酒店的服务质量情况，结合酒店的年度工作要求，提出年度、季度服务质量主题活动计划及方案。

（16）负责做好人力资源部的会议记录。

（17）完成上级领导指派的其他工作。

三、质检经理岗位职责

（1）根据总经理授权，依据国家旅游局关于星级酒店评分标准、《酒店员工手册》、《酒店奖惩条例》等各项规章制度以及岗位职责和服务规范对酒店各岗位进行督导检查。

（2）建立三级督导检查系统，即主管级、经理级、酒店总监级，代表总经理行使督导职权。

（3）建立督导检查制度，采用常规检查、抽查、专项检查、夜查和暗查等方式，每天按酒店的统一质量标准进行检查。检查结果随时通报总经理、人力资源部和各有关部门经理，同时记入"检查日报表"，作为实施奖惩的重要依据。

（4）完成"每周服务质量简报"、每月员工"奖罚明细表"、各部门"违例情况分析表"、每季度各部门经理综合考核分累计工作和每月各部门"员工评估表"的集中抽查工作。对各种数据统计表加以分析，并提出改进方案和建议。对质量方面的重大事故草拟专题案例报告，上报酒店总经理，并作为培训资料交培训经理。发现问题做到"三不放过"：对发生的问题没有搞清楚不放过；违纪者对错误没有认识不放过；未对当事人按酒店规定进行正确处理不放过。

（5）每日收集和整理"客人意见反馈表"，进行分析，提出改进意见，第二天早晨报送总经理。

（6）负责建立酒店质量管理和质量检查档案。

（7）负责每年卫生许可证的办理。

（8）完成上级领导交办的其他工作。

（9）除正常巡查外，必须抽查以下项目：①重点接待前的准备工作情况；②客房设备及服务情况（每月例行抽查1次）；③通宵班各岗位值班情况（每月抽查不少于3次）；④外来的海鲜、食品质量（每月抽查3次）。

四、人事经理岗位职责

（1）执行人力资源总监的工作指令，具体负责执行国家制定的有关工资、福利、劳保等方面的政策、规章，制定酒店岗位工资等相关规定，解决员工有关劳动人事方面的问题和投诉。

（2）管理员工人事档案，负责办理员工的转正、定级、定职、考核、晋级的工资变动事宜。

（3）负责办理员工调动的工资手续，审定调入员工的工资标准。

（4）负责劳动用工年检工作，编排有关人事台账，负责年度人员工资报表和人员情况的卡片登记等管理工作。

（5）负责酒店主管以上管理人员的聘任、解聘、奖惩等相关资料的档案建立工作。

（6）负责各类专业技术人员的职称评定工作，建立健全技术档案并完成年度考核评估。

（7）负责各类技术工人等级的审报考核、评定工作，建立健全技术工人档案。

（8）严格酒店劳动工资管理，建立健全员工工资一览表，掌握各类人员的工资变动情况和人员增减情况。

（9）负责员工劳动保护、劳动安全、工伤申报等工作。

（10）负责员工奖惩、超时工作、节假日加班和各种假期工资的审核、报批工作，及时登记造册，并监督和检查其发放使用情况。

（11）负责酒店医药管理工作。

（12）负责拟定酒店员工劳保用品，各类工作服的发放范围、数量和标准。

（13）关心员工的工作环境和劳动条件，及时提出改进意见和建议，保障员工身心健康。

（14）完成人力资源总监交办的其他工作。

需要指出的是，上述职责是三星级及以上酒店人力资源部各个岗位的职责。三星级以下酒店一般不设人力资源部，其职责通常由酒店办公室承担。

另外，在经济连锁酒店，如目前国内成长较快的锦江之星、如家快捷、莫泰168、7天、速8、汉庭等，其各个分店不设人力资源部，只在总部设人力资源管理部，岗位设置上参照三星级以上酒店设置。其职责类似于酒店管理公司，不是管理一个酒店，而是管理集团下属所有酒店。

能力训练

1. 访问两家你熟悉的三星级及以上酒店，分别了解它们的岗位设置，指出其异同。
2. 比较你所知的三星级、四星级、五星级酒店的人力资源部岗位设置，并比较其岗位职责的异同。

思考与练习

1. 简述酒店人力资源管理的概念及其特点。
2. 简述酒店人力资源管理的主要内容。

知识拓展

人力资源部人员素质要求

酒店人力资源部人员的素质要求直接关系到人力资源政策、方针与制度的贯彻落实。因此，人力资源部人员必须具有强烈的工作责任心和敬业奉献精神，要求坚持原则、忠于职守、公正客观、严于律己、团结互助、努力学习、身体健康、外貌端正。某酒店人力资源部各岗位人员的业务素质要求如表1-1所示。

表1-1 酒店人力资源部各岗位人员的业务素质要求

岗位	知识要求	能力要求	经历要求
人力资源总监	大专毕业以上或同等学力； 熟悉人力资源法规、民法、婚姻法、公司法、经济合同法、人事管理、劳动保护、劳动工资、人工成本、福利和教育培训等专业知识； 熟悉酒店经营管理的专业知识； 了解人才学、社会学、心理学、行为学、公共关系学等基础知识	能按照政策规定，结合酒店实际制订人力资源工作计划和预算计划； 具有较强的组织、指挥、协调和解决人力资源管理实际问题的能力； 有较好的文字、语言表达能力； 外语通过酒店A级考核，并通过计算机考核； 具有专业上岗证书	5年以上酒店工作经历，或3年以上人力资源管理工作经历
人力资源部经理助理	大专毕业或同等学力； 熟悉人力资源有关政策法规和经济法、企业法、合同法、婚姻法、社会保险、劳动工资等政策； 掌握人才学、社会学、管理心理学、行为学、公共关系学、人事统计、财务会计等专门知识	具有较强的人力资源开发、人力调配与考核、合同管理等综合人事管理能力，能建立人才信息库和网络； 有较好的文字表达能力，能熟练操作计算机； 外语通过酒店B级考核； 具有专业上岗证书	在管理岗位上工作3年以上
培训经理	大专毕业或同等学力； 熟悉有关法规和条例； 掌握教育学、心理学以及酒店管理理论； 熟悉员工的规律、特点和岗位培训工作程序； 了解酒店员工的服务工作规范和质量标准的要求	能按照酒店经营发展对人才的需要，制定酒店总体培训规划和实施计划； 能与有关部门进行沟通和协调； 有较强的文字表达能力和口头表达能力； 掌握电化教育的方法，能熟练操作计算机； 外语通过酒店A级考核； 具有专业上岗证书	在酒店管理岗位上工作2年以上，或从事教育培训工作3年以上
质检经理	大专毕业或同等学力； 熟悉公司法、经济合同法、企业法、成本控制、质量监督、ISO（国际标准化组织）质量认证等专业知识； 了解心理学、质量学、统计学、管理学等基础知识； 掌握酒店工作质量标准及卫生标准	能够严格执行质量监督工作； 具有较好的文字、语言表达能力； 外语通过酒店C级考核； 能熟练操作计算机	在管理岗位上工作2年以上

岗位	知识要求	能力要求	经历要求
人事经理	大专毕业或同等学力； 熟悉劳动法、税法、劳动保护和社会保险、劳动工资、福利等政策、法规； 掌握劳动经济学、财务会计及统计学等专业知识	能严格执行工资、福利政策和规定，起草各类分配方案； 准确编报各类业务报表，搞好综合统计； 能熟练操作计算机； 外语通过酒店B级考核； 具有专业上岗证书	在管理岗位上工作3年以上
招聘经理	大专及以上，人力资源管理或相关专业； 熟悉国家、地方及企业的劳动人事、合同管理、薪金制度、用人机制、保险福利待遇和培训方针等； 了解人力资源各岗位的专业知识和业务操作流程	熟练使用操作办公自动化设备和办公软件； 具备公务文书和档案管理常识	2年以上高星级酒店人事、行政工作经验

模块二　酒店工作分析

学习目标

知识目标：
- ▶ 了解工作分析的概念
- ▶ 理解工作分析的方法与流程
- ▶ 掌握工作说明书的编制
- ▶ 理解工作设计技术

能力目标：
- ▶ 熟练编制工作说明书
- ▶ 具备工作设计的能力

课件PPT

案例导入

工作说明书失效

　　某家老酒店近来经过大投入、大改造，已从一家中档酒店升为五星级酒店。一天，人力资源部经理为招聘中餐厅服务经理一事与餐饮部经理进行沟通。人力资源部经理问："王经理，我真不知道你到底要怎样的餐厅服务经理？我已经给了你三个候选人请你面试，并且这三个人看上去都符合该职位工作说明书的要求，可是，你却全都不要，还总抱怨人力资源部没能及时补充空缺，影响了餐厅的正常运转。""符合工作说明书的要求？"王经理诧异地问，"我要找的是那种有多年高档餐饮服务与经营管理经验的，能够直接上手做事的，你送给我的人，都不能胜任实际工作，不是我们要找的人。再说我从来没有见过你说的什么工作说明书。"听了这话，人力资源部经理给王经理拿来了工作说明书的复印件。当他们将工作说明书与实际所需岗位加以对比时，才发现问题所在。原来这是几年前制定的，已经严重脱离了酒店目前的实际情况。例如，工作说明书只简单要求餐厅服务经理要有餐饮管理的基本知识，并从事过餐厅服务管理工作，而对是否有过五星级酒店的工作经历、是否具有该职位工作经历、是否有年龄限制、外语水平如何、学历背景如何都没有明确要求。这样的工作说明书怎么能保证招聘到的人员的能力素质能满足部门实际工作岗位和工作目标的要求呢？

　　这件事让两位经理陷入思考，为什么工作说明书不能发挥人力资源管理功效？接下来人力资源部经理和部门经理需要做的工作是什么？

　　（资料来源：赵西萍：《旅游企业人力资源管理》，高等教育出版社，2011）

项目一 ┃ 工作分析方法与流程

任务一　明确工作分析的作用及其定义

一、为什么要进行工作分析

对于人力资源管理者来说，工作分析有以下八个方面的作用：

（1）选拔和任用合格的人员。通过工作分析，能够明确地规定工作职务的近期和长期目标；掌握工作任务的静态和动态特点；提出对有关人员的心理、生理、技能、文化和思想等方面的要求，选择工作的具体程序和方法。在此基础上，确定选人、用人的标准。有了明确而有效的标准，就可以通过心理测评和工作考核，选拔和任用符合工作需要和职务要求的合格人员。

（2）制定有效的人力资源预测方案和人力资源计划。每一个酒店对于本酒店或本部门的工作职务安排和人员配备，都必须有一个合理的计划，并根据生产和工作发展的趋势做出人力资源预测。工作分析的结果，可以为有效的人力资源预测和计划提供可靠的依据。在职业和组织面临不断变化的市场和社会要求的情况下，有效地进行人力资源预测和计划，对于酒店和组织的生存和发展尤其重要。一个酒店有多少种工作岗位，这些岗位目前的人员配备能否达到工作和职务的要求，今后几年内职务和工作将发生哪些变化，酒店的人员结构应做哪些相应的调整，几年甚至几十年内，人员增减的趋势如何，后备人员的素质应达到什么水平等问题，都可以依据工作分析的结果做出适当的处理和安排。

（3）设计积极的人员培训和开发方案。通过工作分析，可以明确从事的工作所应具备的技能、知识和各种心理条件。这些条件和要求，并非人人都能够满足和达到的，必须进行不断的培训和开发。因此，可以按照工作分析的结果，设计和制定培训方案，根据实际工作要求和聘用人员的不同情况，有区别、有针对性地安排培训内容和方案，以培训促进工作技能的发展，提高工作效率。

（4）提供考核、升职和作业的标准。工作分析可以为工作考核和升职提供标准和依据。工作的考核、评定和职务的提升如果缺乏科学依据，将影响员工的积极性，使工作和生产受到损失。根据工作分析的结果，可以制定各项工作的客观标准和考核依据，也可以作为职务提升和工作调配的条件和要求，同时还可以确定合理的作业标准，提高生产的计划性和管理水平。

（5）提高工作和生产效率。通过工作分析，一方面，由于有明确的工作任务要求，可以建立起规范化的工作程序和结构，使工作职责明确、目标清楚；另一方面，明确了关键的工作环节和作业要领，能充分地利用和安排工作时间，使管理者和员工能更合理地运用技能，分配注意和记忆等心理资源，增强他们的工作满意感，从而提高工作效率。

（6）建立先进、合理的工作定额和薪酬制度。工作和职务的分析，可以为各种类型的任务确定先进、合理的工作定额。所谓先进、合理，就是在现有工作条件下，经过一定的努力，大多数人能够达到、一部分人可以超过、少数人能够接近的定额水平。它是动员和组织员工、提高工作效率的手段，是工作和生产计划的基础，也是制定酒店部门定员标准和工资奖励制度的重要依据。工资奖励制度是与工资定额和技术等级标准密切相关的，只要把工资定额和技术等级标准的评定建立在工作分析的基础上，就能够制定出比较合理公平的薪酬制度。

（7）改善工作设计和环境。通过工作分析不仅可以确定职务的任务特征和要求，建立工作规范，而且可以检查工作中不利于发挥人们积极性和能力的方面，并发现工作环境中有损于工作安全、加重工作负荷、造成工作疲劳与紧张以影响社会心理气氛的各种不合理因素。它有利于改善工作设计和整个工作环境，从而最大限度地调动工作积极性和发挥技能水平，使人们在更适合于身心健康的、安全舒适的环境中工作。

（8）加强职业咨询和职业指导。工作分析可以为职业咨询和职业指导提供可靠和有效的信息。职业咨询和职业指导是酒店人力资源管理的一项重要内容。

二、工作分析的概念

工作分析（Job Analysis）也称职务分析，是指通过观察与研究，掌握职务的固有性质和组织内职务之间的相互关系，以确定该职务的工作任务和性质，以及工作人员在履行职务上应具有的技术、知识、能力和责任。换句话说，工作分析就是确定该项职务的成分和胜任该职务的条件。

酒店是一个功能多、业务复杂的综合性服务企业。随着服务项目不断增多，酒店内的工作日益复杂，再加上各工作岗位对知识、技术水平要求的差异也很大，这些都给招聘、选拔、录用以及工资标准制定等人力资源开发工作带来困惑。所以，促成酒店人力资源开发工作的系统化、标准化非常关键，这就要求首先建立完善有效的工作分析体系。

有系统的工作分析必须依下列项目进行，通常称为"工作分析公式"（Job Analysis Formula）：员工为什么要做（目的：Why）；员工要做什么（内容：What）；员工如何做（方法：How）；所需技术如何（程度：Skill）。换言之，工作分析是一种在组织内所执行的管理活动，专注于收集、分析、整合工作相关信息，为组织规划与设计、人力资源管理及其他管理工作提供客观依据。

三、与工作分析有关的概念

工作分析具有非常深厚的历史渊源。苏格拉底在对正义国家的论述中，曾经指出社会应当明确以下三件事情：①个人的工作潜质是不同的；②不同的职业对于工作潜质有着不同的要求；③为了赢得高质量的绩效，社会必须将人们放置到最适合他们潜质的职业当中。虽然苏格拉底的理论是针对宏观组织而言的，但是这个思想与当代的人力资源管理的基础理念是高度一致的。我国古代同样蕴含了深厚的工作分析思想。早在周朝，选拔官员要进行"诗、书、礼、乐、骑、射"六个方面的测试，这就是在对职位进行分析的基础上得出的，是工作分析思想在早期较为成熟的具体应用。

现代工作分析思想起源于美国。在泰罗提倡科学管理运动以前，工作分析仅仅是对个人职责的研究工作，对工作本身缺乏系统和科学的分析。泰罗的"动作与时间研究"，第一次真正系统性地对各项工作进行了科学分析，将工作分解，除去不必要的动作，对必要动作加以标准化、规范化，以便于劳动分工、提高生产效率。早期的工作分析主要是对工作信息进行定性描述，随着工作分析理论研究的进一步深入以及相关学科的发展，例如工业心理学、应用统计学等，工作分析的结构化、定量化的程度不断提升。20世纪70年代以来，结构化工作分析问卷（PAQ）、职务指向的功能性工作分析（FJA）等方法的出现，充分地体现了这一趋势。现在工作分析已经成为人力资源管理体系不可或缺的基础部分。

前面简要介绍了工作分析思想的发展历程，那么工作分析到底是什么？在正式介绍工作分析定义之前，首先介绍与工作分析有关的概念。其相关概念分为两大部分，第一部分是个人层面的相关概念，第二部分是组织层面的相关概念。

（一）个人层面的相关概念

要素是指一项操作或者动作，是工作活动中不可再分的最小单位。例如，斟啤酒可分解为示酒、拿开瓶器、握啤酒瓶、开啤酒瓶、斟酒、旋转瓶口、擦拭瓶口等一系列动作。这些动作就称为要素。

任务是指工作活动中围绕某一工作目的的一系列要素的组合。例如，上菜是餐饮服务中的一项任务，可以分解成若干操作要素。

职责是指个人在工作岗位上需要完成的一个或多个任务。例如，桌面服务员的工作职责包括上菜、酒水服务、撤台等多项任务。

职位有时也称为岗位，是指个人在某个工作周期内承担的一项或数项相互联系的职责的集合。例如，前台服务员这个职位有登记、结账、做台账等多项职责。

职务是指组织内具有相当数量和重要性的一系列职位的集合或统称。例如，服务员这个职务可以由西餐服务员、中餐服务员、前台服务员、客房服务员等一系列职位构成。

职业是指不同时期、不同组织中工作性质类似的职务的总和。例如，销售员、工程师、教师、公务员等就是不同的职业。

职业生涯是指个人在一生中所经历过或将要经历的职位、担任过的职务和所从事过的职业的总和。

工作族又称工作类型，由两个或两个以上的工作所组成。这些工作，或者要求工作者具有相似的特点，或者包括多个平行的任务。例如，销售工作和生产工作分别是两个工作族。

职位分类是指将所有的职位（即工作岗位）按其业务性质分为若干职组、职系（从横向上讲），然后按责任的大小、工作难易、所需教育程度及技术高低分为若干职级、职等（从纵向上讲），对每一个职位给予准确的定义和描述，制成职位说明书，以此作为对聘用人员管理的依据。

（二）组织层面的相关概念

职系是指一些工作性质相同而责任轻重和困难程度不同，所以职级、职等不同的职位系列。

职组是由工作性质相近的若干职系总和而成的，也叫职群。我国现有27个职组、43个职系。

职级是指工作责任大小、工作复杂性与难度，以及对任职者的能力水平要求近似的一组职位的总和，它常常与管理层级相联系。例如，酒店部门经理就是一个职级。

职等是指工作性质不同或主要职务不同，但其困难程度、责任大小、工作所需资格等条件充分相同的职级。

四、工作分析与人力资源管理相关职能的关系

（一）工作分析与员工招聘

经工作分析所形成的人力资源文件，如工作说明书，对某类工作的性质、特征，以及担任此类工作应具备的资格、条件，都做了详尽的说明和规定，这就使得人力资源管理人员明确了选聘对象和标准，在组织人员考评时，能正确地选择考试内容和考核内容，避免了盲目性，保证了"为事择人、任人唯贤、专业对口、事择其人"。

（二）工作分析与员工培训

员工培训是酒店人员培训的重要组成部分，其根本目的是帮助员工获得工作必备的专业知识和技能，具备上岗任职资格，提高员工胜任本职工作的能力。员工培训的前提是职务规范化，职务规范包括职务标准和职务培训规范。因此，工作分析的结果是员工培训必不可少的客观依据。

（三）工作分析与绩效考核

工作分析以职务为中心，分析和评定各个职务的功能和要求，明确每个职务的职责、权限，以及承担该职务的人员所必备的资格和条件。而绩效考核以人员为对象，通过对员工的德、能、勤、绩等方面的综合评价，来判断他们是否称职，并以此作为任免、奖惩、报酬、培训的依据，促进人适其位。虽然工作分析与绩效考核有许多不同点，但就其实质而言，这两项活动都体现了人力资源管理"因事择人，适才适所"的要求。从人力资源管理工作程序上看，工作分析是绩效考核的前提，工作分析要为绩效考核的内容、项目和指标体系的确定提供客观的依据。

任务二　选择工作分析方法

工作分析的方法很多，采用什么样的工作分析方法，要根据组织的需要、工作的特征、信息使用的方式来决定。各种方法都有自己的优缺点，在具体工作分析时，要综合使用这些方法。本书主要介绍观察法、面谈法、问卷调查法、工作日记法、工作参与法、关键事件法等。

一、观察法

观察法是一种传统的工作分析方法，是对酒店员工正常工作状态进行观察，把有关工作各部分的内容、原因、方法、程序、目的等信息记录下来，并进行比较、分析、汇总，得出工作分析成果。

观察法可分为直接观察法、阶段观察法和工作表演法。直接观察法是工作分析人员直接对员工工作的全过程进行观察，如直接观察客房服务员的工作过程；阶段观察法是为完整观察到一些周期性较长的工作，分阶段地进行观察；工作表演法是工作分析人员对某些工作周期很长、突发事件较多的工作，让员工进行该工作的表演，从中进行观察，如保安人员盘问可疑人员。

在观察过程中，工作分析人员要经常携带员工手册、分析工具、记录工具等确保观察信息的客观性和真实性。要经常问员工在做什么、为何要做、如何做、操作方法好不好、工作环境是否需要改善等问题，并如实记录。这种方法主要适用于收集客观的、可观察到的主要靠体力来完成的重复性工作，如行李装卸、客房服务、餐厅服务等。对于紧急而又偶然的工作、以脑力劳动为主的工作，如管理工作、技术操作等，观察法就不适用了。

二、面谈法

面谈法也称访谈法，就是通过与员工和管理者的面谈交流，获取有关工作信息的方法。

面谈法是酒店应用最广泛的方法之一，可以获取员工及管理者思想深处不宜观察到的信息，如工作态度、工作动机等。具体运用面谈法进行工作分析时，应围绕工作目标、工作内容、工作性质、工作责任等进行面谈提纲的设计。

面谈的形式可以分为个人面谈、集体面谈、管理人员面谈三种。个人面谈主要适用于各个员工工作之间存在明显差别的情况；集体面谈适用于多个员工从事相同或相近工作的情况；管理人员面谈一般在员工面谈后，以获得准确、全面的工作信息。在某些情况下，对员工与对管理人员的面谈可能有所不同，获得的工作信息也有所差异，工作分析人员必须把双方的资料合并在一起，进行综合分析和评价。

面谈法的优点是可以与员工进行面对面的沟通和交流，可以快速收集到所需要的工作信息，也可以对员工的工作态度和工作动机等深层次的内容有比较详细的了解。当然，面谈法也存在一定的局限性。一方面，为提高面谈法的工作分析效果，工作分析者要接受专门的面谈技巧训练。另一方面，由于面谈双方的主观原因，获得的信息可能失真。对工作分析者而言，他对某一工作的固有观念而形成的思维定式会影响分析效果。对访谈对象而言，可能会因为不了解访谈目的，或从自身利益出发，采取不合作态度，片面夸大自己所从事工作的重要性、复杂性，减少责任或其他过失等，从而导致工作信息失真。

面谈法主要适用于分析任务周期长、工作行为不易被直接观察的工作。

三、问卷调查法

问卷调查法是一种应用非常普遍的工作分析方法，它采用问卷调查方式来获取工作分析的信息，实现工作分析的目的。通过员工所填写的标准化问卷，了解其工作的任务、职责、环境特征等方面的信息。

问卷调查法可以分为工作定向和人员定向两种。工作定向问卷比较强调工作本身的条件和结果；人员定向问卷则集中于了解工作人员的工作行为。

问卷调查法的主要优点是成本低，调查范围广、样本量大，比较规范化，适用于用计算机对结果进行统计分析。但调查问卷的设计比较复杂，设计一份比较理想的问卷需要花费大量的人力、物力、财力和时间。回答者的耐心程度、文化水平、表达能力及所掌握的资料不同，理解表达方式不同，也会影响调查质量。

问卷调查法主要适用于分析样本数量较大的工作。

四、工作日记法

工作日记法是让员工用工作日记的方式记录每天的工作活动，作为工作分析的资料。这种方法要求员工在一段时间内对自己工作中所做的一切进行系统的活动记录，获取的信息准确可靠，可以真实反映实际工作情况。该法适用于获取有关工作内容、工作职责、工作关系、工作强度及工作时间安排方面的信息，特别是对重要的、复杂的工作信息获取，更显得经济有效。其缺点是过分强调活动过程，忽略活动结果；整理信息的工作量大，归纳工作也比较烦琐；而且填写者的疏忽或抵触情绪，错填或遗漏一些工作信息，都会影响工作分析结果。

工作日记法主要适用于分析任务周期较短、工作状态稳定的工作。

五、工作参与法

工作参与法是指由工作分析人员亲自参加工作活动，了解工作的方方面面，从中获得工作分析资料的过程。从理论上讲，要想对某一工作有一个深刻了解，最好的方法就是亲自去实践。通过实地考察，工作分析员可以细致、深入地体验、了解和分析某种工作的心理因素及工作所需的各种心理品质和行为模型。所以，从获得工作分析资料的质量方面而言，这种方法比前几种方法效果好。但是这种方法往往受到很多主观和客观条件的制约，难以实施，只有在条件许可的情况下才能实施，而且规模容易受到限制。

工作参与法主要适用于分析任务周期较短、工作状态稳定的工作。

六、关键事件法

关键事件是指在工作过程中，对工作成效起关键、决定作用的工作活动。掌握与控制关键事件，有利于工作的开展和工作绩效的提高。关键事件法是指工作分析人员、本岗位人员、与本岗位有关的人员对工作过程中的关键事件进行详细记录，收集相关信息并加以整理、归纳、分析，获取工作信息，对岗位的特征和要求进行分析、研究的方法。关键事件法的关键在于确定关键事件。首先，从本岗位人员、熟悉本岗位的人员、管理人员那里收集一系列职务行为的事件，然后分析"特别好"或者"特别坏"的职务绩效。具体分析时既要考虑职务行为的静态特点，又要考虑职务行为的动态特点。通过认真分析这些关键事件，可以归纳出该岗位所必需的工作特征和行为要求，由此可以设计该岗位员工的选拔方案、考核办法、薪资标准、培训措施等，提高酒店绩效。

关键事件法的优点是通过关键事件的解决获得工作的成功，有利于调动员工的积极性，集中精力解决对工作结果起决定性影响的关键工作。其缺点是寻找关键事件比较麻烦，需花费大量的时间和精力。

关键事件法主要适用于以招聘选拔、培训、绩效评估等为目的的工作分析。

任务三　编制工作分析流程

一、工作分析流程

工作分析的过程就是对工作进行全方位评价的过程，一般分为四个阶段，即准备阶段、调查阶段、分析阶段和完成阶段。

（一）准备阶段

准备阶段的主要任务是明确工作分析的目的，界定工作分析的范围，成立工作分析小组，为后续工作做好准备。该阶段具体包括以下几项工作：

（1）明确工作分析的意义、目的、方法、步骤。

（2）界定工作分析的范围。

（3）成立工作分析小组，确定分工和协作关系，制定工作进度表。

（4）确定调查和分析对象的样本，同时考虑样本的代表性和工作的难易复杂程度。

（5）选择信息来源，工作分析的信息来源主要包括工作执行者、管理监督者及顾客等。

由于被调查者立场的不同，不同来源的信息存在着一定程度的差异，工作分析人员应听取各方面的意见，以保证工作分析结果的客观性和科学性。

（二）调查阶段

调查阶段的主要任务是通过对工作过程、工作环境、工作内容、工作人员等方面的全面调查，收集工作分析的背景资料。该阶段具体包括以下几项工作：

（1）编制工作分析调查提纲和问卷，设计相关的调查表格。

（2）运用各种调查方法实施调查，如观察法、面谈法、工作日记法、关键事件法等。

（3）收集工作分析所需要的各种信息资料，包括工作特征、工作人员特征、工作环境、工作人员对工作的态度等。

（三）分析阶段

分析阶段的主要任务是在全面调查、收集信息的基础上，运用各种工作分析的方法，对研究对象进行深入全面的分析。该阶段具体包括以下几项工作：

（1）整理、汇总、归类、审核所获得的各种信息，对失真、无效的信息加以剔除。

（2）寻找并发现工作本质规律，总结工作承担者应具有的特征，为工作描述、职务规范提供最基本的信息资料。

（3）对工作特征、工作人员特征的重要性做出等级评定。

（四）完成阶段

完成阶段是工作分析的最后阶段，主要任务是编制工作描述和职务规范，最后根据酒店实际编制出工作说明书。该阶段具体包括以下几项工作：

（1）在前面三个阶段的基础上，草拟工作描述和职务规范。

（2）将草拟的工作描述、职务规范与实际工作进行对比。

（3）根据对比结果决定是否需要再次调查研究。

（4）修改、完善工作描述和职务规范。

（5）形成最终的工作描述和职务规范，并编制出综合性的工作说明书。

（6）将工作说明书应用于实际工作中，并注意收集反馈信息，不断对其进行完善。

（7）对工作分析本身进行总结评价，归档保存有关文件，为今后的工作分析提供经验和信息基础。

二、工作分析各阶段易出现的问题及其解决方法

工作分析每个阶段都易出现一定的问题，对于这些问题也有相应的解决方法，具体如下：

（一）准备阶段

问题一：目的不明确。酒店在进行工作分析前常常没有明确工作分析的目的，没有很好地理解工作分析的价值，轻过程重结果，为工作分析而工作分析，从而使得人力资源管理这一核心技术流于形式，没有达到其应有的目的。

问题二：工作分析小组成员或被分析对象不稳定。在项目进行过程中，工作分析小组成员或岗位对象发生变换，在离开或换人时工作交接不清楚，导致工作必须从头开始。

问题三：宣传不到位。由于宣传不到位，员工不知道工作说明书的作用，有些员工误认为工作说明书的编写就是要"定员、定编"，出现员工不理解、不配合、不执行的情况，使工作说明书变成可有可无的摆设。

所以，在准备阶段酒店要做好以下工作：

（1）明确工作分析的目的和意义。酒店首先要明确工作分析的目的，向员工宣传并与其达成共识：工作分析是为了使现有的工作内容和工作要求更加明确合理，以便制定切合实际的管理制度和管理机制，调动员工的积极性。同时通过工作分析这一过程能够有效帮助员工重新理解工作的价值和标准，帮助员工提高工作效能。

（2）获得高层的支持和认可。在工作说明书编写之前，要和酒店的高层领导充分讨论，正确定位工作说明书的编写意义和价值，并取得高层领导对工作分析的理解、支持和认同，确保在项目实施过程中，高层领导能率先树立岗位责任意识，对各项工作实行归口管理，改变原来自由随意的管理风格。

（3）加强工作分析小组的管理。酒店在确定工作分析项目小组成员后，首先要对小组成员进行工作分析，明确各自的分工、流程、时间表和阶段成果，并要求每个成员在工作中保留过程文档。工作分析小组应坚持每天开早会，反馈前一天的工作成效和当天的工作计划。工作小组的负责人负责汇总小组成员每天的工作文档，以应对中途发生人员调换的情况，保证工作分析工作的有条不紊和信息来源的一致性。同时，工作分析小组最好每周有个项目交流会，以保持成员间的信息和经验的共享，并不断

调整工作分析的方式与方法。

（4）争取各部门管理者和员工的参与配合。员工的主动参与是工作分析的关键。在编写工作说明书时，各部门的管理者和员工是主体，只有他们才最了解工作的实际情况。酒店人力资源部的任务是为各部门提供工作说明书编写的技术，并充分做好编写的准备工作。

（二）调查阶段

问题一：信息来源不准确。在工作分析中，酒店主要是通过员工面谈和问卷调查来获取相关信息，但员工常常对这项工作存在四个方面的问题。一是有抵触情绪；二是害怕说错会受到上级的责备；三是不清楚这项工作能为自己带来什么；四是不知道什么该说、什么不该说。于是员工在向工作访谈人员描述自己的工作内容和情况时，故意夸大其岗位的复杂程度、技术难度以及工作量，从而使得酒店获取的信息不客观、不准确、不全面。

问题二：收集信息的问卷针对性不够。由于访谈的问卷没有系统设计并缺乏针对性，常常使得收集的信息不能全面和客观地反映真实的工作。

问题三：工作分析没有与酒店业务流程优化以及岗位优化相结合。酒店在实施工作分析之前没有对业务流程以及部门与岗位设置进行优化，在实施后才进行调整，导致工作说明书经常被调整和修订，这不仅增加了工作量，还降低了工作说明书的权威性和信服力。

由此，在工作分析调查阶段酒店应该做好以下工作：

（1）通过让员工正确认识工作分析的本质来解决信息正确问题。酒店在工作分析开始之前有必要向员工解释清楚以下三个方面的内容：实施工作分析的原因和目的；工作分析小组成员的组成；工作分析会对员工产生何种影响。只有解开员工心里的困惑，才有可能从员工那里获得更为可靠、全面的信息资料。

（2）根据不同对象设计问卷。在访谈前，酒店应该把要问的问题系统地整理出来，并根据不同访谈对象采用不同的问题。比如说，不能把针对管理者的问题拿去问普通员工。问卷的设计也要因人而异，针对不同层次的员工，设计不同问卷形式和内容。

（3）把业务流程规划和工作分析相结合。工作分析包含三个层次的内容：一是对酒店业务流程所涉及的各项工作的种类和属性进行分析，可称之为基于流程的工作分析；二是针对具体岗位的职责范围、工作内容、工作条件、权限安排以及任职者所应具备的知识技能素质和生理心理素质等因素所进行的分析，也就是通常意义上的工作分析，可称之为基于岗位的工作分析；三是对某一项具体工作的操作过程、步骤所进行的分析，这类分析是酒店制定岗位操作规程的依据，可称之为基于操作的工作分析。科学的面向流程管理的工作分析需要先对业务流程进行分析和优化，并在此基础上进行部门和岗位的调整和优化，然后再进行岗位工作分析。

（三）分析阶段

问题一：为编写而编写。酒店往往过多地关注工作说明书的结果或形式，没有侧重于工作分析的过程，没有把工作说明书的重新编写工作作为酒店现有工作的一次大盘点。工作分析的真正目的应该是规范工作流程，明确岗位职责与权限。

问题二：缺乏专业的技能或培训。由于缺乏工作说明书编写的专业技能，所以编写的工作说明书往往用语不够准确，描述不够规范。

在分析和编写阶段，酒店应该做好以下两方面的工作：

（1）使用规范用语。规范工作说明书的描述方式和用语关系到工作说明书的质量。标准的岗位职责描述格式应是"动词+宾语+结果"。动词的选择可参照岗位职责动词使用规范表；宾语表示该项任务的对象，即工作任务的内容；结果表示通过此项工作的完成要实现的目标，可用"确保、保证、争取、推动、促进、提升"等词语连接。

（2）和咨询顾问合作。为了确保专业水平，酒店可以聘请专业的咨询顾问。咨询顾问带给酒店更多的是专业的方法、最佳实践的范例，以及旁观者的客观建议。显然，咨询顾问不熟悉酒店的流程，不了解酒店的实际情况。所以双方的有效配合是工作分析品质的关键。倾听和尊重对方的看法，更多地沟通，更深入地对一个问题进行讨论，都是酒店和咨询公司有效合作的基础。

（四）完成阶段

问题一：在设计好工作说明书后直接投入使用。酒店在编写好工作说明书后直接将其投入使用，在使用过程中发现与实际工作有很多不符的地方，结果业务部门以此为借口拒绝使用已编写好的工作说明书，并要求人力资源部重新编写。

问题二：当使用部门提出修改建议后，编写部门没有尽快进行修改。于是业务部门将工作说明书搁置一旁，所有的努力并没有带来应有的效果。

可见，工作说明书设计好后要进行试用和调整。

（1）根据试用情况调整工作说明书。工作说明书编写好后需要进行试用和调整，以检查信息收集的准确性、正确性，以及设计方案的适用性。如果业务部门在试用过程中提出他们的建议，编写小组要深入分析产生差异的原因。如果是编写小组的问题，应该及时调整；如果是业务部门认识上的误区，应该耐心加以说明，使双方达成共识。

（2）保留调整的记录。特别要强调的是，所有的修改必须填写修改分析单，明晰导致误差的原因和避免重复出现误差的方法，这样可以保证工作分析能够持续进步。

项目二 | 工作说明书

工作分析结果主要体现为工作说明书。工作说明书也称职务说明书，它用文件形式来表达工作分析的结果，全面、详细地说明一项工作的内容和职责。它的基本内容包括工作描述和工作规范两部分。其中，工作描述部分是具体描述任职者实际在做些什么、如何做以及在什么条件下来做的一种书面文件。工作规范部分是具体说明要做好这项工作，任职者必须具备什么样的知识、经验、技能、能力以及其他特征的一种书面文件，是人力资源规划，员工招聘、培训和开发的依据。

任务一　进行工作描述

工作描述（Job Description）是对工作内容本身进行的书面说明，主要解决的是任职者做什么、怎么做和为什么做等问题。目前工作描述没有统一的严格标准，一般需要描述工作基本资料、工作内容、工作环境、聘用条件四个方面的内容。在具体实践中，进行工作描述的步骤如下。

一、描述工作的基本资料

工作的基本资料包括工作名称、直接上级职位、所属部门、所辖人员、定员人数、工作性质等内容。

工作名称是指组织对从事一定工作活动所规定的工作称呼或工作代号，以便于对各种工作进行识别、登记、分类以及确定组织内外的各种工作关系。工作名称应当简明扼要，力求做到能识别工作的责任以及在组织中所属的地位或部门，如酒店人力资源部经理就是比较好的工作名称，而部门经理则不够明确。

二、描述工作内容

（1）工作概要，即用简练的语言说明工作的性质、中心任务和责任。

（2）工作活动内容，包括各工作活动的基本内容、各活动内容所占工作时间的百分比、权限、执行依据等。

（3）工作职责，即一项项列出任职者的工作职责。

（4）工作结果，即说明任职者执行工作后应产生的结果，以定量化为好。

（5）工作关系，主要包括工作受谁领导、工作中的下属、职位的晋升与转换关系，常与哪些职位发生联系等。

（6）工作人员运用的设备和信息说明，主要指所使用的设备名称和信息资料的形式。

三、描述工作环境

（1）工作场所，指在室内、室外还是其他特殊场所。

（2）工作环境的危险性说明，指危险存在的概率大小，对人员可能造成伤害的程度、具体部位，已发生的危险状况记录、危险性造成的原因等。

（3）职业病，即从事本工作可能患上的职业病的性质说明及其轻重程度。

（4）工作环境的舒适程度，指是否在恶劣的环境下工作，工作环境给人带来的愉快感程度。

（5）工作场所的物理条件，包括工作环境的温度、湿度、采光、照明、通风等设施条件。

（6）社会环境，包括工作团队的情况、同事的特征及相互关系、各部门之间的关系等。

四、描述聘用条件

该步骤主要描述的是工作人员在正式组织中有关工作安置方面的情况，它包括工作时数、工资结构及支付方法、福利待遇、该工作在组织的正式位置、晋升的机会、工作的季节性、进修机会等。表2-1是某酒店前台经理工作描述示例。

表2-1　某酒店前台经理工作描述

职位	前台经理
部门	房务部
管辖范围	（直接）所有前台主管；（间接）所有前台及机房员工
向谁负责	驻店经理、房务总监
业务要求	1. 易于相处、善于交往，以便与酒店各部门进行有效的联络； 2. 熟悉酒店政策、工作程序及各种优惠项目； 3. 熟悉预算、预测及控制等方面的知识与技巧性基本要求
职责范围	1. 监督、管理前台操作，使前台服务保持在高水平； 2. 有责任根据酒店客房出租水平，实现客房出租率和平均房价的最佳统一，为酒店创造最大利润； 3. 有权对所有下属员工实行奖惩，直到情况需向房务总监报告时为止
主要工作	1. 确保所有下属员工熟悉并遵守酒店及各部门的各项规章制度； 2. 确保所有下属员工的制服、个人卫生、仪表仪容符合标准； 3. 使前台所有操作达到最高服务标准，保证客人的满意程度达到最大化； 4. 熟悉酒店紧急善后治安条例； 5. 每天检查客房出租状况； 6. 对在检修的客房和有特殊要求的客房进行复查； 7. 审阅、回复所来信件； 8. 如时间允许，应尽可能多地在前台接待客人，亲自检查VIP客房，如有必要，应亲自带领VIP客人到房间； 9. 协助客房部和工程部处理与前台有关的各项工作； 10. 监督、执行前台员工培训； 11. 负责前台员工排班； 12. 处理客人投诉； 13. 检查所有前台工作日志； 14. 与营销部门保持联络，了解团体和会议方面的业务情况； 15. 参加管理和操作例会； 16. 执行上层管理部门布置的各项任务

任务二　制定工作规范

工作规范又称职务规范或任职资格，是指任职者要胜任该工作必须具备的资格和条件。通常，制定工作规范的步骤如下：

一、制定工作的资历要求

工作的资历要求主要是指任职者所需最低学历，职位所需的性别、年龄规定，培训的内容和时间，从事与本职相关工作的年限和经验等。

二、制定工作的生理要求

工作的生理要求主要包括健康状况、力量与体力、运动的灵活性、身体各部分协调程度、感觉器官的灵敏度、视力、听力及身高要求等。

三、制定工作的心理要求

工作的心理要求主要包括学习与观察能力、精力与集中能力、记忆与理解能力、解决问题的能力、创造与合作能力、数学计算能力、语言表达能力、决策能力、性格、气质、兴趣爱好、态度、事业心、组织领导能力及某些特殊能力等。

四、制定工作的技能要求

工作的技能要求是指工作人员从事特殊职务工作的专门技术，是一般能力与职务工作要求相结合的产物，通常体现为职业技能。

五、制定工作的相关经验要求

工作的相关经验要求是指从事类似工作的时间体验。某些职务对工作经验的要求特别严格，如那些工作技能难以通过理论和语言传递的职务。表2-2为某酒店商务中心秘书工作规范示例。

表2-2　某酒店商务中心秘书工作规范

部门	前厅部商务中心
性别	女
职位	秘书
年龄	22～30岁
任职基本资格要求	学历：大专以上学历 工作经验：三年以上相关工作经验
能力要求	熟悉Windows操作系统、Office 2010文字处理和电子表格软件 熟练操作各种办公设备 具备较强的公文写作能力 具备一定的英语听说能力 具有良好的人际沟通能力
个人素质要求	有较强的责任心和工作热情 个性稳重而坚定 有良好的职业道德

项目三 | 工作设计技术

　　酒店工作设计是对工作岗位的重新设计，即在工作分析的基础上，从酒店的效率和员工的需求出发，对每个岗位的工作内容、工作范围、工作量、难易程度、复杂程度、繁重程度、工作时间等各方面进行重新构筑，从而形成合理的工作结构的过程。简而言之，工作设计就是人得其事、事得其人的过程。

　　工作设计与工作分析不同，工作分析是对现有工作的客观描述，而工作设计是对现有工作规范的认定、修改或对新增工作的完整描述。对于酒店来说，工作设计不仅要根据酒店的需要，而且要兼顾员工个人的需要，重新认识并规定某项工作任务、责任、权力及在酒店中与其他工作的关系，并确定工作规范。

　　目前，在酒店中常用的工作设计技术有轮换工作、扩大工作和丰富工作三种。

任务一　轮换工作

　　工作轮换是指在同类工作中的不同岗位上进行轮换操作，是一种平行调动方法，使各级员工在不同部门的不同岗位上轮流工作，以使其全面了解整个组织的不同工作内容，得到各种不同的经验，为今后在较高层次上任职打好基础。比如，将某餐厅服务员从西餐厅调到中餐厅。

一、工作轮换的优点

（一）员工进行工作轮换，能够很好地满足员工的内在需求

　　（1）员工在同一岗位时间长了，就会产生厌烦感，适当的轮换岗位会使人有一种新鲜感，工作本身的趣味性也由此产生。

　　（2）当员工面临一个新的工作岗位时，也就面临了新岗位的挑战。

　　（3）工作轮换可以培养员工适应新环境的能力，对一般员工来说，可以增加员工对多种技能的掌握；而对于管理人员来说，能加强对企业工作的全面了解，提高对全局性问题的分析能力。

　　（4）在不同岗位上的轮换，可以增加员工的交流机会。

　　（5）当员工能胜任新的工作岗位时，便可得到一种只有在工作任务完成时才能体会到的满足感。

（二）工作轮换能够满足员工成长需要

　　（1）实行工作轮换，能使员工依据自己的人格趋向找到合适的工作，能使员工在恰当的工作岗位上施展自己的能力与才华，进而能激发出员工的潜力和积极性。

　　（2）实行工作轮换，可以满足员工职业生涯发展的需要。按照现代人力资源理论，一个人的职业生涯可以分为职业探索阶段（参加工作起到25岁左右）、职业建立阶段（26～35岁）、职业中期阶段（36～50岁）、职业后期阶段（51岁至退休）。在每一个阶段，人们的性格特征、经验、技术以及对自身工作的认识都是不一样的，因此，根据职业生涯发展的不同阶段，实行相应的工作轮换制度，可以满足员工职业成长的需要。

（三）工作轮换能够促进组织发展

（1）激发组织的活力。适时的工作轮换，可以带动企业内部的人员流动，可以激发组织的活力。

（2）储备多样化人才。通过工作轮换，使员工做不同的工作，以取得多种技能，同时也挖掘了各职位最合适的人才。此外，工作轮换制还能培养管理人员。对于中高级管理干部来说，应当具有对业务工作的全面了解能力和对全局性问题的分析判断能力。而培养这些能力，只在某一部门内做自下而上的纵向晋升显然是远远不够的。必须使管理人员在不同部门间横向移动，开阔眼界，扩大知识面，并且与酒店内各部门的同事有更广泛的交往接触。

（3）增强部门间协作。工作轮换有助于打破部门之间的界限，增进酒店或团队内部的沟通与交流。部门间的本位主义或小团体主义，往往缘于对其他部门的工作缺乏了解，以及部门之间人员缺乏交往接触。工作轮换将有助于员工认识本职工作与其他部门工作的关联，从而理解本职工作的意义。与此同时，适时的工作轮换，可以健全内部控制制度，防止腐败。通过工作轮换，可以避免一些要害部门的人员因长期在一个部门而滋生腐败。另外，长期坚持工作轮换制度，酒店的员工从不同的角度加强了对酒店业务和酒店文化的理解，提高了整个酒店的服务效率并形成了非常强的凝聚力。

二、工作轮换的不足之处

从长远看，工作轮换能更有效地激发员工的工作热情，提高员工的工作、生活质量；能为员工的职业成长提供另一种思路；也能为酒店适应外界环境的多变性做好准备。但是同时，实施工作轮换制度时也应注意一些问题，如工作轮换的流程设计、绩效考核体系的完备性等。另外，工作轮换会带来培训成本增加、生产率下降等问题，因此在实施工作轮换制时应着眼于酒店长期的利益，根据各酒店的实际情况相机而动。

三、工作轮换技术实施步骤

（一）选择工作轮换者

选择工作轮换者时，酒店应该通过工作轮换者与目标团队的成员之间在个人特性、兴趣爱好、价值观和对生活中其他重要问题的认识等方面的相似性来弥补和消除因工作相关知识的差异对人际交往造成的负面影响。

另外，酒店在选择工作轮换者时也应该考虑知识重叠问题。工作轮换者了解和掌握新团队其他成员工作所需的基础知识是必不可少的，因为这为顺利沟通提供了一个共同平台。缺乏这些基础知识，不仅会在新团队中经常出现"对牛弹琴""鸡同鸭讲"等尴尬局面，而且也会使工作轮换者无法对其他成员的工作难度和重要性做出基本评价。但是，他们在专业知识上不应重叠太多，否则工作轮换的价值将大大削弱。重叠知识的流动不但不能促进团队创新，反而会强化团队的传统习惯。因此，工作轮换不应仅仅在部门内部不同团队之间进行，酒店也应考虑跨部门的工作轮换。

（二）控制接班过程

工作轮换涉及两个接班过程：一个是工作轮换者在离开原先工作岗位之前将工作移交给他人；另一个是在新工作岗位上将前任的工作接手过来。在这两个过程中，工作轮换者所扮演的角色是完全不同的，前者是将自己的知识转移给他人，后者是从他人那里转移知识给自己。

为了保证接班过程能够顺利进行，酒店需要建立相应制度来控制这个过程。第一，酒店应该将培养合格接班人作为工作轮换的前提条件进行硬性规定。第二，酒店需要制定严格的绩效考核标准，对工作移交情况进行认真细致的考核。第三，酒店需要做好工作分析和工作轮换的事前计划，若没有明确相关工作岗位的工作职责和工作内容以及相应的知识、技能和能力要求，接班过程就会演变为走过场。第四，努力寻找和培养合适的接班人。并不是酒店中随便拉个人出来都可以成为能够胜任工作岗位要求的接班人的，寻找和培养接班人可能要花费大量时间。

（三）内部整合新团队

团队整体绩效并不是其成员个体绩效的总和。作为新成员进入新团队的工作轮换者应该给这个团队带来协同效应，即"1+1＞2"的效应。当工作轮换者刚刚进入新团队时，他们的合法性很难在短期内得到其他成员的完全认可和接受，这样他们通常会被看成是团队的边缘成员。实践表明，团队边缘成员会受到团队核心成员的歧视并且不会积极参与团队活动。这样，工作轮换者将经受从先前团队的核心成员变成新团队的边缘成员的严峻考验。为了在团队内部产生协同效应，一方面，酒店需要帮助工作轮换者调整心态，鼓励他们主动积极地参与团队工作，与其他团队成员共享知识；另一方面，酒店需要通过酒店文化和人力资源管理实践等手段来营造团队工作的良好氛围，消除团队成员之间的心理隔阂。

酒店文化能够塑造酒店所有成员的工作态度和工作行为，从而对新团队的内部整合有着至关重要的影响。另外，酒店文化也应该强调酒店成员之间的相互信任和互惠，从而为建立长期友好的员工关系奠定良好基础。酒店内部的绩效管理和提升决策向员工发出哪些类型的行为和习惯为酒店和团队所重视的信号。同时，被提升者的态度和行为也会给下属树立行为榜样。基于团队绩效和知识共享的绩效管理和提升决策将有助于新团队的内部整合。目前，酒店中普遍存在根据个人绩效奖励个别"明星"员工的现象，这种奖励制度将在团队成员之间形成竞争关系。

任务二　扩大工作

工作扩大化，即横向扩大工作范围，通过使工作变得多样化和扩大责任范围的办法来提高酒店员工的兴趣。通过工作扩大化可提高酒店服务质量，降低劳务成本，提高员工满意程度，改善整个组织的工作效率，也使管理工作变得更加灵活。工作扩大化的实质内容是增加每个员工应掌握的技术种类和扩大操作工作的数目，其目的在于减轻对原有工作的单调感和厌烦情绪，从而提高员工对工作的满意程度，发挥其工作热情。例如，一个人完成一张餐桌的摆台，从准备工作、铺台布、摆放餐具到折花整个过程，甚至将其工作范围扩展到点菜服务、跑菜单、上菜、斟酒、撤台等。

工作扩大化的优点：它给员工增加了同一责任水平的工作内容。工作扩大化导致了高效率，并且当员工对某项工作更加熟悉时，提高了其工作质量，相应也提高了其待遇，会让员工感到更加充实。工作扩大化克服了专业化过强、工作多样性不足的缺点。

工作扩大化的缺点：它可避免过度专业化造成的单调，但它并没有给员工的活动提供多少挑战和意义。一位员工评论说："以前，我只有一份烦人的工作，现在因为工作扩大化，我有了三份烦人的工作。"

在具体实践过程中，由于工作扩大化的技术操作性较简单，即通过赋予员工工作更多职责来实现，所以酒店较少采用工作扩大化这一工作设计技术。

任务三　丰富工作

工作丰富化是一种纵向的工作范围扩大，即向工作深度进军的一种工作设计方法。与横向扩展的工作扩大化的工作设计方法相比较，此种工作设计方法的扩充范围更加广泛，主要是由于此种方法可以集中改造工作本身的内容，使工作内容更加丰富，从而使工作设计本身更富有弹性。工作丰富化主要通过增加工作责任、工作自主权以及自我控制，满足员工心理的多层次需要，从而达到激励的目的。

工作丰富化的核心是体现激励因素的作用，因此实现工作丰富化的方法包括以下几种：

（1）增加员工责任。增加员工控制产品质量，保持生产的计划性、连续性及节奏性的责任。

（2）赋予员工一定的工作自主权和自由度，给员工充分表现自己的机会。当员工感到工作的成败依靠他的努力和控制，从而认为与其个人职责息息相关时，工作对员工就有了重要的意义。实现这一良好工作心理状态的主要方法是通过完善岗位（或职务）说明书来明确各岗位的职责，给予员工工作自主权；同时还跟员工的心态有关，员工要打破怕承担责任的心理。

（3）反馈。将有关员工工作绩效的数据及时反馈给员工。了解工作绩效是形成工作满足感的重要因素，如果一个员工看不到自己的劳动成果，就很难得到高层次的满足感。若只是有考核而无反馈，那样还不如不考核。反馈可以来自工作本身，也可以来自管理者、同事等。

（4）考核。报酬与奖励取决于员工实现工作目标的程度。

（5）培训。要为员工提供学习的机会，以满足员工成长和发展的需要。

（6）成就。通过增强员工的责任心和决策的自主权，来提高其工作的成就感。

工作丰富化的优点：提高了对员工的激励水平和员工的工作满意程度，提高了员工生产效率与产品质量，降低了员工的离职率和缺勤率，产生了积极的影响。

工作丰富化的缺点：为使员工掌握更多的技术，酒店会因此而增加培训费用、整修和扩充工作设备的费用等，同时酒店还需要给员工支付更高的工资等。

以上三种工作设计的方法均存在优劣之处。工作设计除了考虑个性差异外，还必须考虑人员安排、劳动薪酬及其他管理策略等方面，只有进行系统考虑才能使组织需要与员工个人需要获得最佳组合，从而最大限度地激发员工的积极性，有效地促进人力资源管理工作。

■ 能力训练
1. 请你对3～4家不同的四星级酒店进行实地调研，请你为1家四星级酒店房务总监、主管、领班和服务员各拟定一份工作说明书。

■ 思考与练习
1. 简述编写工作说明时的注意要点。
2. 试比较各种工作设计技术的优缺点。

■ 知识拓展

某酒店人力资源部工作质量标准

一、部门的总体质量标准

（1）部门的一切工作都是为酒店经营管理目标服务的，并及时、准确、保质、保量地完成酒店总经理下达的各项工作指令和任务。

（2）各岗位人员按照岗位职责的要求，努力提高自身业务素质，优质高效地完成本岗位工作任务。

（3）加强工作计划性。将月度工作计划分解至每周，落实至各个岗位。实现月初有计划、月中有检查、月底有小结的方针目标管理。

二、培训工作质量标准

（1）按照酒店领导下达的培训工作指令及市旅游局有关培训工作的方针、政策和要求，保质、保量、按时完成培训任务。

（2）加强对本部门和网络中培训人员的培训，不断提高培训人员的自身素质和教学水准。

（3）每年年底做好调研工作，围绕酒店经营发展对人才的需求，制定出培训计划。培训计划应有明确的培训目标和任务，以及齐全的培训大纲和针对性强的培训内容。制定培训计划应分层次、分步骤，并有完成计划的各项措施。

（4）聘用优秀师资，运用切合实际的教材，以保证：①"岗位资格培训"和"岗位提高培训"的完成率为100%；②培训考核成绩合格率为80%～90%；③达到旅游管理部门对五星级酒店的外语达标规定。

（5）加强培训基础管理工作，熟悉酒店员工的培训情况，制定出各项培训网络的沟通方案。

（6）员工培训档案健全完整。做到一人一档、分层次分内容设档，按部门按岗位设档，岗位资格培训、岗位提高培训、专项培训等也要分档；教学大纲、教材和补充教材等要注意保管。

（7）培训追踪评估工作有计划、有记录，有改进意见、有落实措施。

（8）培训经费管理有制度、有预算，专款专用，严格控制，账目清楚。

（9）按期做好各类证书的登记、签发工作，无遗漏、无差错。

（10）教学设备的保管、使用、维护有制度、有措施，责任到人，确保完好率达到100%。

三、质量检查工作质量标准

（一）常规督导检查

（1）每月要抽查若干部门。

（2）每周对各部门抽查一遍。

（3）检查后，当日填好检查日报表。

（二）专项督导检查

（1）每日围绕工作的若干方面，如员工仪容仪表、服务态度、服务质量、设施运转状况、卫生状况等，做出专项督导检查计划并进行督导检查。

（2）各部门根据质量督导计划，做出专项督导检查计划并进行督导检查。

（3）专项检查后，要写出专项检查记录。

（三）明察暗访

（1）不定期邀请本行业的专家，以客人身份入住酒店，对酒店存在的问题进行检查。

（2）暗访的专家可采取固定邀请形式，每年2~3次，每次数日，酒店提供食宿，也可采取不固定形式，每年若干人，同样提供免费食宿。

（3）这种形式需秘密进行，只有总经理、人力资源部经理及质检员了解。

（4）暗查后，暗查人员需在离店前拿出一份暗查报告交人力资源部，人力资源部整理后直接交总经理。

（四）投诉处理

（1）酒店客人投诉主要来自三个方面：店内意见箱投诉；客人在客房填写的宾客意见调查表；店外寄信投诉。

（2）根据当日收到的投诉、宾客意见调查表以及有关处理和建议，各部门于每日下午5点前填好宾客投诉日报表上交质检员，以便质检员汇总后于次日10点前交给总经理。

（3）各部门每周五做一份统计分析报告交给质检员，由其完成一周宾客投诉及处理情况分析，并填好宾客投诉周报表上报。

（4）各部门于每月25日将宾客投诉日报表及宾客投诉内容分类日报表填好，并做一份投诉情况分析报告，层层上报（含主管级报告），最后由质检员统一汇总后，写出"酒店宾客投诉分析报告"。报告内容要求做到"四有"：有情况、有数据、有分析、有措施。

（5）投诉报表的制定要求：科学、真实、准确。

四、劳动工资管理工作质量标准

（1）根据各部门考勤情况，及时做好工资发放的汇总、审核工作；准确统计和填写酒店月、季、年度劳动工资报表；正确掌握和合理分配年度工资总额的预算计划，切实加强工资总量的宏观调控。

（2）按照酒店岗位工资序列表、员工工资标准表和考核发放办法，准确处理本职业务，认真做好工资、奖金和福利待遇支出台账，确保记录的完整性。

（3）熟悉劳动法规和有关工资福利政策，严密制定内部工资分配方案、奖金实施办法和福利待遇规定，工作细致周到，无差错。

五、人事管理工作质量标准

（1）围绕酒店经营管理目标，根据缺员部门的申请及实际需要，在人员编制范围和规定时间内，将符合岗位任职条件的人员及时、准确地调配到位；并依法做好劳动合同的签订、管理工作。

（2）熟悉酒店员工的基本情况（包括出生年月、性别、参加工作和进店时间、学历、职务或工种等），掌握酒店各部门的人员分布和各类用工人数，做好酒店员工进出台账。

（3）了解和掌握国家的劳动法规和地方的有关政策规定，准确处理本职业务；严格执行酒店人事调配和人事管理各项制度，处理严谨，减少和避免劳动争议的发生。

模块三　酒店员工招聘

案例导入

一位酒店人力资源部经理突破招聘困境的思索

　　酒店作为劳动密集型行业，人才绝对是第一生产力，不需要厂房，不需要生产设备，更不需要原材料，一切的产出都来自人的智慧。因此，人才直接影响着公司的产品是否有竞争力、销售模式是否足够好、服务是否足够好。

　　但是，进入5月，即进入了人才招聘的淡季，招聘工作也陷入了困境。选、用、育、留，选是第一位的，首先要保证足够量的人才进入。第一个困难就是简历不够，可以说是非常少。我想所有酒店行业的HR都有同样的感受。我们在三大人才网都发布了招聘信息，前程无忧和中华人才网的效果相对好一些，智联招聘稍差。要保证简历投递量，第一，选对渠道，让更多的目标人群看到招聘信息；第二，招聘信息中的公司介绍和职位介绍要足够专业并有吸引力；第三，增加主动搜索的力度；第四，开拓其他渠道，如若邻网等一些新兴的社交网站等；第五，增加内部推荐。这五项做好了，可以有效地突破招聘困境。

　　第一项，选对渠道。我现在只是凭经验得出的结论，没有做过数据统计和研究，以后可以在这方面做一些研究。比如设计一种表格，对每天收到的简历做统计。最终可以得出，销售类、技术类、职能类的岗位在哪一个招聘网站收到的简历多、效果好。不过，目前三大人才网站的竞争很激烈，大多数求职者都会同时进行注册，统计比对出的结果也许不一定会有较大差异。

　　第二项，酒店的吸引力。目前酒店知名度已渐渐提高，职位介绍的专业性和吸引力倒确实可以再认真研究，以期有更好效果。

　　第三项，主动搜索简历一直在做，不过这部分人的求职动机就会稍差。

　　第四项和第五项是我一直在尝试的。不过对于内部推荐来说，需要形成一种文化，我们目前还没有形成这种文化，除了靠推荐奖励以外，还需要想出更好的办法来推进。

有了足够的简历之后，就是面试了。面试过程中如何与用人部门形成一致的认识，提高用人部门面试官的招聘面试水平，这是另外一个课题。做这一行时间久了，就会发现处处是学问。

（资料来源：《新民晚报》，2016年1月7日）

❓思考： 为什么酒店会出现招聘难？通过本章的学习，你会找到酒店成功猎取人力资源的方法与技术。

项目一 招聘概述

酒店员工的招聘是酒店人力资源管理的一项重要工作。招聘工作直接关系到企业人力资源的形成，有效的招聘工作不仅可以提高员工素质、改善人员结构，还可以为组织注入新的管理思想，为组织增添新的活力，甚至可能给企业带来技术、管理上的重大革新。

据有关资料统计，一般酒店每年员工的流动率在50%左右，就是经营最好的酒店，每年的流动率也在10%以上。酒店招聘工作是一项系统工程，需要与酒店内外不同部门沟通，做大量前期准备工作，首先要进行的就是了解招聘需求。

任务一 了解招聘需求

一、酒店行业需求特点

酒店从属于服务行业，从总体上看，这是酒店业劳动力需求的一个较为显著的特点。酒店业需求的另一个较为显著的特点是酒店员工队伍年轻化。这两个特点表明劳动力供给替代弹性大，使得酒店业的劳动力需求相对于其他技术构成高的行业来说易于满足。这种替代效应还导致酒店中临时工与员工结构的变化。近些年来，由于酒店业劳动力需求供给本身的替代弹性和酒店用工机制的不断改革，使得酒店中正式工比重不断减少，临时工逐渐增多。大量使用临时工，除了管理上的便利外，主要考虑的因素就是工资低，可降低人工成本。另外，使用临时工，酒店在招聘录用、带薪假期、住房福利等方面也都可大大减轻负担。

二、酒店自身需求分析

根据酒店的人力资源规划，在掌握有关各类人员的需求信息，明确哪些职位空缺的情况后，人力资源管理部门要考虑招聘是不是最好的方法。因为除了招聘，酒店还可以通过以下方式解决问题：

（1）现有人员加班。如果工作任务是阶段性的，招聘正式员工进来，会在短期繁忙阶段过去后出现冗员。因此，如果现有人员适当加班就可以解决问题，酒店就不必再招聘新人了。

（2）工作的重新设计。有些人手上的不足是由于工作流程的不合理或者工作任务的分配不合理造成的，如果对这些不合理的地方进行再设计，人手的问题也就迎刃而解了。

（3）将某些工作外包。一些非核心的工作任务是可以外包给其他机构去做的，这样就可以免去招聘人员的麻烦，而且减轻了管理的负担。

如果酒店根据实际情况认为招聘是一个最佳方式的话，那就要编制招聘计划了。

任务二　制定招聘计划

一、招聘计划的内容

招聘计划一般包括以下内容：

（1）人员需求清单，包括招聘的职务名称、人数、任职资格要求等内容。

（2）招聘信息发布的时间和渠道。

（3）招聘小组人选，包括小组人员姓名、职务、各自的职责。

（4）应聘者的考核方案，包括考核的场所、大体时间、题目设计者姓名等。

（5）招聘的截止日期。

（6）新员工的上岗时间。

（7）招聘费用预算，包括资料费、广告费、人才交流会费用等。

（8）招聘工作时间表，尽可能详细，以便于他人配合。

（9）招聘广告样稿。

二、招聘计划编写步骤

招聘计划的编写一般包括以下步骤：

（1）获取人员需求信息。人员需求一般发生在以下几种情况：①人力资源计划中明确规定的人员需求信息；②企业在职人员离职产生的空缺；③部门经理递交的招聘申请，并经相关领导批准。

（2）选择招聘信息的发布时间和发布渠道。

（3）初步确定招聘小组。

（4）初步确定选择考核方案。

（5）明确招聘预算。

（6）编写招聘工作时间表。

（7）草拟招聘广告样稿。

任务三　确定招聘原则

酒店员工招聘的黄金法则——给事找合适的人，给人找合适的事，即能岗匹配。

一、能岗匹配原则的含义

能岗匹配包含两个方面的含义：一是指某个人的能力完全胜任该岗位的要求，即所谓人得其职；二是指岗位所要求的能力，这个人完全具备，即所谓职得其人。

"匹配"比"个体优秀"更重要。有的人个人的硬件条件很好，但放到某一个环境中不但个体不能发挥其能力，而且整体的战斗力也被削弱；有的人能力一般，但放到一个适宜的环境中，工作很出色，团队的协作能力也加强了，整体效益达到最优。因此，我们把匹配原则作为招聘的黄金法则，录用的人是不是最好不重要，重要的是最匹配。

（1）人有能级的区别。狭义地说，能级是指一个人能力的大小；广义地说，能级包含了一个人的知识、能力、经验、事业心、意志力、品德等多方面的要素。不同的能级应承担不同的责任。

（2）人有专长的区别。不同的专业和专长，不能有准确的能级比较，一个优秀的计算机专家不能和一个优秀的建筑设计师比较等级和差别。

（3）同一系列不同层次的岗位对能力的结构和大小有不同要求。由于层次的不同，其岗位的责任和权利也不同，所要求的能力结构和能力大小也有显著的区别。例如，处于高层的管理者需要有更高的战略能力和宏观控制能力，处于基层的管理人员应有更加具体的技术能力，并对生产工艺的细节有所了解。

（4）不同系列相同层次的岗位对能力有不同要求。由于工作系列不同，虽然处于同一层次，其能力结构和专业要求也有显著的不同。如人力资源部经理必须具备较强的沟通能力和协调能力；财务部经理必须具备较强的计划能力，熟知相关的财务法律知识；餐饮部经理则需有指导他人工作的能力和对质量的控制能力。

（5）能级高于岗位的要求，个人的才华无法施展，积极性会受到挫折，酒店的人员流动率就大；能级低于岗位的要求，人心涣散，酒店的凝聚力和竞争力均受到影响。

二、能岗匹配原则在招聘中的应用

通常要做能岗匹配分析的招聘岗位都是针对酒店中高级管理层而言的，对于一般员工则不必做能岗匹配分析，只做一般的岗位分析即可。能岗匹配分析包括以下内容：

（1）岗位所需的素质、专业知识和能力。

（2）岗位所需的性格偏好。

（3）第一把手的性别、性格特征、专业、兴趣和经历。

（4）曾经与第一把手共事过的成功者与失败者的经验分析，尤其是共事者的个体特征分析。

（5）酒店经营班子的组成分析，包括性别、年龄、专业、职位、性格特征等。

（6）酒店以往的业绩分析。

（7）拟招聘岗位在酒店所处的组织地位。

项目二 | 招聘程序

在招聘程序中，人力资源计划和职务说明书是招聘的依据，人力资源计划决定了招聘的时间、人数和岗位等，职务说明书则说明了招聘人员的要求。根据人力资源计划和职务说明书，我们就可以制定具体的招聘计划，从而指导招聘工作。

一般来说，酒店的招聘程序如图3-1所示。

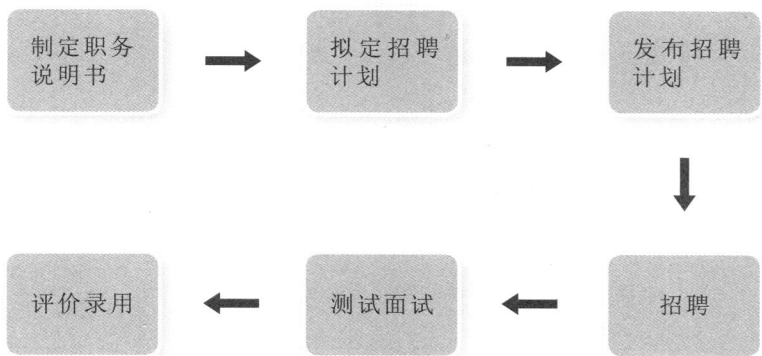

图3-1　酒店招聘程序

任务一　拟定招聘简章

一、招聘简章应包括的基本内容

（1）标题。如"诚聘"和"××单位招聘简章"等。

（2）酒店的性质和经营范围等基本情况简介。招聘简章介绍酒店时因受篇幅限制，文字必须简练。介绍要点包括：酒店名称、企业性质、坐落地点、经营规模、星级水平等。如果酒店是开业前招聘，还应注明开业日期。

（3）招聘职位、人数和招聘对象的条件。招聘简章对招聘工种或职位及人数的要求可按部门分类。招聘要求可分为基本要求与专业要求两类。对应聘人员的基本要求主要包括品学兼优、勤奋上进、容貌端正、身体健康等方面；专业要求则包括年龄、性别、学历、实际工作年限、专业水准（技术等级）、外语能力、体格条件（身高、视力）等方面。为了使应聘者便于检索招聘工种或职位，简章中可将招聘工种与招考要求以表格形式予以公布。

（4）甄选方法与录取条件。招聘简章应向应聘者公布应聘手续及报名方式。如果采用书面报名方式，招聘简章中要规定应聘者来函必须详细写明的内容，如本人经历、学历、特长、志愿等个人资料情况，以及报名截止日期、资料邮寄的具体地点；如采用目测应聘方式，招聘简章则要规定应聘者在约定时间、地点携带本人身份证件、有关学历等技术等级证件、本人近照等办理应聘手续。

（5）录用待遇。招聘简章对应聘者被考核录用后所享受的待遇的介绍对吸引应聘者起着重要作用。酒店应如实介绍，不能片面追求招聘来源而对应聘者虚加许愿，否则其效果会适得其反。应聘者被酒店录用后的待遇一般包括被录用人员的岗位编制、工资福利及培训机会等。

➥相关链接

某酒店招聘简章

本酒店是某集团公司投资兴建的一家五星级标准酒店，现因业务需要，面向社会招聘以下人员。

项目	具体内容	员工	实习生
招聘要求	身高	女：1.63m及以上；男：1.75m及以上	女：1.63m及以上；男：1.75m及以上
	学历	大专/本科	大专/本科
	语言	具有较强的普通话沟通能力及英语会话基础	具有英语会话基础
	形象	五官端正、身体健康	五官端正、身体健康
福利待遇	住宿	酒店提供住宿：员工宿舍4～6人/间，套间内提供彩电、空调和淋浴间。费用：4人间宿舍40元/（人·月），6人间宿舍30元/（人·月），电费自理	酒店免费提供住宿：员工宿舍4～6人/间、床上用品（枕芯、棉被芯和垫被各一件），其他用品自备，提供彩电、空调和淋浴间。电费每人每月8度，超出部分自理；水费由酒店承担
	工作餐	提供两餐工作餐	提供三餐工作餐（含休息日）
	工资、津贴	员工工资：大专生1800元/月起，本科生2000元/月起，领班2500元/月起	实习生津贴：2000元/月
	用工情况	签订劳动合同（2～3年）、交纳社会保险（养老金、医疗保险、失业保险、生育保险及工伤保险）	实习期满，被聘为正式员工的，同岗位工作不设试用期，签订劳动合同、交纳社会保险（养老金、医疗保险、失业保险、生育保险）
	其他	节日费、高温费、卫生费、生日活动费等	享受员工福利待遇的50%

项目	具体内容	员工	实习生
招聘岗位	前厅部	总台领班、礼宾领班、总台接待员、总机接线员、礼宾员	前厅接待员、总机接线员、礼宾员
	管家部	楼层领班、楼层服务员、PA（公共区域保洁员）领班、PA技工、洗衣房技工	楼层服务员、PA服务员
	餐饮部	中餐厅领班、宴会厅领班、中/西餐服务员、日本料理服务员、VIP包厢服务员、宴会服务员	中/西餐服务员、日本料理服务员、VIP包厢服务员、宴会服务员
	工程部	工程技术人员	
	安全部	安全部领班、保安员	
备注	领班要求	有高星级酒店同岗位实习半年以上经历，工作能力达到工作要求，工资1600元起	实习生待遇详见协议

联系人：人力资源部×小姐 　　　　　　　　电话：×××-12345678
电子信箱：×××××@yahoo.com.cn 　　　　地址：××市××大道×号×楼
思考：一个合格的招聘简章应该包括哪些内容？

二、拟定招聘简章应注意的问题

（1）对于工作职位的条件和待遇，无论是好的方面还是不利的方面，都应对应聘者做真实的介绍，这样可使应聘者的期望值比较符合实际情况，从而提高录用者对工作的满意程度。

（2）合理确定招聘条件。招聘条件是考核录用的依据，也是确定招聘对象与来源的重要依据。能否合理地确定招聘条件，关系到能否满足企业的需要，也关系到人力资源能否得到充分、合理的利用。如果招聘条件定得过高，脱离了人力资源供给的实际，势必难以招到或招满员工，企业需要的人力资源得不到及时补充；如果招聘条件定得过低，则不利于提高员工素质，不利于企业的发展。

（3）招聘简章的语言必须简洁清楚，另外，还要留有余地，使应聘者的人数比所需求的人数多一些。

任务二　选择招聘渠道

酒店的招聘渠道，从大的方面来讲包括酒店内部招聘和酒店外部招聘两类。这两类招聘渠道各有其优缺点，在具体运用过程中，酒店需要根据实际有选择地采用。研究表明，内外部招聘结合会产生最佳效果。具体的结合力度取决于酒店的战略计划、招聘岗位、上岗的时间要求以及对酒店经营环境的考虑等因素。至于酒店到底是以哪种途径为主，并不存在标准答案。

一、内部招聘

（一）内部招聘的优点

（1）能为员工发展和晋升提供平等的机会，有利于在组织中创造一个更开放的环境。

（2）能增强员工对工资等级、工作描述、晋升条件与职务调动程序的了解。

（3）便于个人在组织中选择最适合自己的工作。

（4）内部招聘是一种便宜而且迅速的职位空缺填补方式。

（5）候选人的长处和弱点能够被清楚地了解。

（6）被提升的组织内部成员对组织的历史和发展比较了解。

（7）酒店可以借助内部招聘激励被提升的人员更加努力地提高自身工作效率。

（8）可以激励组织内其他成员，提高他们的工作士气，使其具有一个良好的工作情绪。

（9）可以使组织对成员的培训投资取得回报。

（二）内部招聘的缺点

（1）当组织内部对未来主管人员的供需缺口较大，且内部人才储备无法满足需要时，坚持从内部提升，会使组织既失去获得一流人才的机会，又可能让不称职者占据主管位置。

（2）容易造成"近亲繁殖"。

（3）提升的数量有限，容易挫伤没有提升的人的积极性。

（三）内部招聘渠道

内部招聘渠道主要包括员工晋升、工作调换、工作轮换与内部人员重新聘用等方面。

1. 员工晋升

从酒店内部提拔一些适合空缺岗位要求的人员是一种常用的方法。这种方法可迅速从员工中提拔合适的人选到空缺的职位上，内部晋升为员工提供了发展的机会，使员工感到在组织中是有发展机会的，个人的职业生涯发展是有前途的。

（1）员工晋升的优点：①有利于酒店建立自己稳定的、核心的人员队伍，使酒店拥有高绩效的员工；②新上任的员工能很快适应新的工作环境；③能省时、省力、省费用。

（2）员工晋升的不足：①由于人员选择范围小，可能招聘不到最优秀的员工而造成"近亲繁殖"的弊端；②有可能使未被晋升的优秀员工对组织产生不满而离开，导致酒店人才流失。

因此，当酒店的关键职位和高层级职位出现空缺时，一般采用内外同时招聘的方式。

2. 工作调换

工作调换是指职务等级不发生变化，工作岗位发生变化。它是酒店从内部获得人员的一种渠道。工作调换为员工提供从事组织内多种工作的机会，为员工今后的发展或提升做好准备。它一般用于中层管理人员的招聘。

3. 工作轮换

工作轮换多用于一般员工的培养上，让有潜力的员工在各方面积累经验，为晋升做好准备，也可以减少员工因长期从事某项工作而带来的枯燥感、无聊感。

4．内部人员重新聘用

有些酒店由于一段时期经营效果不好，会暂时让一些员工下岗待聘，当酒店情况好转时，再重新聘用这些员工。由于员工对酒店已有一定了解，能很快适应工作岗位，为此可以节省大量的培训费用。同时这种方法又可以以较小的代价获得有效的激励，使组织具有凝聚力，促使组织与员工个人共同发展。

（四）内部招聘方法

内部招聘方法主要包括推荐法、档案法以及布告法等。

1．推荐法

推荐法是指由本酒店员工根据单位和职位的需要，推荐其熟悉的合适人员，供用人部门或人力资源部门进行选择和考核。它既可用于内部招聘，也可用于外部招聘。因推荐人对用人部门与被推荐者双方比较了解，也使组织很容易了解被推荐者，所以它比较有效，成功率也较大。

2．档案法

酒店人力资源部门都有员工的档案，从中可以了解员工的各种信息，帮助用人部门或人力资源部门寻找合适的人员补充空缺的职位。尤其是建立了人力资源管理信息系统（HRMIS）的酒店，则更为便捷、迅速，并可以在更大范围内进行挑选。档案法只限于员工的客观或实际信息，如员工所在职位、受教育程度、技能、教育培训经历、绩效等，而对主观信息如人际技能、判断能力等则难以确认。事实上，对很多工作而言，这些能力是非常重要的。

3．布告法

布告法也称张榜法，它是内部招聘最常用的方法，尤其是对非管理层的职位而言。酒店在确定空缺职位的性质、职责及所要求的条件等情况后，将这些信息以布告的形式公布于组织中，使所有的员工都能获得信息。所有拥有这些资格的员工都可以申请或"投标"该职位，人力资源部门或用人部门筛选这些申请后，最合格的申请人被选中进行面试。

（1）布告法的优点：①提高了酒店最合格员工将被选拔从事该工作的可能性；②给员工一个对自己职业生涯开发更负责任的机会，许多员工认为有这种晋升的机会，会更加努力提高其工作技能和绩效；③使员工有机会离开现有的工作环境，承担更有挑战性的工作。

（2）布告法的不足：①因需要花费较长时间填补空职，有些职位在较长时间内保持空缺；②某些员工由于缺乏明确的方向而在工作中"跳"来"跳"去；③申请被拒绝的员工可能会疏远组织。

二、外部招聘

（一）外部招聘的优点

（1）较广泛的人才来源。

（2）避免"近亲繁殖"，可以给组织带来新思想，防止僵化。

（3）避免组织内部那些没有得到提升的人的积极性受挫，避免组织内部成员间的不团结。

（4）可以节省对主管人员的培训费用。

（二）外部招聘的缺点

（1）如果酒店未选用组织内有能力胜任的人，而从外部招聘，会使他们感到不公平，容易产生与应聘者不合作的态度。

（2）应聘者对组织需要一个了解的过程。

（3）容易被应聘者的表面现象（如学历、资历等）所蒙蔽，而无法清楚了解其真实能力。

（三）外部招聘渠道

由于内部招聘并不能从根本上解决酒店内部劳动力短缺的问题，尤其是当酒店处于创业时期、快速发展时期或需要特殊人才时，仅有内部招聘是不够的，必须借助外部劳动力市场。因此，外部招聘也是重要的人员来源渠道。

1. 求职者自荐

求职者自荐是指在没有得到内部人员推荐的情况下，应聘者直接向招聘单位提出求职申请。求职者在某种程度上已经做好了到酒店工作的充分准备，并且确信自己与空缺职位之间具有足够的匹配程度，然后才会提交求职申请。

求职者毛遂自荐的最大优点为：费用低廉，可以直接进行双向交流；而且求职者已花费很长时间来了解酒店，也更容易受到激励。

不足之处是：随机性较大，时间较长，合适人选不多。因此用这种方式招聘合格人员，需要专人负责接待，要有详细的登记表格，并尽可能鼓励求职者表现自己的才能。

2. 广告招聘

尽管通过广告招聘来的人往往比直接来酒店求职的人和被推荐来的人要稍差，并且成本通常也更高一些，但是它仍然是目前较为普遍的招聘方式之一。

酒店在设计招聘广告时，首先要回答两个非常重要的问题：我们需要说些什么？我们要对谁说？就第一个问题来说，许多酒店由于没有回答好，导致职位空缺的细节内容没有有效地传递出去。在理想情况下，看到招聘广告的人应当能够获得足够的信息来对工作及其要求做出评价，从而使他们能够判断自己是否具备招聘广告中的资格要求。这可能意味着广告的篇幅要长一些，成本也更高一些。就第二个问题来说，准备刊登广告的酒店必须根据岗位和人员的特点，来决定采用何种媒体发布招聘广告。一般来讲，地方报纸的分类广告是最为常见的媒介，它是一种相对便宜的招募手段，其特点是能够在某一特定地区内将信息传递给大量正在寻找工作的人。从不利的方面来说，它无法使酒店有针对性地招募具有特定技能水平的求职者。

3. 就业服务机构

在我国，随着人才流动的日益普遍，应运而生了人才交流中心、职业介绍所、劳动力就业中心等就业服务机构。这些机构通过定期或不定期地举行人才交流会，让供需双方面对面地进行商谈，增进了彼此的了解，并缩短了招聘与应聘的时间。根据性质和服务业务的不同，就业服务机构可分为公共就业服务机构、私营就业服务机构与高级经理人员搜寻公司。

（1）公共就业服务机构

我国目前存在的人才交流中心、职业介绍所、劳动力就业中心多属于公共就业服务机构，它能够为酒店提供比较全面的人力资源管理代理服务。相当多的酒店也通过它招聘所需要的人员。在劳动力市场发达的国家，公共就业服务机构的服务比较全面。如美国，雇主可以将自己的职位空缺登记到当地的州政府就业办公室，该机构会从当地失业者的资料库中检索出合适的人选。这些公共就业服务机构免费向酒店提供适合空缺职位需要的候选人，然后由雇主对他们进行面试或测验。

公共就业服务机构的优点是：应聘者众多，很难形成裙带关系，时间较短。其缺点是：需要一定费用，对应聘者情况不够了解，不一定有需要的合适人选，应聘人员素质较低。所以酒店要选择信誉较高的机构，同时为了保障测试的可靠性和有效性，酒店还应该让职业机构提供较为详细的应聘者资料。

（2）私营就业服务机构

一般地，公共就业服务机构主要是为"蓝领"劳动力市场服务的，私营就业服务机构则有不同之处：

一是它填补了更广泛类型的工作资源，除提供文员和"蓝领"工人外，也提供技术和低层管理人员的工作；

二是求职者更愿意在私人代理机构进行登记，因而比公共代理机构的求职者更愿意接受工作；

三是其代理服务需要收费，因此受契约的约束。当较高层级的管理职位被填补时，通常是酒店付费给私营代理机构，而文员和"蓝领"求职者则要自己付费。私营就业服务机构减轻了酒店寻找、联系、预先筛选求职者的行政负担，因此具有特殊的作用。

我国与发达国家不同，公共就业服务机构在招聘中扮演主体作用。

（3）高级经理人员搜寻公司

高级经理人员搜寻公司（Executive Search Firms，ESF），也称猎头公司（Hunter Head），它是私营就业服务机构的一种具体形式。它定位于在别的酒店工作成功的经理，并未主动寻找新工作的人。近年来，为适应组织对高层次人才的需求与高级人才的求职需要，我国的猎头公司迅速增多，业务发展迅速。猎头公司在供需匹配上较为慎重，其成功率比较高，收费也非常高，一般标准为录用后的经理人年薪的1/3左右。

对高级管理人员而言，与猎头公司打交道是一件很敏感的事情，因为他们可能不愿意将其准备离开就职酒店的想法"公开"，以免引起当前雇主做出某些反应。因此猎头公司往往充当了这些高级经理人员的当前雇主与未来新雇主之间的一个秘密缓冲地带。这也是猎头公司存在的重要基础。

4. 校园招聘

在大学或学院进行招聘，正在逐步成为酒店喜欢运用的招聘渠道。在我国，校园面试是招募初级专业人员以及管理人员的一个重要来源。校园招聘的显著好处就是：酒店能够找到相当数量的具有较高素质的合格申请者。其不足之处则是：在校学生缺乏实际工作经历，对工作和职位的期望值高，一旦录用后，容易产生较高的流失率。

为了摆脱流失率较高的困境，也为了降低酒店人力成本，许多酒店将招聘工作前移，与学校进行产学研合作，向在校学生提供见习岗位。在合作过程中，酒店需要与学校签订实习协议。

➡相关链接

实习协议书

甲方：   法定代表人：

授权代表人：   法定地址：

乙方：   法定代表人：

授权代表人：   法定地址：

本着平等互利原则，经甲乙双方共同协商，就乙方派实习生来甲方实习达成以下协议：

一、实习期限：从＿＿＿＿年＿月＿日至＿＿＿＿年＿月＿日止。实习期满，甲方可在乙方实习生自愿前提下，聘用其为酒店员工。

二、实习生条件：具有相当于中专或以上文化程度及英语水平，品学兼优，身体健康（能做出健康证）的在校学生。

三、实习期间福利待遇：

1. 工作时间：每周工作五天。日常管理纳入甲方部门管理，岗位、班次需服从甲方安排。加班情况按照国家的有关规定执行。

2. 实习津贴：每月实习津贴每人＿＿＿＿＿＿元人民币。

3. 福利待遇：实习期间，实习生享受与甲方在职员工同等福利待遇。由甲方提供免费食宿，日常生活用品自备。

四、实习生的来回路费（以硬座火车票计），在实习期满后一次性以现金报销。

五、实习期间，由甲方为其免费办理手续及暂住证。如实习生离职，需赔偿甲方此费用。

六、实习生管理以甲方为主，乙方协助管理。实习生须遵守地区及酒店各项规章制度，服从甲方的管理。如有违纪行为，甲方将按规章制度处理。

七、实习期间，甲方做好实习生的业务培训，实习期满做出实习鉴定，颁发实习证书。

八、甲方或乙方若提前解除实习协议书，须提前一个月通知对方，否则，一方有权拒绝。

九、本协议履行期间，甲方和乙方必须履行约定的义务。如有违约，违约方要赔偿和承担因违约而给守约方所造成的经济损失和其他法律责任。

十、本协议一式两份，经双方授权代表签字盖章后生效。未尽事宜经双方协商达成一致意见后可进行修改、补充。

甲方代表签名：   乙方代表签名：

公章：   公章：

日期：   日期：

5．网络招聘

网络招聘是一种新兴的招聘渠道，是酒店通过网络渠道来获得应聘人员的资料，从而选拔合格员工的方式。酒店通过网络进行招聘时，可采用两种方式：一种方式是在酒店网站上建立一个招聘渠道，由酒店自己来进行求职者资料的获取和筛选；另一种方式是委托专业的招聘网站进行招聘，最后再进行验证测试即可。

任务三　发布招聘信息

对酒店而言，选择好招聘渠道后，就应该进行招聘信息的发布。招聘信息按照发布媒体的不同，可以划分为广播与电视、报纸、杂志和网络等。

一、广播与电视

在我国，酒店使用广播与电视发布招聘信息的并不多。其原因主要是：

（1）电视广告费用相当昂贵，仅用于招聘似乎太高。

（2）广播和电视在受众面前停留的时间有限，也不能被"剪下来"保存。

（3）广播和电视的受众多，易于吸引过多的应聘者参与，从而加大了招聘与录用工作的难度；同时在酒店招聘人数一定的情况下，众多的应聘者，也会产生较多的落选者，容易引起他们的不满，对酒店的公众形象会产生影响。

因此广播和电视主要是用于招聘酒店的高级管理人才。有时酒店将招聘高级管理人才的信息以访谈面试的形式出现，酒店还可以借机宣传自身的形象。事实上，在广播和电视上发布招聘广告进行人员招聘的酒店，大多是政府的职业中介机构或猎头公司，也有少部分知名酒店。它们在广播和电视媒体上发布招聘信息的目的更多的是在于提高酒店的知名度和塑造酒店的形象。

酒店在广播与电视上发布招聘信息，需要带上酒店的营业执照，到当地电视台营业厅进行办理。

二、报纸

报纸是酒店发布招聘信息时使用最为频繁的媒体，因为报纸的费用比电视广告的成本要低得多，同样能吸引众多的申请者。因此，报纸是我国酒店使用最广泛、最多的媒体。报纸不仅受酒店的欢迎，也受到了应聘者的欢迎。其主要的优点是：报纸可以在不同的时间、地点被多个读者阅读，能够方便地复印、抄写。

在报纸上登招聘信息，酒店需要带上营业执照，到相应报纸的广告部办理此业务。一般而言，酒店应选择发行量大的晚报、快报等。

三、行业或专业杂志

行业或专业杂志是酒店招聘专业的管理人员和技术人员的最佳选择。因为行业或专业杂志的读者，大多是与行业有关的专业人员，杂志的读者群比一般的报纸更为集中，所以，广告的针对性就更强一些。当酒店在这类杂志上发布招聘信息时，就会被目标受众接受。

在行业或专业杂志上发布招聘信息时要注意以下两点：①由于行业或专业杂志的印刷期较长，所以招聘广告发布的提前时间要比较充分，并要注明招聘截止日期。②杂志广告的创作，要美观又有创意，做到既能吸引读者目光，又能宣传酒店形象。

在行业或专业杂志上登招聘广告，一般只需与其电话联系，确认好版面费就可以了。目前国内相关的行业或专业杂志较少，只有《饭店世界》和《中外酒店》在行业里影响力比较大。

四、网络

网络广告是一种新型的广告形式，将它用于招聘活动，将是未来招聘的一种时尚。酒店在网络上发布广告主要有以下两种途径：

（1）在酒店自身的网站上发布招聘广告。采用该途径时，可以将酒店的每一个空缺岗位逐一列出，必要时还可以进行适当的描述，可以清晰地罗列对应聘人员的资格要求。上述这些内容可以不受篇幅的限制，并且招聘广告发布的费用相当低。但是这类广告是否被有效地发布，与酒店自身的知名度和网站的知名度密切相关。因此，只有名声较大的酒店才能够运用此种途径。

（2）在门户网站或者专业的招聘网站上发布招聘广告。而这时由于广告的费用比前一种方式高，篇幅也有所限制，所以这类广告的内容要简明扼要，尤其是联系方式要清晰。

五、发布招聘信息的注意事项

酒店在确定招聘信息发布渠道时，一定要注意以下几个问题：

（1）要了解不同媒体在哪些人群中利用率最高。通过了解不同地区、不同性别、不同学历、不同职业的人喜欢接触的是什么媒体，酒店再决定采用哪种广告方式，做到"有的放矢"。

（2）选择在该媒体中的哪家发布广告。选择了在什么媒体上发布广告之后，酒店就需要选择具体在该媒体中的哪家发布广告。因此招聘者还需要对不同的报纸、杂志、电视台的发行量、读者群的情况有所了解，这样才会做到"心中有数"。

（3）酒店应该根据空缺职位的性质（工资待遇、职位层级、权限大小、工作条件等）决定是否采用广告方式。采用广告方式，可能会吸引众多的应聘者，为此酒店需要花费大量的人力、物力和财力来完成阅读简历、进行面谈、接待来访者的工作，对于这种情况，酒店可以采用匿名广告的形式来避免。所谓匿名广告，是指在广告中不说明招聘酒店的名称。求职者可以直接将申请和个人简历寄到广告中指定的杂志、信箱或报社，通过中介机构将这些简历转到酒店。这样既可以避免数不清的电话或登门访问和查询者，又可以避免因为求职者未被录用而给酒店可能带来的社会和公共关系方面的麻烦。

任务四　设计招聘相关表格

　　酒店开始招聘前，需要设计好求职人员登记表、面试情况记录表、员工录用通知书、员工到岗通知书、应聘人员业务技术考核登记表等表格。表3-1至表3-5给出了相应的示例，在招聘工作中，酒店可根据实际情况对表格内容进行调整。

一、求职人员登记表

表3-1　××酒店求职人员登记表

姓名		性别		出生年月		政治面貌		照　片
学历		毕业学校				专业		
职称		现从事的专业/工作						
现在工作单位				联系电话				
通信地址				邮编				
家庭地址				身份证号码				
掌握哪种语言				程度如何，有无证书				
技能与特长				技能等级				
个人兴趣			身高		体重		健康状况	
个人简历								
准备离开单位的原因						现在工资		
准备加入单位的重要原因								
收入期望值		元/年	可开始的工作日期					
晋升期望（职位、时间）								
培训的期望（内容、日期、时间）								
其他期望								
家庭成员情况								
备注								
本人保证表内所填写内容真实，如有虚假，愿受解职处分。								
申请人签名：　　　　　　　　日期：								

二、面试情况记录表

表3-2 面试情况记录表

姓名		性别		编号	
应聘职位					
评分等级：优秀5分；良好4分；合格3分；不合格2分或1分					
项目	面试评分			评语	
外貌仪表					
礼貌态度					
气质谈吐					
反应灵活性					
自信心					
判断力					
工作知识					
其他知识					
外语能力					
健康状况					
总分合计/总评					
面试意见：推荐（　　）部门（　　）岗位 　　　　　存入人才库（　　） 　　　　　不接受（　　） 　　　　　　　　　　　主考人员签名：　　　　　日期：					

三、员工录用通知书

表3-3 员工录用通知书

×××先生/女士： 　　经酒店研究决定，您已被我店录用为正式员工，享受我店正式员工待遇。 　　请您于　年　月　日　　时到我店人力资源部报到。 　　此致 敬礼 　　　　　　　　　　　　　　　　　　　人力资源部（盖章） 　　　　　　　　　　　　　　　　　　　　年　月　日

四、员工到岗通知书

表3-4　员工到岗通知书

_____部门：

　　兹有_____将于____年__月__日到贵部报到，届时请贵部做好新员工岗前培训工作。谢谢合作！

人力资源部（盖章）

年　月　日

五、应聘人员业务技术考核登记表

表3-5　应聘人员业务技术考核登记表

姓名		性别		出生年月		文化程度	
工作单位			原工种			技术等级	
家庭住址						技术职称	
考核内容：							
考核经办人评语： 部门领导签名： 年　月　日							
人力资源部意见： 部门领导签名： 年　月　日							
备注：							

任务五　甄选测试

在酒店员工招聘过程中，人员甄选是重要的一环。目前酒店常用的人员甄选方式主要有定性考核、定量考核以及心理测试。

定性考核一般从以下四个方面进行考察：

（1）才能。才能主要包括知识面、分析问题的能力以及管理能力。由于酒店服务工作的突出特点是事件多、人员杂而多，以上三种能力是衡量个人才能的主要因素。

（2）个人品德。这是对管理者修养、品质的要求，他必须清正廉洁。

（3）个人工作表现。如是否尽职尽责、表现突出。

（4）工作年限。在人员选拔上虽然不应该论资排辈，但也要考虑其工作年限。工作年限一方面与其成长成熟度有关，另一方面也利于管理其他员工。若是其能力一般而得到迅速提升，势必会挫伤其他员工的积极性。因此，工作资历一般应作为选拔员工的一个因素。

定量考核一般采取面试和笔试的方式进行，考核内容包括专业知识、智力、心理、潜能四个方面。在测试考核的基础上，通过量化的分数值进行比较，评分项目要科学、实用，能真正反映各种能力，通常选用简单评分法和加权评分法。

一、笔试

笔试主要用于测量应聘者在基本知识、专业知识、管理知识以及综合分析能力、文字表达能力等方面的差异。笔试的优点在于它花费时间少、效率高、成本低，对报考者知识、技术、能力的考查信度和效度较高，成绩评价比较客观，因此笔试至今仍是酒店使用频率较高的人才选拔方法。

笔试的缺点在于它不能全面地考查求职者的工作态度、品德修养以及其他一些隐性能力，因此笔试技术往往作为其他人员甄选方式的补充或是初步筛选方法。

笔试的组织程序如下：

（1）发布笔试公告，公布笔试科目及相关要求。

（2）确定报名方式（网上报名为主，报名时间不少于10天）。

（3）编制准考证（核对报名信息，落实考场考点）。

（4）考生打印准考证（打印准考证时间为5天）。

（5）组织命题（命题周期5天，校对1天）。

（6）试卷制作（制作1000人以下考试试卷不少于5天，1000人及以上不少于10天）。

（7）组织笔试。

（8）阅卷（原则上阅卷时间为5天）。

（9）公布成绩（网上公布）。

二、面试

（一）面试的种类

面试是由一个或多个人发起的收集信息和评价求职者是否具备职位任职资格的对话过程。目前酒店招聘中通常使用非结构化面试、结构化面试、情景模拟面试和压力面试四种方法。这四种方法适用于招聘不同层次的员工。需要指出的是，结构化面试是使用最多的一种方法，非结构化面试通常不单独使用。

1．非结构化面试

面试中允许求职者在最大自由度上决定讨论的方向，而主持人则尽量避免使用影响面试者的评语。由于非结构化面试是一种随意性较强的面试过程，面试效果的好坏与主考官的经验和技术水平有一定的关系，好的主考官能充分引导求职者展示自己，而不会偏离方向；经验不足的主考官则容易使面试成为审判式的对白，压抑求职者表现自我的欲望。因此这种面试往往作为其他甄选技术的补充。

2．结构化面试

（1）结构化面试的含义

结构化面试从出现到现在不过三四十年，但它的优势已被多数面试专家与研究者所证实。所谓结构化面试，是指命题、实施结果评定等环节均按事先制定的标准化程序进行的面试，因而亦称标准化面试。

（2）结构化面试的特点

第一，面试问题多样化。面试中的问题是构筑在那些通过正式工作分析而明确的在工作中的确需要的知识、技术和能力之上的。问题允许有多种类型存在，包括关于工作知识的问题、应试者如何处理特殊情况的问题以及经历和教育状况这类统计学方面的问题等。

第二，测评要素结构化。测评要素结构化不仅体现在测评工具以及测试内容要根据测试前所做的工作分析来确定，并按一定的顺序及不同权重进行结构化设计，而且还要在测评要素下面明确标出测评要素、观察要点。测评要素下面是测试题目，每个测试题目都有测评内容、思路或答题参考要点，以供考官评分时参考。

第三，评分标准结构化。评分标准结构化表现在要素评分的权重系数有结构，每一测评要素内的评分等级有结构（一般在评分表中分优、良、中、差四级），应试者最后的面试成绩都是经过科学方法统计处理得出的。

第四，考官结构化。考官结构化即考官不是随便组织的，而是由7～9名考官依据用人岗位需要按专业、职务、年龄及性别按一定比例的科学化配置而成的。其中有一名是主考官，一般由他负责向应试者提问并总体把握面试的进程。

第五，面试程序及时间安排结构化。结构化面试是严格遵循一定的程序（如考官、考场的选择，监督机制与计分程序的设立等）进行的，一般每个应试者的面试时间在30分钟左右。

结构化面试具有内容确定、程序严谨、评分标准等特点。从近年的面试实践来看，其测评的信度较高，保证了每一个应试者有平等的机会，比较适合酒店的录用选拔性考试。因此，结构化面试已经成为目前录用面试的常用方法。

（3）结构化面试的组织实施程序

结构化面试的组织实施程序主要包括组建考官、考务及监督队伍，编制试题，选择布置面试考场及面试具体操作四个环节。

结构化面试队伍一般应由7～9名考官组成，其中一名为主考官。在考官的组成上，其性别、年龄、专业结构、职务等应有适当的搭配。

为了确保结构化面试的公正、公平，根据实际需要可选择2名监督员参与整个面试过程。同时，根据工作量大小，配备一定数额的考务人员，如记分员、监考人员等。结构化面试考场在选择上主要应考虑以下几个问题：①考场地址的挑选。考场必须安静、无干扰。②考场面积的确定。考场的大小应适中，一般应以30～40平方米为宜，不宜过大，也不宜过小。③考场房间的温度、采光要适宜，应有利于应试者充分发挥其水平。④应设立候考室。每个独立的面试考场，除主考场外，还应根据应试者的多少设立候考室，候考室的选择应与主考场保持一定的距离，以免相互影响。⑤考场内部功能要适当区分，有条件的可以使用监控设备或单向玻璃，让考官之间相互不受影响，考官和应试者之间也没有相互影响。

在编制结构化面试命题前，应对竞聘岗位或考试职位做深入细致的岗位调查和工作分析，明确该岗位需要什么样素质的人，如何通过结构化面试测评出这一素质。编制好的试题往往还应经过试测，了解其应用性和区分性，并进行反复修改完善。对每一组应试者，每一测评要素以编制2～3道题目为宜。

（4）结构化面试的具体操作步骤

一般来说，结构化面试的具体操作步骤如下：

第一步，对进入面试的应试者讲解本次面试的整体计划安排、注意事项、面试现场纪律。比如，应试者在面试前不能与已面试过的应试者进行交流，否则就相当于泄题，因为同一职位的应试者的面试试题很可能是完全相同的。鉴于此，应试者在候考室等待面试时，不许使用手机等，也不允许在外面随便走动。

第二步，以抽签的方式确定应试者的面试顺序，并依次登记姓名。在面试中，形式上的公平性与内容上的公平性同样重要，甚至形式上的公平性会更令人关注，因为形式的公平与否是人们容易看到的。面试顺序往往由应试者本人在面试开始前抽签决定，以确保面试的公正性和公平性。

第三步，面试开始，由监考人员或考务人员依次带领应试者进入考场，并通知下一名应试者做好准备。

第四步，每次面试一人，面试程序为：首先由主考官宣读面试指导语；然后由主考官或其他考官按事先的分工，依据面试题请应试者按要求回答有关问题；根据应试者的回答情况，其他考官可以进行适度的提问；各位考官独立在评分表上按不同的要素给应试者打分。

第五步，向每个应试者提出的问题一般以6～7个为宜，每个应试者的面试时间通常控制在30分钟左右。

第六步，面试结束，主考官宣布应试者退席。由考务人员收集每位考官手中的面试评分表交给记分员，记分员在监督员的监督下统计面试成绩，并填入应试者结构化面试成绩汇总表。

第七步，记分员、监督员、主考官依次在面试成绩汇总表上签字，结构化面试结束。

3．情景模拟面试

情景模拟面试，是指设置一定的模拟情况，要求应试者扮演某一角色，并进入角色情景去处理各种事务及各种问题和矛盾。考官通过对应试者在情景中所表现出来的行为进行观察和记录，以测评其素质潜能，或看其是否能适应或胜任工作。

（1）情景模拟面试的特点

与其他测试方法相比，情景模拟面试一般有如下特点：

第一，测试内容具有极强的针对性。由于模拟测试的环境是拟招岗位或近似拟招岗位的环境，测试内容又是拟招岗位的某项实际工作，因而具有较强的针对性。表3-6即表明了情景模拟测试所具有的这一特点。

表3-6　情景模拟面试考评表

问题：在你即将旅行的前一天晚上，你已经整装待发，就在准备休息时，你接到了酒店的一个电话，酒店出现了一个只有你才能解决的问题，并被请求处理此事。在这种情形下，你会怎样做？
记录回答：
评分指导： 　较好，如"我会去酒店，以确保万无一失，然后我再去度假"等。 　好，如"不存在只有我能处理的问题，我会确保另一个合适的人去那里处理问题的"等。 　一般，如"我会试着找另一个人来处理"等。 　差，如"我会去度假"等。

第二，直接引用现实素材进行测试。模拟测试的素材大多来源于现实生活，它们需要应试者在真实的环境中去应对工作，因此具有直接性。例如以下案例，是这一特性的很好例证。

某酒店将一篇成文信息抽取观点，颠倒次序后，由一位考官口头进行叙述，让应试者记录并据此写出一份"简报"。这样的测试，不仅测试内容与拟招岗位业务有直接关系，而且使考评人员能够直接观察应试者的工作情况，直接了解应试者的基本素质及能力，所以更具有直接性。

第三，测试结果可信度高。由于模拟测试接近实际，考查的重点是应试者分析和解决实际工作问题的能力，加之这种方式又便于观察了解应试者是否具备拟任岗位职务的素质，因此模拟测试比笔试和其他面试形式更具有可信度。

（2）情景模拟测试的作用

情景模拟测试的特点决定了它在酒店招聘中有着不容忽视的作用。这种作用主要体现在以下三方面：

第一，为考查应试者的业务能力提供依据。无论是模拟测试的内容，还是模拟测试的方式，都较之笔试和面试答辩更接近拟招岗位的工作实际。这一点，使得模拟测试在考核应试者业务能力方面发挥着笔试和面试答辩难以替代的作用。

第二，有利于避免高分低能现象。模拟测试注重业务能力的考核，考核的标准是依据实际工作的要求拟定的，考评人员一般由用人单位的业务骨干担任。这些因素决定了模拟测试不仅能够为实践经验丰富、具有实际工作能力、胜任拟招岗位工作的应试者提供"用武之地"，而且可以避免笔试成绩高、实际业务能力差的应试者进入录用行列。

第三，为用人单位安排录用人员的具体工作岗位提供依据。实践表明，应试者在模拟测试中表现出的个体能力差异，与他们的实际工作能力往往十分相似。因此，模拟测试的成绩一般都被用人单位作为安排录用人员具体工作岗位的依据。

（3）情景模拟测试操作形式

第一种，工作活动的模拟。这个测试项目可以采用以下两种形式进行：①上下级对话形式。模拟接待基层工作人员的情景，由应试者饰演上级，考评人员为下级，下级向上级领导汇报或请示工作。这种模拟测试可采用主考人员与其对话，其余考评人员观察打分的方式进行。测试前应让应试者阅读有关材料，使其了解角色的背景和要求。测试主题可一个专业一题，需有一定难度和明晰评分标准，时间以每人半小时左右为宜。②布置工作的测试。要求应试者在阅读一份文件或会议纪要后，以特定的身份结合部门实际，对工作进行分工布置和安排。这一项目可以按个别测试的方式进行，考评人员一般为部门领导。在一定条件下，考评人员可向应试者进行发问，以对其进行较深入的整体测评。最后，考评人员依据评分标准分别评分。

第二种，现场作业法。现场作业法是指提供给应试者一定的数据和资料，在规定的时间内，要求应试者编制计划、设计图表、起草公文和计算结果等。被普遍应用的计算机操作、账目整理等都属于此类形式。

第三种，模拟会议法。将若干（10人左右）应试者分为一组，就某一需要研讨的问题或需要布置的活动或需要决策的议题，由应试者自由发表议论，相互切磋探讨。其具体形式有会议的模拟组织、主持、记录及无领导小组讨论等。

4．压力面试

压力面试的目标是确定求职者将如何对工作上承受的压力做出反应。在典型的压力面试中，主考官提出一系列直率（甚至是不礼貌）的问题，让求职者明显感到压力的存在，甚至陷入较为尴尬的境地。主考官通常寻找求职者在回答问题时的破绽，在找到破绽后，针对这一薄弱环节进行追问，希望借此使求职者失去镇定。

（二）面试中常见的误区和错误

面试的有效性取决于如何实施面试，但在面试的实施过程中常常因为一些错误的操作影响面试的最终成效，下面简要说明一些面试中常见的错误。

（1）第一印象。主考人员通常在面试开始几分钟就凭借对应聘者的第一印象做出判断，且在随后的面试过程通常不能改变这一判断。

（2）强调负面信息。主考人员受不利因素的影响要大于受有利信息的影响。例如，主考人员从好的印象转变为坏的印象，要比从坏的印象转变为好的印象要容易得多，事实上面试本身经常就是寻求负面信息的过程。

（3）不熟悉工作。主考人员未能准确地了解工作包含的内容，以及什么类型的应聘者最适合工作，通常就会形成关于什么是好的求职者的错误的框框，他们往往会根据这一框框去判断选择候选人，而不是基于职位要求进行这一选择。

（4）面试次序差异。面试次序差异是指对应聘者面试次序的安排会影响对其的评定。在一项研究中，主考人员在面试了数位不合格的应聘者以后，被安排面试一位仅仅是一般的求职者，结果主考人员对其的评价均高于他实际能得到的评价。这样的结果仅仅是因为这位一般的求职者被安排在不合格的求职者之后，表现得格外突出。反之，当他被安排到一些优秀的应聘者之后进行面试时，其结果会出现较大的差异。次序问题是面试过程中一个很突出的问题。一些研究发现，只有对小部分求职者的评定是根据他的实际潜力做出的，多数求职者的评定是在与前面一位或几位求职者的比较影响下做出的。

（5）非语言行为。在面试中，作为主考人员应尽量避免应聘者的非语言行为对判断所造成的影响。例如，几项研究表明，使用大量眼接触、头移动、微笑，以及其他非语言行为的求职者得到的评价更高，但没有任何证据表明非语言行为和能力、素质有任何程度的相关性。因此，主考人员应在面试中尽量避免非语言行为对判断造成的影响。

（6）刻板效应。主考人员常常会以某人所在的团体知觉为基础看待应聘者。比如，认为大学生总是很激进等。这种程式化的思想往往会影响主考人员客观、准确地评价应聘者。

（7）类我效应。当主考人员听到应聘者的某种背景和自己相似时，就会对他产生好感和同情，以致最后使面试失去公允和客观。

三、管理评价中心技术

管理评价中心技术是近年来新兴的一种选拔高级管理人员和专业人才的人员甄选方法，它采用情景性的测评方法对被试者的特定行为进行观察和评价。测试人员根据职位需求设置各种不同的模拟工作场景，让候选人参与，并考查他们的实际行为表现，以此作为人员甄选的依据。

➡相关链接

某酒店为期两天的评价中心日程

第一天　上岗引导会

管理游戏："联合大企业"。参加者组成四人小组，目的是组成各种不同类型的酒店集团。各小组设立自己的兼并目标，且必须通过计划和组织来实现该目标。

背景面谈：参加者组成四人小组，讨论四个需要不同形式的管理判断的小案例。各小组必须在一小时内解决案例问题，并以书面形式提交建议。

个人调查和决策练习："研究预算"。参加者被告知他刚担任部门经理。现在，参加者手上有一份关于他的前任拒绝给某研究项目继续提供资金的要求这一事件的简短说明。研究项目经理呼吁推翻这一决定。参加者用15分钟时间通过提问来寻找事实信息。在调查研究之后，参加者要口头做出决定，提供支持理由，并进行辩护。

第二天

公文处理练习："部门经理公文处理"。模拟部门经理公文内容。参加者被指示仔细审阅其内容、解决问题、回答、授权、组织、安排进度和计划，参加者就像已经被提升到该职位那样去从事各项工作。评价者检查处理完公文内容，并对候选人进行1小时面谈以获取进一步的信息。

指定角色无领导小组讨论："报酬委员会"。报酬委员会召开会议，讨论在六名监督者和管理者之间分配8000美元的增资问题。委员会对工资增长有斟酌决定权。委员会的每位成员代表酒店的一个部门，要尽最大努力为本部门员工争取增资。

分析、演讲和小组讨论："建国饭店"。这是一个财务分析问题，要求参加者扮演顾问角色，就以下问题向建国饭店提出建议：酒店是否应当扩张？给予候选人酒店的各种数据，并要求其提出适当的行动计划与建议。候选人在一个7分钟的演讲中提出建议，演讲之后组成一个小组，提出唯一的一套建议。

第三、四天

评价者碰面，分享他们对每位候选人的观察信息，并对候选人的每个方面和总的潜力做出总结评价。

（资料来源：加里·德斯勒著，刘昕译：《人力资源管理》，中国人民大学出版社，2008）

目前，酒店招聘员工采用的管理评价中心技术主要包括无领导小组讨论、公文处理、演讲。

（一）无领导小组讨论

1. 无领导小组讨论的概念

无领导小组讨论是指通过给一组应试者（一般是5～7人）一个与工作相关的问题，让应试者进行一定时间（一般是1小时左右）的讨论，来检测应试者的组织协调能力、口头表达能力、辩论能力、说服能力、情绪稳定性、处理人际关系的技巧、非言语沟通能力（如面部表情、身体姿势、语调、语速和手势等）等各个方面的能力和素质是否达到拟任岗位的用人要求，以及自信程度、进取心、责任心和灵活性等个性特点和行为风格是否符合拟任岗位的团体气氛，由此来综合评价应试者的优劣。

在无领导小组讨论中，或者不给应试者指定特别的角色（不定角色的无领导小组讨论），或者只给每个应试者指定一个彼此平等的角色（定角色的无领导小组讨论），但都不指定谁是领导，也不指定每个应试者应该坐在哪个位置，而是让所有应试者自行安排、自行组织。评价者只是通过安排应试者的活动，观察每个应试者的表现，来对应试者进行评价，这也就是无领导小组讨论名称的由来。

下面我们引用一个故事来进一步描述无领导小组讨论。

相关链接

我在奥组委的"无领导小组面试"之行

我参加了学校的奥运会志愿者的评选，最后有幸得到了去奥组委参加面试的机会。我以为这次面试肯定和以前所见过的面试模式一样，所以没怎么准备就坦然地去了。

经过麻烦的手续之后，终于进到奥运大厦内部了，确实很有气势。我们来到了要参加面试的小会议厅外面，看到已经有很多人在等，一问才知道，都是其他高校的学生。过了一会，就有工作人员让我们平均分成两个小组，一组组地进去，我还在迷茫呢，面试怎么变成集体的事情了。果然，进到会议厅才发现气氛和以往的面试不一样，三个考官坐在一头，他们的两边是两排桌子，一共八个座位，四个和四个对面，每张桌子上都放了一张白纸、一根铅笔。再看看考场的四周，也坐了几个考官模样的人。也就是说，我们面对的是三个主考官。主考官看我们进去了，就要求我们自由落座，因为是四男四女，我们就自动分成了男女两派，分别坐了下来，我则坐在了第二个位置上。我们一坐下来，考官就告诉我们，这个面试是一场无领导小组面试，也就是说大部分时间都是我们自己自由讨论。虽然这个名词对我而言是新的，但是我觉得如果大家一起讨论，可以大大放松我的紧张情绪，所以我就稳稳地坐下，认真听主考官讲话。

首先，我们得到了试题，这是一个排列顺序的题目。

它是一个星级饭店所出现的问题，如果你是经理的话，你认为最需要解决的问题是什么？给下面的选项排出一个你认为适当的顺序，然后给出你的理由，并且将你的意见在整个小组中进行讨论，最终需要整个小组得出一个统一的答案。每个人需要先阐述自己的观点，然后说出理由，之后和小组成员讨论并得出统一结果。

A. 酒店大堂的钟表除了北京时间，其他各国时间均不准确，并有较大出入。

B. 大堂服务人员不热情，上班时间打私人电话。

C. 酒店客房服务人员不到位，有问题无法及时反馈。

D. 酒店卫生不彻底，有蟑螂。

E. 酒店水温不稳定，毛巾消毒不彻底。

F. 酒店餐厅的饭菜水平较低，自助餐分量不够。

G. 酒店娱乐休闲设施档次不够，有宰客行为。

看了题目，我们就开始在面前的白纸上写写画画，时间很快过去了。两分钟的个人发言时间开始，每个人开始逐一表述。我因为排在了第二个，就没那么紧张。我前面的那个同学很快清晰地读出来了自己的排序，还重复了一遍，以便考官可以听得清楚点。这点我觉得她考虑得很周到，所以轮到我的时候，我也是清晰地读了两遍，并给了一个我认为正确的排序。因为我以前在酒店有过工作经历，我觉得食住行是最重要的，所以我将涉及吃住的需要改进的问题放到了第一位。而其他同学则从空间上来考虑排序，或者从客人进入酒店的整个过程中先后遇见的东西进行排序。可以说我们的答案五花八门，每个人都有每个人的说法。因为最终要有一个统一的答案，所以大家在阐述完自己的观点后，开始了激烈的争辩和讨论。在这个过程中，就涌现出来了领导人的角色，有两到三个表现特别积极的同学开始想努力让自己成为领导核心。因为出现的人太多，场面一度有点混乱。后来一个一直没怎么发言的同学说："我们现在把几个选项一一过一下，用少数服从多数的方式来决定顺序。"这个发言得到了大家的认可。所以，就从A选项开始说了。过程依旧是很有争议的，但是至少这样下来，大家的意见也趋于统一了。虽然过程中我有和别人持不一样的观点，但是由于要"少数服从多数"，所以我就听了别人的观点，而将自己的观点暂时保留。果然，这种方法让我们在半个小时内得到了统一的答案。之后我们推选了一个代表去向考官做总结。虽然每个人都想表现，但最终，那个在关键时候提出良好建议的同学成了代表。可以看出来，在整个过程中那个能把握时机的同学充当了小组领导人的角色。

这个过程是漫长的，但是也是有趣的。我在整个过程中，虽然很想坚持自己的观点，但是由于要考虑小组的合作性质，我也接受了别人的观点，不过最后我也找了个合适的机会来表达自己的想法。

第二部分的面试是让每个人认识下自己的性格，对以下几个性格特点进行排序，然后说出自己的理由。

问题：按照自己的实际情况，将以下符合自身情况的个性特点进行排序。

A. 细心能干
B. 温和顺从
C. 从众随和
D. 独立自主
E. 热情周到
F. 自律服从
G. 大方镇定
H. 自信勇敢

每个人需要将自己的排列顺序写下来，然后举出事例来说明自己的排序原因，阐述理由。

对于这个问题，面试组给了5分钟的考虑时间，以及3分钟的发言时间。我进行了我认为合适的排序，并真实地将自己的特点给排列了出来。因为我不是个特别自信的人，所以我就将自信勇敢放到了后面；我觉得自己属于细心的那种，就将细心能干放到了第一位。我一一阐述了自己的理由，还用自己经历的事情作为例子进行了陈述。我觉得在整个过程中我表现了自己真实的一面。

对于这次面试，我感觉很新鲜，因为以前没有参加过这样的群体面试，此次面试让我收获颇丰。从面试中，我学到了很多东西，例如在面试的第一部分中，我在参考别人观点时，认识到一个服务型行业应该时刻把服务对象的利益与情绪放在第一位，这是服务型行业成功的诀窍。事无巨细，每件关系到客人利益的事情都需要小心认真地进行处理，安抚好客人的情绪是服务成功的关键。在面试的第二部分中，我更多了解到的是，人总是自以为了解自己，可真要用生活中的具体事例来观察自己时，也许会与自己想象的出入甚远。人正是在这样反复的自我检讨与认识中才逐渐成熟成长起来的，同时这也对我分析问题、描述事件的习惯与方法提出了新的思路。

通过这次面试，我收获最大的地方是，我更多地了解到自己在人群中更倾向于扮演什么样的角色，也对自己的思维习惯有了观察与反思的机会，更重要的是我学到了一种方法，即如何观察人的性格、思辨及分析问题习惯的方法。

（资料来源：无忧考网，http://www.51test.cn）

2．无领导小组讨论的优缺点

无领导小组讨论能检测出笔试和单一面试法所不能检测出的能力或者素质；可以依据应试者的行为、言论来对应试者进行更加全面、合理的评价；能使应试者在相对无意中显示自己各个方面的特点；使应试者有平等的发挥机会，从而很快地表现出个体上的差异；节省时间；能对竞争同一岗位的应试者的表现进行同时比较（横向对比），观察到应试者之间的相互作用；应用范围广，能应用于非技术领域、技术领域、管理领域等。

但无领导小组讨论对测试题目和考官的要求较高；同时，单个应试者的表现易受其他应试者的影响。

3．无领导小组讨论试题的主要类型

无领导小组讨论的试题从形式上而言，可分为以下几种：

（1）开放式问题。开放式问题的答案范围可以很广、很宽，它主要考查应试者思考问题是否全面、是否有针对性，思路是否清晰、是否有新的观点和见解。例如：你认为什么样的领导是好领导？关于此问题，应试者可以从很多方面，如领导者的人格魅力、才能、亲和取向、管理取向等来回答，可以列出领导者的很多优良品质。对考官来讲，这种题容易出，但不容易对应试者进行评价，因为此类问题不太容易引起应试者之间的争辩，所测查应试者的能力范围较为有限。

（2）两难问题。两难是让应试者在两种互有利弊的答案中选择其中的一种。两难问题主要考查应试者的分析能力、语言表达能力以及说服能力等。例如：你认为以工作为取向的领导是好领导，还是以人为取向的领导是好领导？此类问题对应试者而言，既通俗易懂，又能够引起充分的辩论；对于考官而言，不但在编制题目方面比较方便，而且在评价应试者方面也比较有效。需要注意的是，此类题目的两种备选答案都具有同等程度的利弊，不存在其中一个答案比另一个答案有明显的选择性优势。

（3）多项选择问题。多项选择是让应试者在多种备选答案中选择其中有效的几种或对备选答案的重要性进行排序。这种问题主要考查应试者分析问题、抓住问题本质等方面的能力。例如：

你被调到某星级酒店当总经理，上任后发现该酒店去年第四季度没有完成计划利润指标，其原因是该饭店存在着许多影响利润指标完成的问题，它们分别是：

（1）食堂伙食差、员工意见大，餐饮部饮食缺乏特色，服务又不好，对外宾缺乏吸引力，造成外宾到其他酒店就餐。

（2）酒店提交的年终报告中有弄虚作假、夸大成绩、掩盖缺点的现象，而实际上确定的利润指标根本不符合本酒店的实际情况。

（3）分管营销工作的副总离职一月余，人事安排无专人负责，不能调动员工积极性。

（4）客房、餐厅服务人员不懂外语，接待国外旅游者需靠翻译。

（5）商品进货不当，造成有的商品脱销、有的商品积压。

（6）总服务台不能把市场信息、客房销售信息、财务收支信息、客人需求、意见等及时地传给总经理及客房部等有关部门。

（7）旅游旺季不敢超额订房，生怕发生纠纷而影响酒店声誉。

（8）服务效率低，客房挂出"尽快打扫"门牌后，仍不能及时把房间整理干净，旅游外宾意见很大，纷纷投宿其他饭店。

（9）仓库管理混乱，吃大锅饭，物资堆放不规则，失窃现象严重。

（10）任人唯亲，有些部门领导把自己亲近的人安排到重要的工作岗位上。

请问：在上述十项因素中，哪三项是造成去年第四季度利润指标不能完成的主要原因（只准列举三项）？请陈述你的理由。

此种类型的题目对于评价者来说，出题比较难，但有利于考查应试者各个方面的能力和人格特点。

（4）操作性问题。操作是指给定材料、工具或道具，让应试者利用所给的材料制造出一个或一些考官指定的物体来。这种问题主要考查应试者的能动性、合作能力以及在一项实际操作任务中所充当的角色的特点。此类问题，考查应试者的操作行为比其他类型的问题要多一些，情景模拟的程度要大一些，但考查语言方面的能力则较少，对考官和题目的要求都比较高。

（5）资源争夺问题。资源争夺问题适用于指定角色的无领导小组讨论，是让处于同等地位的应试者就有限的资源进行分配，从而考查应试者的语言表达能力、概括或总结能力、发言的积极性和反应的灵敏性等。如让应试者担当各个分部门的经理并就一定数量的资金进行分配。因为要想获得更多的资源，自己必须要有理有据，必须能说服他人，所以此类问题能引起应试者的充分辩论，也有利于考官对应试者的评价，只是对试题的要求较高。

4. 无领导小组讨论的阶段与程序

总的来讲，无领导小组讨论可分为三个阶段：

第一阶段，应试者了解试题，独立思考，列出发言提纲，一般为5分钟左右。

第二阶段，应试者轮流发言阐述自己的观点。

第三阶段，应试者交叉辩论，继续阐明自己的观点，或对别人的观点提出不同的意见，并最终得出小组的一致意见。

无领导小组讨论的具体程序是：

（1）讨论前事先分好组，一般每个讨论组以6～8人为宜。

（2）考场按易于讨论的方式设置，一般采用圆桌会议室，面试考官席设在考场四边（或集中于一边，以利于观察为宜）。

（3）应试者落座后，监考人员为每个应试者发空白纸若干张，供草拟讨论提纲用。

（4）主考官向应试者讲解无领导小组讨论的要求（纪律），并宣读讨论题。

（5）给应试者5～10分钟的准备时间（构思讨论发言提纲）。

（6）主考官宣布讨论开始，依考号顺序每人阐述观点（5分钟），依次发言结束后开始自由讨论。

（7）各面试考官只观察并依据评分标准为每位应试者打分，但不准参与讨论或给予任何形式的诱导。

（8）无领导小组讨论一般以40～60分钟为宜，主考官依据讨论情况，宣布讨论结束后，收回应试者的讨论发言提纲，同时收回各考官的评分成绩单，应试者退场。

（9）记分员采用去掉一个最高分、一个最低分，然后得出平均分的方式，计算出最后得分，主考官在成绩单上签字。

5．无领导小组讨论的评分

（1）评分方式。一般而言，对于无领导小组讨论的评分有以下三种方式：①各考官对每个应试者的每一个测评要素打分。②不同的考官对不同应试者的每一个测评要素打分。③各考官分别对每个应试者的某几个特定测评要素打分。在具体实施期间，考官之间可根据考官水平和考官特长等具体情况，有针对性地选择使用某一种评分方式。

（2）评分内容。评分内容一般包括以下三个方面：①语言方面。语言方面的评分一般包括发言主动性、组织协调能力、口头表达能力、辩论说服能力、论点的正确性等，这些不同的要素应根据职位的不同有不同的权重得分。在具体实施过程中，考官可根据具体情况，确定测评要素和各要素的权重，以和具体的岗位、职位相对应。②非语言方面。对于非语言方面，一般通过面部表情、身体姿势、语调、语速和手势等项目来进行。③个性特点。对于个性特点，一般从自信程度、进取心、责任心、情绪稳定性和反应灵活性等方面进行评分。

（二）公文处理

1．公文处理的概念

公文处理是管理评价中心技术中最常用和最核心的技术之一。它通常用于管理人员的选拔，是考查授权、计划、组织、控制和判断等多项能力素质的测评方式。一般做法是让应试者在限定时间（通常为1～3小时）内处理事务记录、函电、报告、声明、请示及有关材料等文件，内容涉及人事、资金、财务、工作程序等方面。一般只提供日历、背景介绍、测验提示和纸笔，应试者在没有旁人协助的情况下回复函电、拟写指示、做出决定、安排会议等。评分除了看书面结果外，还要求应试者对其问题的处理方式做出解释，考评人员根据其思维过程予以评分。

公文处理具有考查内容范围广、效率高的特点，因而非常受欢迎。

2．公文处理的特点

公文处理就是让应试者处于模拟的工作情景中去完成一系列任务，与通常的纸笔测验相比，该方法显得生动灵活而且有创新性，能较好地反映应试者的真实水平。这种测验方法主要考虑到了应试者在日常工作中接触和处理大量文件的需要。

公文处理有两个突出的优点：①考查的内容范围广。作为纸笔形式的公文处理，测评应试者的依据是文件处理的方式及理由，是静态的思维结果。因此，除了必须通过实际操作的动态过程才能体现的要素外，任何背景知识、业务知识、操作经验以及能力要素都可以寓涵于文件之中，通过应试者对文件的处理实现对应试者素质的考查。②它的表面效度高。由于公文处理所采用的文件十分类似于应试者应聘职位上常见的文件，有时就是完全真实的文件。因此，若应试者能妥善处理测验文件，就理所当然地被认为具备职位所需的素质。前一个优点使得公文处理具有广泛的适用性，而后一个优点使之易为人所理解和接受。

当然，公文处理在实施中也有两个缺点：①评分比较困难。一份文件的处理，除了个人素质的原因外，机构、氛围、管理观念等不同的组织，具有不同的评价标准。在我国从事实际工作的人们往往缺乏对招聘单位管理或经营状况的深入了解，因而对文件处理如何能充分表明应试者具备的招聘职位所需素质，专业人员与实际工作者往往存在理解上的差异。因此，评分不容易把握。②不够经济。测验的设计、实施、评分都需要较长的时间，投入的精力和费用也比较大。

3．公文处理的构成

公文处理由测验材料和答题册两部分组成，以纸笔方式作答。

（1）测验材料。提供给应试者的资料、信息，是以各种表现形式出现的，包括信函、备忘录、通知、报告、投诉信、财务报表、政府公函、账单等。测验中所用的材料共有十几份，每份材料上均标有编号，材料是随机摆放在公文筐中的，应试者在测验的各个阶段中都要用到这些材料。

（2）答题册。答题册是供应试者针对材料写处理意见或报告的地方，也是应试者唯一能写答案的地方。评分时，考评人员只能根据答题册上的内容进行计分。答题册包括总指导语和各部分测验的指导语，它提供了完成测验所需的全部指导信息，完成各部分测验所需的指导语在各部分开始时给出。

4．公文处理的步骤

公文处理的实施过程分为准备、实施和评分三个阶段。

（1）准备阶段。准备阶段主要指测验材料和测试场所的准备。给每个应试者的测验材料事前要编上序号，答卷纸也要有相应序号，实施前要注意清点核对。答卷纸主要由三部分内容构成：一是应试者姓名（或编号）、应聘单位和职位、文件序号等；二是处理意见（或处理措施）、签名及处理时间；三是处理的理由。文件序号只是文件的标识顺序，不代表处理的顺序，应允许应试者根据事情的轻重缓急进行调整，但给所有应试者的文件顺序必须相同，以示公正。测试的场所要求比较宽敞、安静，每个人一桌一椅，相互之间无干扰。为了保密，最好所有应试者在同一时间完成。如果文件内容涉及招聘单位内部的一些情况，测试前应对所有应试者提供培训，介绍相关情况，缩小内部应试者和外部应试者对职位熟悉程度的差别。

（2）实施阶段。主考官要对测验要求作一简单介绍，说明注意事项，然后发给应试者测试指导语和答卷纸，同时回答应试者的提问，当应试者觉得没有问题后再发测试用的文件。应试者人数比较少时，也可以一次将材料发给应试者，但要求应试者严格遵从主考官的要求，先看指导语再看文件。测试指导语是测试情景、应试者扮演的角色、应试者任务和测试要求的说明，必须明确、具体、一目了然。有时在初级人员的公文处理中，发给应试者指导语后，让应试者完成一个指导语的测验，迫使应试者熟悉理解指导语，这在文化水平低的群体中有时十分有用。在应试者正式进入文件处理后，一般不允许应试者提问，除非是测验材料本身有问题。

（3）评分阶段。评分宜在应试者做完后立即进行，当有质询应试者的设计时，特别应该如此。为求客观，可将应试者编号，由一个人将应试者的处理意见和处理理由念给所有评分者听，由各位评分者独立评分。为了保证评分的一致性，事前的评分者培训很重要，可以考虑对一部分应试者（或者模拟应试者）进行试评分，考查各个评分者对标准的掌握程度及评分过程中存在的问题，待取得一致意见后再往下进行。评分时，可按序号逐一评定，也可按文件内容分类评定。前一种办法可以对应试者的素质形成整体印象，后一种办法容易达成评分标准的一致性。

5．公文处理试题设计

公文处理试题的设计必须紧紧抓住以下三个环节：

（1）工作分析。深入分析职位工作的特点，确定胜任该职位必须具备哪些知识、经验和能力。通过工作分析，要确定公文处理要测评什么要素，哪些要素可以得到充分测评，各个要素应占多大权重。

公文处理一般可以考查以下要素：①书面表达及理解能力；②统筹计划能力；③组织协调能力；④洞察问题和判断、决策能力；⑤任用授权能力；⑥指导控制能力；⑦岗位特殊素质，如法规、条例知识等。

（2）文件设计。文件设计包括选择文件的种类，如信函、报表、备忘录、批示等；确定每个文件的内容，选定文件预设的情景等。文件数量较多，时间以2～3小时为宜。文件的签发方式及其行文规定可以忽略，但文件的行文方向（对上与对下、对内与对外等）应有所区别。特别要注意各个文件测评要素的设计。对一个文件的不同处理可以体现不同的要求，对文件的处理方式要有所控制，确定好评分规则或评分标准，尽量避免每个要素同时得分和无法归于某一要素的情况出现。

整个公文处理试题的设计要特别注意两点：

一是要注意测验材料难度的把握。目前国内对各个职位应具备何种程度的知识、经验和能力缺乏客观可靠的依据，难度的把握比较困难。把握不准，材料过难，固然有时可以选拔到很好的人才，但大材小用，很难设想这个人会安心做本职工作，且导致人力资源的浪费。材料过于容易，测验会出现"天花板效应"，大家都得高分，区分不出应试者的能力大小。

二是要注意材料真实性程度的把握。完全杜撰的材料，应试者可以根据一般知识进行推理，处理的结果没有针对性，看不出应试者的水平差异，应试者被录取后需要经过较长时间的培训和适应才能胜任工作。完全真实的材料，过于偏重经验的考查，忽视了潜能的考查，最后选拔到的人无疑是完全与招聘单位文化气氛相同的人，违背了引入外来人才给单位输入新鲜血液的本来目的。同时，完全真实的材料，使招聘考试本身对单位内部应试者和单位外部应试者不公平，同样的能力水平，内部应试者被录取的可能性更大，结果给人留下"一切都是内定，考试不过是走形式"的印象，这对真正想引进外部人才的单位尤其不利。

（3）测验评分。实施公文处理之后，评分一般由专家和具备该职位工作经验的人（一般是选拔职位的上级领导）进行，除了前面设计时要制定好评分标准外，更重要的是对评分者进行培训，使评分者根据评分标准而不是个人的经验来评分。评分的程序也要特别注意，可以考虑各自独立评分，然后交流评分结果，对评分差异各自申述理由后，再独立进行第二次评分，最后将评分结果进行统计（评分者比较多时，可以去掉最高分和最低分），以平均分作为最后得分。有时，在应试者答案不明确的情况下，需要质询应试者，根据其对处理方式的解释来确定得分。

某酒店公文处理示例

总指导语：

这是一个公文处理测验，它模拟实际的管理情境，请你处理商业信函、文件和管理人员常用的信息。

这个模拟的具体假设情境是：

你是假日酒店的营销部经理，你叫刘海。

今天的日期是×××年3月10日，星期二。

现在的时间是早上7:45。

你刚刚来到办公室，正独自坐在办公桌前，今天早些时候，酒店办公室打电话通知你酒店总经理已经辞职离开了酒店。

这里为你准备了你今天需要处理的全部资料，放在专用的塑料文件袋里。

在测验中你需要使用以下工具：一本答题册、文件袋内的材料、铅笔、计算器。

请不要在公文袋中的材料上写任何东西；请在本答题册上回答问题。我们只对答题册上的作答进行计分；笔记或其他个人用纸上的回答将不予考虑。

本测验要求你完成四个部分的内容，每一部分都有时间限制：

测验1——计划，40分钟；

测验2——预测，25分钟；

测验3——决策，25分钟；

测验4——沟通，25分钟。

考试主持人将在适当的时间提醒你开始和结束每一个部分。

完成各部分测验所需的指导语在各部分开始时给出。

测验1——计划

指导语：

这个测验要求你首先就公文袋中的材料所给出的工作做计划，请你用任何你认为合理的方式对这些材料进行分类。

在这一部分中你需要完成以下三个内容：

（1）根据材料的主要内容对材料进行分类，并对每个类别进行命名。

（2）确定材料或事件的优先级。你必须根据材料的重要性和紧迫性，用下列表示优先级的字母确定材料处理上的优先顺序。优先级和字母的对应关系如下：

H=优先（材料极其重要，需立即处理）；

M=中等（材料不急不缓，可稍后处理）；

L=靠后（材料是平常的，可搁置一段时间）。

（3）列出行动纲领。请对每一份材料写出处理意见，并指出它参考了公文袋中的哪些材料（请用材料右上角的编号来代表每一份材料）。

请把答案写在随后的四页纸上，我们只对这四页纸上的内容做评估。

你有40分钟的时间来完成这项任务。

请记住你现在的身份和今天的具体日期。

若现在有疑问请立即向考试主持人询问，然后等待翻页和开始做测验的指令。

测验2——预测

指导语：

这个测验要求你运用文件袋内提供的有关信息，针对给定的两个问题分别做出预测。两个问题单独计分，分值相同。

对每一个问题你必须：

做出全面的预测；

列出你预测所依据的主要因素或假设；

列出实现预测所需的实施方案。

你的答案应写在随后的两页纸上，我们只对这两页纸上的内容做评估。

你有25分钟的时间来完成这两个问题。

若现在有疑问请立即向考试主持人询问，然后等待翻页和开始做测验的指令。

测验3——决策

指导语：

这个测验要求你运用文件袋内提供的有关信息，针对给定的两个问题做决策。每个问题单独计分，分值相同。

对每一个问题你必须：

列出可供参考的备选方案，并综合考虑其优劣性；

综合文件袋内的其他资料信息，列出影响你决策的主要因素；

最终选择一种方案作为你的决策，并说明理由。

你的答案应写在随后的两页纸上，我们只对这两页纸上的内容做评估。

你有25分钟的时间来完成这两个问题。

若现在有疑问请立即向考试主持人询问，然后等待翻页和开始做测验的指令。

测验4——沟通

指导语：

这个测验要求你针对总经理辞职起草一份备忘录，列出你计划要采取的行动。它将作为今天晚上会议发言的底稿。

请把备忘录写在随后的两页纸上，我们只对这两页纸上的内容做评估。

我们将依据以下几点来评估你的备忘录：

范围，即备忘录参考了文件袋中的哪些材料信息；

结构，要求文章结构严谨，内容简明扼要；

语言风格，要求行文流畅，有严密的逻辑性。

你有25分钟的时间来完成这两个问题。

若现在有疑问请立即向考试主持人询问，然后等待翻页和开始做测验的指令。

公文袋包含的材料示样：

关于增加管理人员编制名额的请示

总经理：

经酒店董事会批准，今后集团管理人员培训工作由各酒店人力资源部负责。但是，在集团最初确定各酒店人力资源部人员编制时没有培训工作这项任务。为了做好这项任务，需要给各酒店人力资源部增加必要的编制名额，请批转各分酒店从现有名额中调剂解决。

以上请示当否，请批示。

人力资源部

××××年3月

（资料来源：王垒：《实用人事测量》，经济科学出版社，2014）

（三）演讲

1. 演讲的概念

演讲是由应试者按照给定的材料组织并表达自己的观点和理由的过程。通常，应试者拿到演讲题目后有5～10分钟的准备时间。正式演讲通常控制在5分钟左右，有时演讲完毕后，主考官会针对演讲内容对应试者提出疑问或质询。

面试演讲与一般演讲、答辩既有区别又有密切的联系。第一，其目的性既有相同点，又有差异。不管是面试演讲、一般演讲还是答辩，其本质上都是说话者试图使对方认同或接受自己的观点和主张，而其具体目标又不相同。面试演讲主要以争取职位为中心而采用与之相关的材料和话题进行交流，其性质倾向于交易和谈判，其基础是双方各从对方身上得到某种利益的同时又付出某种利益。一般演讲以灌输思想为主要手段，其目的是想感召听众并使他们行动起来。答辩是教学的一种补充形式，通过答辩，可以使论文作者对所论论题有更清楚、更深刻的认识，使论文更确切、更完善。第二，三者在准备、设计阶段大同小异。不管是一般演讲、面试演讲还是答辩，在实施之前都必须经过精心的准备，并结合自己的思想感观试图把思想灌输给对方并感召对方。面试演讲可以从一般演讲和答辩中借鉴一些有用的东西。

2. 演讲法的优缺点

演讲法的优点是能够更方便、直接地观察了解面试者的口才、思想和逻辑等各方面能力，信息量大，观察面广，灵活，可操作性强。但演讲法也有不足，其缺点在于片面强调口头功夫，对实际能力考查不够，如果能结合情景面试、笔试等方法进行综合测评则效果更佳。

3. 演讲法的主要评价要素

演讲法的主要评价要素包括以下几个方面：

（1）演讲者的素质。①先进的思想素质；②崇高的道德品质；③丰富的知识素质；④良好的心理素质。

（2）演讲者的能力。①敏锐的洞察力；②敏捷的思维能力；③较强的信息搜集能力；④较好的口语表达能力；⑤磁石般的吸引力。

（3）演讲者的形象。①仪表；②言谈举止。

（4）演讲的内容。①内容的熟悉性，演讲的内容对于面试者来说是否熟悉，主要可以从专业角度考虑面试者对于专业知识是否能活学活用；②内容的现实性，即面试者所演讲的内容是否贴近现实生活而非照搬书本上的知识，有没有与现实情况相结合加以思考；③内容的充实性，即演讲的内容有血有肉，有说服力，并非只有空洞的框架和口号，而没有透彻的说理与分析论证。

（5）演讲成功的标准。①上场镇静；②思路清晰，层次分明；③语言流畅，逻辑性强；④声音洪亮，抑扬顿挫；⑤观点明确；⑥动作自然；⑦内容吸引人；⑧口头语少；⑨能用具体可信的事例说服人；⑩目光交流到位。

四、心理测试

心理测试是通过一系列的心理学方法来测量应试者的智力水平和个性方面差异的一种科学方法。酒店常用的心理测试方法有身体能力测试、人格测试、兴趣测试、成就测试等。

（一）身体能力测试

身体能力测试不仅有利于预测求职者未来的工作绩效，而且还有利于预测可能会出现的工伤、职业病等情况。身体能力测试共包括七种类型的测试：肌肉力量、肌肉张力、肌肉耐力、心肌耐力、灵活性、平衡能力、协调能力。一般说来，从事特种体力劳动的职位需要对求职者的身体能力进行测试，以确定求职者是否能达到基本的身体要求。

目前，酒店在招聘员工时，要求员工必须具有健康证才能正式录用，这是身体能力测试的一种简化。酒店给员工办理健康证，只要咨询当地疾病控制中心健康体检科，确定疾控中心指定的体检医院后，就可与其中任一体检医院办公室联系办理健康证。

（二）人格测试

人格测试在西方管理学和心理学界具有悠久的历史，并已开发出大量的人格测试方法。一般酒店招聘时常用的有两种方法：自陈法和投射法。

1. 自陈法

这种测试方法的假设前提是"只有本人最了解自己"，因此其资料来源主要是依靠求职者提供的关于自己个性的回答。这种方法最大的缺点在于求职者可能诚信不足，即求职者是否会美化自己的人格特征，尤其是在问卷的答案倾向性过于明显时。自陈法大多采用是非法和选择法。

是非法示例：

你喜欢与人配合工作吗？……………………………是　　否
由于人手紧张，你愿意经常加班吗？………………是　　否

这种方法要求求职者在"是"与"否"上做选择。

选择法示例：

我有什么意见都敢于向上司直接表述。
我在上司面前总感到胆怯。

这种方法会并列两种假设情况，让求职者根据自己的意见圈选其一。

2. 投射法

这种测试方法的假设前提是人们对于外界刺激的反应都是有原因的，而不是偶然的，且这些反应主要取决于个体的特征。这种方法一般利用某种刺激物，要求求职者根据刺激物进行联想，并以此来探究他们的心理状态、动机、态度等个性特征。

投射法较自陈法发生偏差的可能性小些。投射法的结构使得求职者不知道测试到底在测量什么，也不知道自己透露了些什么，故其无法故意地制造偏差。

（三）兴趣测试

兴趣测试即对某人进行兴趣和爱好的测试。对于酒店，兴趣至关重要，假如一位员工对与人打交道不感兴趣，那他就无法成为一名合格的酒店服务员。因而在人员招聘中兴趣测试也常常被应用。人员甄选中应用兴趣测试的基本依据是：如果一个人表现出与某一职业中那些工作出色的人相同的兴趣，那么，此人在这个职业中很有可能得到满足，进而努力工作。如果一个人对某种职业根本不感兴趣，那么此人干这种工作成功的希望就很小。相反，如果工作适合一个人的兴趣，则更有利于他发挥特长，使其能力充分体现出来，干好工作。

（四）成就测试

成就测试的目的在于测试一个人对某项工作实际上能完成到什么程度。成就测试的内容一般包括考察求职者对某项工作所具有的技能与知识。它能分辨出哪些人较有能力去执行某项工作，不管他从前的职业是什么，也不论他想升迁还是调动，成就测试均能有效地给予帮助。

目前酒店人力资源部通常聘请外部专业咨询机构进行心理测试，招聘费用比较昂贵。因此，酒店只有在选拔高级管理人员时才使用心理测试。

■ 能力训练

1. 假如你是酒店人力资源部文员，请你给酒店设计一份针对管理岗位的求职申请表。
2. 假如你供职于某五星级酒店人力资源部，该酒店将于近期开业，为此酒店将招聘各类员工（包括总经理办公室2名、客房部10名、餐饮部30名、前厅部5名、保安部4名、工程部2名），请你为酒店拟定一份招聘简章。
3. 假如你供职于酒店人力资源部，酒店近期正在招聘一位客房部经理，前来应聘的求职者有20位。为提高招聘效率，酒店人力资源部准备采取结构化面试。为此，请你为酒店设计一份结构化面试题。

■ 思考与练习

1. 试分析以下案例，并回答相关问题。

通过适当的招聘方法，选择合格的管理人才

某市豪华大酒店是坐落在某市市中心的一家五星级豪华酒店。大酒店的董事长兼总经理方伟先生现在急需物色一位合适的人选，担任酒店前厅部经理，接替刚刚被提升为酒店副总经理的原前厅部经理。经过考虑，他决定通过广告的方式面向社会公开招聘。一周后，方伟先生收到人力资源部送来的、经初步面试筛选后的三位应聘候选人的简历。这三人分别是曾在该市大酒店做过前厅部经理的乔山、曾在该市塔城酒店担任前厅部经理的李杰、曾在皇家花园酒店担任销售经理的吴亮。方总看了三人的资料，觉得乔山的工作经验与其他两位相比略为逊色一些，而且曾经有过一段膳食部经理的经历，对前厅部的工作帮助不大。而吴亮是从基层做起，一步步干到现在的职位，因此工作经验丰富，但学历较其他两位欠缺一些，尽管他现在在攻读本科学位。另外吴亮的年龄偏大，对于前厅部繁忙的工作来说，实在让人担心。李杰的学历在三人当中最高，而且毕业于著名的南方大学，毕业后在梅杰斯克酒店集团工作过，这个酒店集团在酒店业享有很高的声誉；年龄也适当，正是年富力强的时候；有推荐人，资料应该比较可靠。从各方面来看，李杰是最佳人选。

对于人事部赵经理提出的关于李杰人有点圆滑的疑问，方总认为人圆滑点，更易共事，于是李杰被录用了。

一年后，李杰的工作并不如期望的那么好，而且与下属及同事相处得并不愉快，引起管理层的抱怨；显然李杰并不能胜任此职位。

（资料来源：赵西萍：《旅游企业人力资源管理》，高等教育出版社，2011）

思考题：

（1）酒店通过广告招聘管理人员有哪些有利条件和不利条件？

（2）总经理方伟在选人时存在什么问题？应如何克服？

■ 知识拓展

招聘面谈提问技巧

星期一早上8:30，第一批应聘者共有4人。人力资源部王经理在办公室，简短地问了一些一般性的问题，并且说明上班时间和内容等，然后带着这些应聘者，在办公区走一圈，同时很自然地问一些问题。应聘者们可能不知道，这才是面谈真正的开始。王经理认为，当一边走一边谈工作上的各种状况时，对方心里没有防卫，一些应聘者没有想到的问题最好能使这些人停下来，然后想几秒钟。趁这个时候，王经理可以多观察他们的肢体语言，而不只是听他们说话。以下是王经理问的一些问题，并针对应聘者的回答内容和肢体语言，做出判断。

"有没有什么事情是我不应该知道的？"

如果对方愿意讲出自己的缺点，至少表示他们有自省能力，也很诚实。例如他也许会回答："也许我不应该这么说，但是当我非常努力工作，别人却在偷懒的时候，我的火气会很大。"这种人在团队运作时，可能比较不理想，但是对于需要高度耐

性、投入的工作，却很能胜任。

"如果我问你的前任主管，他会认为你最大的优点是什么？"

如果他只是很泛泛地说，很可能刻意在隐瞒什么。

"如果我问你的前任老板，他会认为你最大的缺点是什么？"

看他在回答这个问题时，和上一题有什么不同，如果他详细回答前一题，但是却避重就轻地回答这一问题，他一定在刻意欺骗。

"人性常会强化优点，将缺点淡化，你可不可以告诉我，你想要强调的优点是什么？"

大多数的应聘者在专业能力或人际技巧中会有一项较强，很少有两项都很强的人。这个问题可以让你知道他比较擅长哪一方面。例如，有高度专业技能的应聘者，可能会强调他的专业能力，这表明他和别人相处的能力有待改进。如果你没有这样问，对方可能永远不会承认这点。接下来，你可以继续追问："既然你在人际关系方面不是那么完美，你如何避免让它对工作产生阻碍？"如果对方清楚知道自己的弱点，并找出方法来弥补，则比较有可能变成有价值的员工。

举出员工在工作上可能碰到的问题，问他们如何解决。然后问他在这样解决的过程中感觉如何。

如果对方是准备好答案来的，那么当你问到他的感觉时，他会一下子不知道如何反应。尽量问一些他们没有办法准备的问题，这样才能帮助你了解这个人真实的样子。

"工作时，你怎么知道自己是不是已经到了极限了？"

不知道怎么回答这个问题的人，很可能是那些试图要掩盖问题，而不向别人求援的人。那些可以轻松回答这个问题，甚至举出例子的人，他曾经有过自己无法处理的状况，并求救于上司。这些人能够比较迅速地发现问题，并向上报告。

"请说说看你在上一个工作中学到什么？"

然后问他，如何将这些心得用在现在的工作情景中。这个问题特别适合于边走动边问，因为你正好可以把眼前看到的情景，提出来问对方。如果对方讲到他学到了什么，讲得头头是道，但是却无法说出可以怎么运用到未来的工作状况中，这表示他所说的答案可能要打一点折扣。当对方回答问题时，眼神往下看，比较有可能是在隐瞒。如果他的身体语言前后不一，回答有些问题时很好，有些问题却闪烁其词，这就要注意了。

模块四　酒店培训

学习目标

知识目标：
▶ 了解酒店培训的意义
▶ 熟悉酒店培训的内容和方法
▶ 掌握酒店培训的流程
▶ 领会酒店培训的多重意义

能力目标：
▶ 具备实施酒店单项培训的能力
▶ 具备酒店培训方法选择的能力
▶ 具备实施酒店培训评估的能力

课件PPT

案例导入

加强培训是酒店业遭遇人才"瓶颈"的出路

随着酒店业的飞速发展，国内外酒店管理公司（集团）在高速扩张的过程中，都发现了酒店业普遍面临的一个问题——人才匮乏。酒店业最紧缺的是两类专业人才：一类是宾馆酒店总经理，以及酒店销售部、公关部、餐饮部、客户服务部、人事部、财务部经理等中高层管理人才；另一类是中西餐厨师、日韩料理厨师、酒店设备维护、餐饮客房服务等技能型人才。据了解，懂国际惯例，语言能力和沟通能力强的酒店管理人才严重短缺，已成为制约上海酒店业发展的最大障碍。目前世界上17个国际酒店管理集团已在入驻上海，接手管理高星级酒店，每年都需要数以千计的国际化酒店管理人才。从内资酒店的情况看，也是如此，如锦江国际集团在未来3年内将新开200家酒店，中高级管理人才缺口达5000人。

人才：酒店业发展的"瓶颈"

上海旅游培训中心酒店培训部经理何玲陈述了这样一个事实：合资酒店数量不到我国酒店总量的20%，但其利润却占到整个行业的80%。导致这一现象的原因是，合资酒店高水准的管理为其带来了品牌效益、营销网络、企业文化等方面的优势，而这一切都是通过高素质的酒店职业经理人来实现的。由此可见，如果人才问题不解决，国内酒店业的发展就会受牵制。

培训：解决人才"瓶颈"的关键

据了解，在人才培养方面，外资酒店走的是"人才自制"的路子，这种做法很值得借鉴。例如，赫赫有名的希尔顿集团在美国休斯敦大学设有自己的酒店管理学院，假日集团则在总部——美国孟菲斯开设了一所假日大学。许多著名的酒店高层经理都产自这些酒店管理学院。此外，这些酒店集团内部还设有培训部门，并有专门的培训基地，定期对酒店在职员工进行"知识技能更新"的培训工作。

对此，全球最大的酒店职业教育中心美国饭店协会专属教育学院驻上海负责人认为，在酒店硬件水平日趋接近的情况下，服务水平、员工素质等软件成为酒店业竞争的焦点，而培训正是酒店软件建设之本。通过培训，提高员工素质、工作效率、敬业精神和职业道德水准，并培养其持续学习的能力，只有这样才能实现酒店以人为本的整体优化目标，才能适应集约化经营的需要，才能在激烈的竞争中立于不败之地。

? 思考：如何对员工进行培训？

关于人力资源开发的定义，有许多不同的观点，其中美国学者罗丝维尔的观点比较有代表性。他认为，人力资源开发指的是由酒店倡导的一系列有计划的培训、教育和开发活动，它将酒店的目标和任务与员工的个人需要和职业抱负融为一体，目的是提高酒店的劳动生产率和个人对职业的满足程度，从而形成酒店的凝聚力。

员工培训往往达不到预期效果。多数员工没有主动要求培训的意识，只是根据酒店的安排参加，这样难免使培训流于形式；再加上人力资源的培训不被重视，大多数培训缺乏新颖性和创造性，培训方式方法不具吸引力，内容也不丰富，难以达到预期的效果。

项目一 | 入职培训

入职培训又称岗前培训或新员工培训，是酒店通过帮助新员工轻松、顺利进入新的职业角色，适应新的工作岗位，并逐渐实现员工由准员工向员工转变的过程。其培训目的是使即将入职的员工全面了解企业的发展历程、酒店的基本情况，熟悉相关部门的具体工作流程，学习酒店的员工手册，主要是使新员工对酒店的各项规章制度有一个初步的认识，树立服务意识。入职培训能使新员工解除疑问和顾虑，较快地适应工作环境，自觉遵守相关制度和规定，认同酒店的企业文化和价值观，尽快地进入职业角色。

虽然每个酒店入职培训的时间和具体内容有所不同，但是它具有以下共同特点：培训内容的基础性；培训目的的适应性和培训方式的程式化。入职培训的内容是：通过各种教导或体验的方式在知识、技能、素质等方面改进新员工的行为方式，以达到期望的标准。

员工入职培训分两种情况：一种情况是酒店已开业，这种情况下的入职培训一般需要一周左右；另一种情况是酒店正处在筹建期，这种情况下的入职培训则应在酒店开业前的三个月前进行，因为太短了达不到培训效果，太长了又增加酒店的人力资源管理成本。但是，不管是已开业的酒店，还是未开业的酒店，其入职培训都是由酒店人力资源部组织实施，涉及酒店各个业务部门，培训方法上主要采用讲授法、视听法等传统培训方法。

任务一　编制员工手册

一、员工手册编制原则

酒店如何能够科学、合理地编制出员工手册，是顺利进行入职培训的前提之一。要想编制出既能涵盖酒店培训内容，又能符合被培训者的学习规律和特点的优秀的员工手册，就应当遵循以下原则。

（一）符合酒店实际

每个酒店都有自己的经营实际和独特的企业文化，面临着不同的竞争对手和市场机会，因此在编制员工手册时，要充分吸纳本酒店的企业文化，联系酒店的经营实际，使培训教材——员工手册能够做到符合自己酒店的各项实际情况，而绝不能去抄袭或者照搬别人的手册编制模式和内容。

（二）内容布局合理

员工手册所包含的内容十分庞杂，既有酒店管理理念、酒店概况、酒店人事架构等与一家酒店自身有关的独特性内容，又有岗位技能、劳动管理、员工守则、劳动报酬、员工福利、奖励政策、处罚条例等适用于所有酒店的通用性内容。如何使这些内容有机合理地融为一体，为培训者和受训者提供完美的服务是员工手册编制者的重要任务之一。

（三）突出培训特色

员工手册是供新员工入职培训使用的，因此其形式要符合培训的使用要求，不能把员工手册编成教材。要使员工手册成为员工真正爱不释手的手册，就必须注意其形式的灵活化和内容的简洁化。

（四）注重学习规律

员工培训所面对的刚刚加入酒店的新员工，他们是刚刚离开校园或者具有一定工作经验的成年人。因此，培训手册的编制要考虑到成年人的学习特点和规律，使手册内容或者形式符合其学习规律。另外，由于入职培训的短期性，手册的编制还应考虑到短期培训和学习的特点。

二、员工手册编制方法

各个酒店根据自己的特点和发展阶段，对于酒店员工手册的编制有着不同的方法。一般来讲，以下几种方法较为常用。

（一）参照法

作为新建酒店或者刚晋升级别的酒店，在没有纵向资料和经验可以承袭的情况下，一般会横向参照同类酒店的员工手册进行编制。通常由酒店内部人员完成编制工作。在参照过程中有取有舍，再结合酒店实际编制出适合自己的员工手册。

这一编制方法成本较低，周期较短，比较容易操作。但是也存在一定的缺点，比如容易受编制人员甄别能力的影响，也容易受定式思维的影响，还会发生手册不适合酒店发展实际的情形。

（二）内部评选法

在酒店经营过程中，为了编制出更加符合自身培训所需的员工手册，部分酒店会通过内部评选的方法来进行编制。一般会由人力资源部或总经理办公室提出编制要求和期限，由全体员工进行内容的筛选和评定，最终再由酒店人力资源部门汇总、整合而成。

这种方法具有由下而上的特色，比较符合企业的经营实际，由于是民主评选，在执行过程中比较容易得到员工的接受和支持。但是这种编制方法会受到酒店员工知识水平和认识能力的影响，还有可能会出现与整体行业环境不吻合的现象，而且这种方法编制周期较长。

（三）专业编制法

在酒店进行服务升级或者形象打造时期，为了编制具有科学性、前瞻性并且符合企业实际的员工手册，酒店会聘请专业人员或机构进行员工手册的编制工作。专业人员在对酒店进行调研的基础上，分析行业环境和产业环境，根据企业发展目标进行科学编制。

此编制方法，一般会被寻求经营突破或者已经处在行业前列的酒店所采用。该方法具有科学性、前瞻性、符合行业发展趋势等特点，但是同样会有脱离酒店实际、易受员工抵制、费用高等经营风险。

三、员工手册包含内容

随着培训的不断发展、体系的不断成熟，员工手册的内容逐渐完善、扩充。一般来说，员工手册基本上包含了入职培训的所有内容。

根据酒店的培训发展需要和员工手册的具体作用，目前很多酒店的员工手册基本上由以下内容组成：

（1）开篇语，多为总经理致辞或寄语。

（2）酒店概况简介，包括位置、规模、服务产品、经营理念以及价值观等。

（3）酒店组织架构，多为酒店的内部组织结构设置情况，让员工了解各部门关系并清楚自己的工作相关机构。

（4）岗位知识及职位说明。

（5）国家劳动法规及酒店管理规定，为员工提供工作和报酬的依据和标准。

（6）员工福利及劳动纪律，包括具体的节假日、各种保险、带薪假期和奖惩规定等内容。

（7）治安及安全。

➥相关链接

某酒店员工手册的具体章节和标题示例

第一章 序言

第二章 ××酒店简介

第三章 酒店管理及组织机构

第四章　劳动条例

第五章　酒店规则

第六章　员工福利

第七章　奖惩条例

第八章　安全措施

第九章　治安条例

第十章　解释

这些内容与一般企业的入职培训内容基本一致，主要的不同在于职位说明书和具体业务问题方面。而这正是员工手册今后发展的几个方向之一，恰好能够覆盖入职培训的主要内容。那么从员工手册的发展趋势来看，其正向着全面化、简洁化、工具化和形式多样化的方向发展。

任务二　进行员工入职培训

一、员工入职培训的意义

新员工在刚刚进入酒店时会面临一些问题，如能否被新的集体接纳、酒店招聘的承诺能否兑现、工作环境如何、现实与想象的矛盾等。要解决新员工的问题，进行员工手册培训是必要途径。它能有效缓解以上疑问和矛盾，实现新员工职业生涯的平稳过渡，并产生深远影响。员工手册培训的意义主要有：

（1）适时有度的员工手册、应知应会内容培训能使新员工获得职业起点的有关信息，尽快适应酒店的企业文化和环境。

（2）通过培训和必要的参观活动，使新员工明确自己的责、权、利和上下级关系，缩短适应工作流程的时间。

（3）建立良好的人际关系，逐渐融入新的团体，增加员工的团队意识与合作精神。

（4）为招聘、甄选、录用和职业生涯规划等人力资源管理环节提供信息反馈，及时为相关环节的工作进行纠偏。

二、员工入职培训的目标

对新员工进行的入职培训虽然培训时间较短、培训内容较为简洁，但是对新员工尽快地适应酒店新环境、融入新集体、完成新任务具有重要的作用。其培训目标主要有：

（1）了解酒店概况、认同酒店的企业文化。

（2）熟悉岗位职责和各项制度。

（3）实现新员工由社会人到酒店人的转变。

（4）改进新员工的工作态度，增强团队精神。

（5）加强安全教育，提高安全意识。

三、员工入职培训的流程

员工入职培训流程与其他培训流程近似，一般而言包括三个阶段：计划阶段、实施阶段、评估阶段（见图4-1）。但是，员工入职培训每一个阶段的培训内容与其他培训不尽相同。

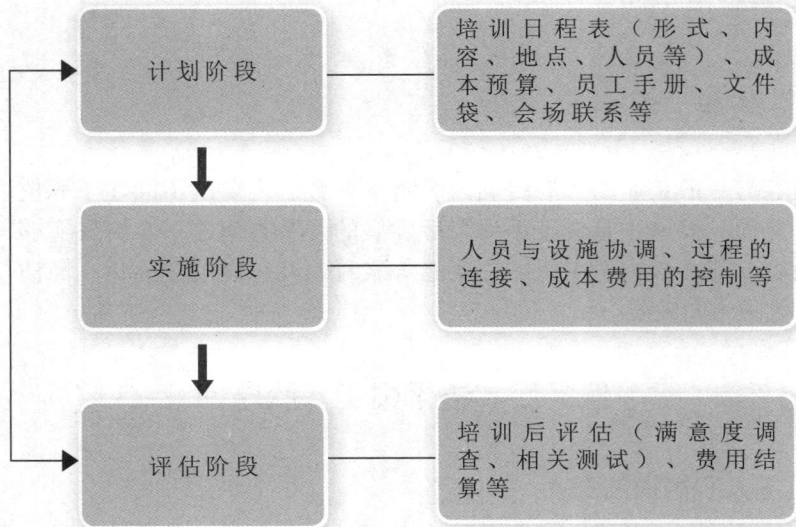

```
┌─────────────┐      ┌─────────────────────────┐
│  计划阶段   │──────│ 培训日程表（形式、内   │
│             │      │ 容、地点、人员等）、成 │
└─────────────┘      │ 本预算、员工手册、文件 │
       │             │ 袋、会场联系等         │
       ▼             └─────────────────────────┘
┌─────────────┐      ┌─────────────────────────┐
│  实施阶段   │──────│ 人员与设施协调、过程的 │
│             │      │ 连接、成本费用的控制等 │
└─────────────┘      └─────────────────────────┘
       │             
       ▼             ┌─────────────────────────┐
┌─────────────┐      │ 培训后评估（满意度调   │
│  评估阶段   │──────│ 查、相关测试）、费用结 │
│             │      │ 算等                   │
└─────────────┘      └─────────────────────────┘
```

图4-1　员工手册培训流程及主要内容

（资料来源：颜世富：《培训与开发》，北京师范大学出版社，2014）

（1）在计划阶段制定的培训日程表应当尽量详细并且衔接有序，让新员工一目了然。培训日程表应包含时间安排、活动内容、培训地点、组织人员及注意事项等。此外，还应该准备新员工手册、文件袋等，给新员工留下一个良好的印象。

（2）实施阶段则包括培训过程的控制与协调，同时注意培训成本和费用的控制等。

（3）评估阶段主要包括新员工满意度调查，员工能力、技术、水平测试，成本核算等。

四、员工入职培训的步骤

一般来说，员工入职培训的步骤包括：

（1）确定参加培训的人员和人数。

（2）按照培训预算制定培训日程表。

（3）根据培训人数和方式确定培训地点和时间。

（4）根据培训内容选定优秀的培训讲师。

（5）准备培训所需的物质材料。

（6）组织开展实际培训。

（7）培训过程监督和预算控制。

（8）培训考核评估和费用结算。

表4-1是某酒店餐饮部新员工入职培训的部分内容。

表4-1　某酒店餐饮部新员工入职培训部分内容

时　间	第一天	第二天	第三天
7:45—8:10	/	早问候	早问候
8:20—8:55	欢迎词、自我介绍	酒店英语	电话礼仪
9:00—10:00	酒店基础知识	融入酒店	员工手册
10:10—11:30	酒店人职业素养	越努力越幸运、宴会摆台和服务	如何提供个性化服务
11:40—12:40	午餐	午餐	午餐
13:30—14:30	消防安全	金钥匙服务理念	参观酒店
14:40—16:10	公共场所卫生	服务礼仪	应知应会、安全知识考试
16:30—17:30	食品卫生安全知识	团队活动（户外）	师徒协议签署、合影

附课程纲要：

酒店基础知识：××城市介绍、集团简介、机构设置；酒店基本情况、Logo诠释、企业文化、各部门职能介绍。

参观酒店：各营业点服务项目、时间及电话、酒店目前的促销信息。

服务礼仪：仪容仪表、言谈礼仪、电话礼仪、面部表情要求，以及站、坐、走、引领等服务仪态的标准及要求。

安全知识：员工安全须知、整体要求、灭火器消防设备的使用等。

员工手册：酒店规章制度、薪酬福利、集团调职与晋升制度、十要做十不要做、员工宿舍管理制度、员工用餐制度等。

五、入职培训评估

在新员工接受完入职培训之后，培训管理部门要对培训效果进行评估和分析，以确定培训的成功与否，有没有达到培训目标。评估主要是通过测试、观察和问卷等方式来完成的。

（1）对于知识性的培训内容，可以采取测试的方式进行评估，比如有关酒店概况的内容、服务标准类的内容、操作流程类的内容等。

（2）然而对于受训者能力提升、态度改变的评估，需要采用观察法来完成，通过对受训者在培训前后所表现出来的工作能力、服务态度、行为举止等进行比较，判断培训前后的区别，从而确定培训效果的好坏。观察法要求评估者持有客观公正的态度，并且尽量以不影响被观察者的工作为前提。

（3）然而对于培训者、培训内容、培训过程以及培训管理等问题，需要对受训者进行问卷调查才能得到较为有效的评估。同时，问卷调查还可以了解受训者对未来培训的需求，为进一步的培训工作收集资料、打下基础。

（4）对于通过不同评估方法得来的数据和资料进行汇总、整理，形成评估报告，为下一次的员工手册培训提供反馈意见和纠偏措施，也为其他培训的顺利开展做好铺垫。

入职培训课程评估调查

参加日期：＿＿＿＿＿＿＿＿

亲爱的新同事：

非常高兴和您度过了一段美好的时光，在结束迎新培训之前，我们真诚地请您留下您的感受和宝贵意见，以待我们改进工作。

一、课程评估

课程	培训内容			培训效果			讲师水平									综合印象（一句话概括）
							语言			仪表			表情			
	1	2	3	1	2	3	1	2	3	1	2	3	1	2	3	
城市/集团/酒店介绍																
服务礼仪																
酒店服务																
酒店英语																
安全知识																
态度与习惯																
员工手册讲解																
餐饮文化																
酒店节能降耗管理																
营销知识																
社会礼仪																
礼仪操作																

注：1——待改进；2——满意；3——出色。

二、综合评估与建议

1. 您认为本次培训受益最大的课程是哪些？＿＿＿＿＿＿＿＿＿＿＿＿＿＿＿

   为什么？＿＿＿＿＿＿＿＿＿＿＿＿＿＿＿＿＿＿＿＿＿＿＿＿＿＿＿＿＿

2. 请列举本次培训的优缺点。

   （1）优点：＿＿＿＿＿＿＿＿＿＿＿＿＿＿＿＿＿＿＿＿＿＿＿＿＿＿

（2）缺点：＿＿＿＿＿＿＿＿＿＿＿＿＿＿＿＿＿＿＿＿＿＿＿＿＿

3. 对此次培训，您有何意见或建议？

＿＿＿＿＿＿＿＿＿＿＿＿＿＿＿＿＿＿＿＿＿＿＿＿＿＿＿＿＿＿＿

4. 您还希望接受哪些方面的培训？

＿＿＿＿＿＿＿＿＿＿＿＿＿＿＿＿＿＿＿＿＿＿＿＿＿＿＿＿＿＿＿

项目二 ▌在岗培训

在培训体系中，与入职培训相对应的便是在岗培训，两者是培训体系的主要组成部分。在岗培训是指酒店根据自身的发展情况、员工的工作状况以及外界环境的变化，对在岗员工进行的有针对性的培训工作。与入职培训相比，在岗培训具有周期长、范围广、层次多等特点。在岗培训有多种类型，从培训内容来看，可以分为业务能力培训、工作态度培训和职业发展培训等；从培训层次来看，可以分为普通员工培训、重点员工培训和管理人员培训等；从培训形式来看，可以分为循环式同质培训、突击式针对培训以及规划性长期培训等。

任务一 分析培训需求

随着培训体系的不断完善、培训地位的不断提高，人们对培训的科学化、合理化和专业化提出了更高的要求。而做好培训需求分析是达到这一要求的首要条件，因此培训需求分析在培训和发展管理中的地位越来越重要。在制定培训计划之前，实施充分的培训需求分析是培训计划顺利展开的保障，也是进行培训效果评估的基础。

从酒店管理层面来看，培训需求分析能确保培训投入充分发挥作用并产生丰厚回报；从酒店员工角度来看，培训需求分析是保证为其提供针对性培训和实现其个人职业发展的重要条件。由此可见，培训需求分析是进行培训管理、完善培训体系的重要环节。

一、培训需求概述

当酒店员工现有的知识、技能和态度等水平低于组织所要求的标准，即员工目前的实际能力和水平与酒店对员工的期望标准有所差距时，就产生了对员工的培训需求。同时，根据酒店的内外部经营环境的变化与发展，酒店主动对员工现有水平与未来发展所需水平进行比对，从而产生来自酒店自身发展所需的培训需求。

一般会用以下公式来描述培训需求：

培训需求＝酒店发展必需的条件－目前员工所具备的条件

影响培训需求的因素很多，但是概括起来有两类：常规性因素和偶然性因素。常规性因素主要是指在确定培训需求时要求考虑的一般性因素，而偶然性因素则是指那些具有一定特殊性的因素（见表4-2）。

表4-2 两类影响培训需求的因素

常规性因素	偶然性因素
社会发展环境 酒店发展目标和经营战略 同类酒店的培训发展状况 员工个人职业发展生涯设计 员工考核 员工行为评估 酒店资源状况对培训需求的限制	新员工加入 员工职位调整 员工工作效率下降 顾客抱怨投诉 发生生产事故 产品质量下降或销售量下降 企业内部损耗升高，成本增加 发生导致员工士气低落的事件

（资料来源：周正勇等：《员工培训管理实操：从新手到高手》，中国铁道出版社，2014）

只有全面了解培训需求的影响因素，才能实现对培训需求的控制，而不能仅凭个人的主观判断进行盲目的培训。

二、培训需求分析

培训需求分析是指在规划和设计具体培训计划之前，由培训管理部门使用各种方法对组织目标及组织成员的知识、技能、态度、观念等内容进行系统的甄别和分析，从而确定是否需要进行培训，并明确培训内容、培训顺序和培训实施时间的过程。

培训需求分析一般由培训主管部门组织开展，此项工作是进行酒店培训的第一环节。

（一）培训需求分析的主要内容

针对在岗培训，培训需求分析的主要内容由组织分析、人员分析、工作分析和绩效分析四部分组成。组织分析是在既定企业经营管理战略的统筹下进行的培训分析，主要为培训工作的实施提供培训资源，以及管理者和员工对培训工作的支持。人员分析包括圈定工作绩效不能达标的制约因素，如知识、技术、能力的欠缺，工作设计不合理或者个人工作动机问题；明确需要进行培训的对象；员工接受培训的各项准备工作。工作分析则包含确定主要任务，以及需要在培训中予以加强的知识、技能和行为方式等。绩效分析是针对在岗职工当前工作绩效与目标绩效之间的差距而进行的培训分析。

1．组织分析

组织分析是指系统地检查组织中的各个要素，这些要素游离于任务和人员分析以外，但是却会对培训产生影响。组织分析的范围比人员分析、工作分析和绩效分析更加广泛，关注的是组织系统层次上的组成部分，如对组织目标、组织资源、培训气氛的内外部决定因素等。

组织分析的范围根据分析变量的数量有所不同，主要包括培训对象、培训类型、组织规模等。关于酒店的组织分析主要涉及以下几个环节：

（1）酒店战略目标分析。一个组织的经营管理战略会对培训产生重大的影响，培训的战略性角色影响着培训的频率和类型以及培训管理部门的组织形式。对培训寄予期望的组织会在培训投资和培训频度上高于那些没有培训战略目标的组织。因此，应明确酒店的战略目标及其对酒店所起的积极作用，并以此来确定酒店的培训总目标。

（2）培育良好的培训气氛。诸多调查研究显示，员工和管理者对培训的支持具有十分重要的作用，培训成功与否的关键在于两者对培训活动的参与所持有的态度。得到员工和管理者的支持，无疑会极大增强培训效果，反之则会严重影响培训效果。

（3）酒店资源分析。确定人力和物力资源是完成工作目标的保证。人力资源需求应该包括完成未来项目所需的人员计划，物力资源应包括设施情况、财务资源等。只有在人力、财力和时间上得到充分的保证，才能确保酒店培训的有效性。

（4）酒店环境分析。明确酒店所处的经营环境、政策环境和社会环境，掌握组织文化、服务质量、客户资料、人员素质等情况，准确找出酒店存在的问题以及问题产生的根源，从而确定酒店培训是不是解决问题的最佳途径。

2．人员分析

人员分析是指确定个体员工是否需要培训、谁需要培训以及需要什么培训的过程。通过对员工目前实际工作绩效和预期工作绩效的比较来判断是否需要培训。人员分析还应判断受训员工是否做好了接受培训的准备，如个人学习能力、学习态度、信仰、动机以及工作环境问题等，这些都会对培训产生很大的影响。

人员分析所关注的重点是酒店中谁需要培训、需要什么类型的培训，从而能够知道酒店所需要的培训投入和培训项目。

（1）建立绩效指标。在具体人员分析过程中，要制定必要的绩效指标测量标准。培训人员可以使用这些标准在培训开始前、培训结束时和重新投入工作后进行绩效评价。这些标准可以帮助酒店确定员工的能力，进而明确员工所需的关键技能并设计培训。建立标准的途径之一是让受训者本人对其各项能力进行自我评价，但要考虑到其评价的客观性。同时要了解员工和培训部门对培训的期望，明确员工和部门所希望达到的目标，为培训评估做好准备。

（2）员工个人情况分析。员工个人情况主要包括员工的知识结构、专业结构、年龄结构、个性特征、个人能力以及满意度等。通过对员工知识和专业结构的分析，可以掌握员工的知识水平是否和酒店发展相适应，专业兴趣和取向是否与酒店所需技能保持一致，从而确定合理的培训计划和培训项目，培养更多储备人才。年龄问题也不容忽视，其会对工作效率、速度和培训效果产生直接影响；年龄和个性特征是确定针对性培训计划、调整工作岗位的重要依据。个人能力与完成工作所需能力的差距是确认员工是否能够胜任岗位的关键因素，是制定培训的重要前提。员工满意度则是指通过对员工的满意度指数和需求点的分析，找出酒店在管理经营方面的问题，确定哪些问题是可以通过培训来解决的。

员工满意度调查表

请你根据个人满意和不满意的标准，从下面的项目中选出前三项令你最满意和最不满意的内容。

最满意：　　　　　　　　　　　　　　　最不满意：

1. _____　　　　1. _____

2. _____　　　　2. _____

3. _____　　　　3. _____

调查项目：

目前工作	管理实习	
职务	脱产培训	激励政策
薪酬	国内/外考察	能力、特长的发挥
带薪假期	岗位轮换	成就感
工作环境	岗位证书培训	被认可
工作工具	职业发展	人际关系
平等竞争机会	工作时间	沟通技巧
提升	加班	自我表现的机会
选择自己喜欢的工作	直接上级	员工餐
福利	决策层	员工倒班宿舍
奖金	奖惩制度	工装
住房	奖金评定方法	班车
实操培训	评估方式	娱乐活动
理论知识培训	评估标准	

其他（没有列出但非常满意或不满意的）：

_____

请提出您的具体意见：

_____

人力资源部

（资料来源：王伟：《饭店培训管理实务》，旅游教育出版社，2016）

（3）培训环境分析。培训环境因素主要包括酒店培训文化的成熟度、是否具有培训传统、决策者对培训的支持和认知程度、培训对员工和酒店发展产生的作用、部门管理者对培训的支持程度、已有的培训项目能否满足受训者和酒店发展需要、员工对培训的接受度和期望值、培训资源状况等。通过对这些因素的分析，可以进一步把握好培训的目标性和针对性。

3. 工作分析

工作分析是指针对有关员工具体工作程序以及完成工作所具备的能力、知识和技术的分析。工作分析主要是按照酒店的工作标准和具体工作的任职条件，对各部门、岗位状况进行比较分析，从而在明确工作性质、工作职责的基础上确定标准，并制定履行职责、达到标准的具体素质要求，如专业知识、技能、能力等。根据这些要求来判断从事某项工作的员工技能素质与实际工作需求是否相吻合，并以此来确定酒店培训和发展需求的具体关系，编制符合实际的培训课程和项目。

（1）工作发展分析。任何组织的工作内容和形式都会随着组织的不断发展而变化，酒店亦是如此。这就要求在进行具体培训需求分析时要对酒店的发展趋势进行科学预测和判断，并根据这些预测和判断进行培训的安排和组织，使之具有一定的前瞻性。

（2）工作特性分析。酒店的不同岗位其具体的工作特性也不尽相同。前厅工作要求与客房工作要求相去甚远，而销售部门与餐饮部门的要求差别更大，因此在进行培训前，对工作特性进行分析是十分必要的。

（3）工作负荷程度分析。工作的负荷程度包含工作量的大小、难度的大小、时间的长短以及工作环境舒适程度等，不同类型的工作其负荷程度对培训的需求情况是不同的。

4. 绩效分析

绩效分析是针对在岗员工而言的，是实际绩效与目标绩效的差距分析。绩效分析的过程通常包含以下三个步骤：

（1）通过评价员工的工作绩效来确定实际工作中是否存在问题。

（2）分析问题的来源，是能力问题、态度问题还是工作设计问题。

（3）对员工的培训投资和培训收益进行成本收益核算。

通过以上三个步骤，确定绩效差距是由于人员配置不当还是员工能力欠缺、需要培训，并在此分析基础上实施合理的培训。

（二）培训需求分析的步骤

培训需求分析的步骤是保证培训需求分析顺利进行，并维护其合理性和科学性的一个重要前提。大体上，培训需求分析可以分为以下四个步骤：

1. 寻找并发现问题

根据对绩效、工作态度、酒店经营现状等方面的观察和分析，可以发现酒店在员工层面和组织层面上所存在的实际问题。

（1）通过归类，员工层面的主要问题有：①工作效率下降，不能达到组织要求；②服务质量下降，出现迟到、旷工、怠工等现象；③不能适应酒店的变化，对变革产生抵触情绪；④成本增加；⑤员工现有技能无法胜任现有工作，不能适应酒店发展，急需培训；⑥员工急于实现个人职业生涯规划。

（2）组织层面所面临的主要问题有：①新工作和新标准的出现需要新的技能；②酒店的发展需要人才培养；③酒店战略和市场变化；④客户变化和客户需求变化；⑤竞争对手的变化；⑥行业变化。

2. 搜集培训需求信息

找出问题以后，需要对培训需求信息进行搜集。培训需求信息主要来源于高层决策者、部门管理者和员工个人。培训部门可以通过个人申报来了解员工申请培训的理由、依据；使用人力资源考核评估方式，确定培训内容和培训对象；采用档案调查方法，分析员工的现状和历史差距，确认培训需求；采用人员测评技术，对酒店人员的素质和技能进行评估，根据结果确定培训内容和培训对象。其他方法还包括员工行为观察法、问卷调查法、面谈法、讨论法、顾问委员会研讨法等，不管是哪一种方法，在收集信息和资料时，一定要保证信息的准确性。

3. 分析数据和信息

搜集到培训需求信息只是前提之一，资料来源范围广、数量大、种类多、关联多，因此要对搜集来的信息进行分析处理，区分哪些是真正的需求，哪些是假象需求；哪些是普遍需求，哪些是个别需求；哪些是短期需求，哪些是长期需求；哪些是当前需求，哪些是未来需求。只有发现对培训具有决定影响的关键因素，才能体现出培训需求分析的价值。

4. 确认培训需求

分析搜集来的信息，最终是要得出培训需求的结论，以确定谁需要培训、需要哪些培训、何时培训以及培训的组织方式等。与此同时，还应该开展确定培训目标、制定培训计划、确认培训评估方式、明确培训实施过程等具体工作。在确认培训需求过程中，要保持与决策管理层和受训人员的沟通与联系，以便得到充分的培训需求认同和支持。

（三）培训需求分析的利益相关者

培训需求分析不但与培训组织和实施人员密切相关，还与受训者、服务接受者和竞争者具有极大的相关性。只有充分考虑各方的利益和要求，才能保证培训需求分析的结果是真实、客观、全面并被各方接受的。

1. 酒店决策层

酒店的董事会、股东、总经理等，是培训得以实施的决策者和物力、人力、财力的提供者。他们从酒店发展的战略角度提出培训需求，并对培训需求能否满足酒店的战略目标进行评价。

2. 酒店管理层

此处所指的管理层是那些从事专业部门管理的各部门经理，他们是培训需求分析结果的最终检验者；同时由于他们对部门经营管理操作和业务熟悉程度很高，对员工的优缺点和真实培训需求的了解相对准确。因此，应充分利用管理层的管理经验，为培训部门提供培训目标和培训内容等方面的帮助。

3. 受训员工

作为受训者，员工是培训实施的对象。他们提出的培训需求关系到员工个人职业生涯规划的实现，也体现了其热爱学习、积极进取的心态。但是培训部门要甄别其培训需求的合理性、迫切性以及其职业规划的发展方向。只有这样，才能使培训需求的结果得到管理层和受训人员的支持与认同。

4. 培训组织部门

培训需求分析的全部工作几乎都是由培训组织部门来主持完成的。首先，此项工作是该部门的核心工作之一，这项工作的质量决定着后续工作能否顺利进行。进行培训需求分析，培训组织部门（培训部或人力资源部）有着自己的优势，主要得益于该部门自招聘时起积累的有关员工成长的记录和历史，掌握着各级员工的技能、素质等详细资料，并熟知酒店的岗位变化和新趋向。

5.外部相关者

培训需求分析不但与内部各个部门、层面息息相关，而且与外界环境有着密切的联系。首先是酒店服务的接受者，他们对于培训需求分析同样具有较多的发言权；其次是同行业的竞争者，鉴于竞争者之间的了解和分析，他们对于酒店的培训需求分析也具有较大的借鉴意义。此外，酒店供应商也能对培训需求提供一定的合理化建议和帮助。征求酒店外部的意见，关注外部环境变化，是使培训需求不断完善的途径之一。

（四）培训需求分析的方法

培训需求分析有很多方法可以使用，但是培训管理部门往往会根据酒店培训需求的不同而选择不同的培训需求分析方法，从而更加准确地掌握培训需求。

1.行为观察法

观察是人类认识世界、熟悉事物的最基本方法。作为培训分析的一种方法，行为观察法可以获得很多有关培训需求的最直接、最真实、最原始的信息和资料。这种方法是在不妨碍被考察对象的正常工作和集体活动的前提下，对考察对象进行观察。通常情况下，通过观察获得的信息与实际所需要的信息具有高度相关性。行为观察法要求观察者熟悉被观察者的工作程序和工作内容，它会受到被观察者的阶段时间工作状态的影响，也会受到观察者主观性的影响。因此要想获得较为准确的观察结果，要求观察者具备较强的技术能力，同时能客观评判每一个被观察者，还要实行多次观察以加强观察结果的全面性和真实性。观察记录表示样如表4-3所示。

表4-3 观察记录表示样

观察项目：_____	员工姓名：_____	
编　号：_____	日　期：_____	类　别：_____
工作时间安排： 　1. 　2. 　3.		
工作完成情况： 　1. 　2. 　3.		
存在不足： 　1. 　2. 　3.		
需改善内容： 　1. 　2. 　3.		
……		

（资料来源：李燕萍：《培训与发展》，北京大学出版社，2017）

2. 问卷调查法

问卷调查法收集信息的关键在于问卷的设计。为了保证所得信息的可靠性和真实性，在问卷设计时要遵循以下原则：对同一个问题从不同角度进行设置；采取各种方法使问卷引起受访者的重视；采用无记名形式调查；问卷的问题设计应注意实效性。问卷形式分为开放式、选择式、投射式和等级排列式。问卷种类分为随机型、分层型和综合型等。问卷语言要通俗易懂，以方便受访者理解；问卷作答时间不宜过长，最好不超过20分钟；同时要回收足够的问卷，以保证信息的全面和准确。

虽然问卷调查法具有在短时间内搜集大量信息、成本较低、调查对象可以畅所欲言、易于总结汇报的优点，但是它却无法获得问卷之外的内容，同时需要大量的时间和技术能力来进行分析，而且要求较高的问卷设计能力。

◆相关链接

××酒店员工培训需求调查问卷

下面是有关培训部为未来拟订培训计划的问题，请您协助回答：

就职前您是否接受过培训？接受了哪些内容的培训？

_____

为了更好地工作，您最需要学习哪些课程（列出最想学的前五门课程）？

1. _____
2. _____
3. _____
4. _____
5. _____

您愿意参加以下的培训课程吗？

序号	培训项目	是	否
1	饭店知识介绍		
2	劳动纪律培训		
3	安全知识培训		
4	处理客人投诉技巧		
5	与客人沟通技巧		
6	关注客人		
7	客户关系		
8	主管管理技巧		
9	时间管理		
10	如何评估下属		
11	部门内岗位交换培训		
12	酒店内岗位交换培训		

序号	培训项目	是	否
13	接听电话技巧		
14	电脑知识培训		
15	饭店英语初级水平培训		
16	饭店英语中级水平培训		
17	日语初级水平培训		
18	礼仪培训		

除了以上内容外，您还可以介绍哪些培训项目为员工进行培训？

_____

谢谢您的合作！

××酒店培训部

（资料来源：王伟：《饭店培训管理实务》，旅游教育出版社，2016）

3．申报法

申报法是通过向各部门发放培训需求申报表来了解各部门员工的培训需求。培训需求申报表是在酒店年度培训目标和部门年度培训目标的基础上，结合每个员工的培训需求来确定部门培训需求。培训管理部门根据酒店总的年度目标和各部门收集上报的培训需求，制定酒店的年度培训计划。在此基础上，对年度培训计划进行意见征求，经过反复修改，确定后再经决策层审批实施。

4．面谈调查法

面谈调查法是对受训者、培训者、管理者、督导者、决策者等关键人物进行面对面的交流，经过系统全面的分析整理以后，确定培训需求的一种方法。面谈分为正式和非正式两种形式，即通过标准、统一的模式向受访者提出相同问题和根据不同的面谈者提出不同问题。面谈调查法需要调查人员具有较高的沟通技巧，营造宽松平等的沟通氛围，运用提问技巧，从而达到调查目的。

面谈法可以采用个别面谈和集体面谈的方式。个别面谈又分为一对一面谈和重点人物面谈，前者是通过专家、培训主管或主持人与一位员工面谈；后者则可以是一对一，也可以是多个调查者与一个重点人物面谈。集体面谈则由多人同时作为面谈对象参与面谈，这样可以营造一种畅所欲言的气氛，增加面谈资料的可靠性。

5．资料分析法

资料分析法是通过对酒店内所能收集到的相关资料（如报表、文件、审计结果、预算报告、工作计划、投诉记录、惩罚记录等）进行分析，来寻找酒店存在的问题，从而确定培训需求。但应该注意所用资料的时效性和代表性，过期的、不准确的以及不具有代表性的资料要避免使用，这样方能保证分析的客观性和实用性。

6．综合分析法

综合分析法是通过对酒店进行全面、系统的调查，分析理想与实际的差距，综合运用以上方法进行彼此的比对和选择，来确定酒店是否进行培训和培训具体内容的方法。这一方法较为细致、工作量大、耗时较多，需要一定的人力、财力、物力的支持和保证才能完成。

培训需求分析方法的应用需要依据培训需求分析的目的来决定最终采用哪一种分析方法，不同的分析目的决定了分析方法的使用会有所不同。培训管理部门要学会根据不同的实际情况使用最适宜的培训需求分析方法，以达到准确掌握培训需求的目的。

任务二　设计培训内容

一、培训内容设计的原则

培训内容的设计决定着培训效果的好坏，也是与培训需求紧密相关的部分。设计科学、完善的培训内容是一项细致而具有挑战性的工作，关系到酒店整体培训计划的成功落实和培训需求的满足。一个比较完备的培训应当涵盖6个"W"和1个"H"的内容：Why，培训的目标；What，培训的内容；Whom，培训的对象；Who，培训者；When，培训的时间；Where，培训的地点及培训的设施；How，培训的方式方法及培训的费用。

设计培训内容要遵照以下几个原则。

（一）培训内容设置要与培训目标紧密结合

培训内容要与酒店的培训目标相一致，将员工的个人发展目标与酒店的经营发展总体目标相统一，使培训内容能够满足员工自我发展的需要，发挥培训对酒店的积极作用。

（二）培训内容应满足受训者培训需求

培训内容应以培训需求为依据进行设计和组织，只有符合员工培训需求的培训内容才能为受训者所接受并且容易受到酒店决策层的支持和肯定，从而在政策、财力和物力上得到酒店的支持，为成功培训创造有利条件。

（三）培训内容的选择应突出实用性

受训者的在岗培训并不是为了取得学历或者文凭，而是切切实实地学到技能和知识。因此，在设计培训内容时要突出培训内容的实用性和操作性，使受训者通过培训能学到自己想要学到的各种技能和知识。

（四）培训内容的设计要符合成年人学习规律

考虑到受训者的年龄特征，应在培训教材的编排、培训内容的选择上充分考虑成人认知的特点，使培训内容做到理论与实践相结合、案例与工作实际相结合，以期达到最佳的培训效果。

二、培训内容设计程序

培训内容的设计是一项系统的创造性工作，在培训内容设计过程中要有一个客观的指导体系，不能凭空设想，也不能主观操作。在实际的培训内容设计过程中，既要尊重客观事实和规律，也要结合酒店的实际情况，在充分发挥设计人员创造力的基础上完成培训内容的完美设计。

培训内容设计的一般程序为：

（一）前期准备工作

在正式开始设计之前，培训管理部门首先要进行相关准备工作，如谁来设计、具体分工如何、设计工作计划、信息的收集等。准备工作对以后的内容设计起到积极的支持作用，是保证培训内容设计工作顺利进行的必要条件。

（二）确定培训内容的目标

培训内容的目标，即通过对培训内容的学习最终希望受训者能实现知识、能力、技巧或态度的提升或改变。明确的目标可以增强受训者的学习动力，激发学习兴趣，也能为评估提供依据。

（三）信息和资料的收集与整理

在明确目标以后，培训内容设计人员便开始收集、整理与培训需求和培训内容有关的信息和资料。收集范围要相对广泛，资料种类也要丰富。这些资料经过整理后，要征求培训对象、培训管理部门的具体意见。

（四）培训内容的确定与反馈

在对信息、资料进行收集与整理后，再咨询和征求培训对象和培训管理部门的意见，然后便可以确定培训内容。培训内容确定后，要经过小范围的试验性培训，通过试验结果进行反馈，来判断培训内容的有效性和科学性以及是否符合培训内容设计的目标。

三、培训内容的构成

培训内容所要解决的问题是培训什么。总体而言，培训内容的涵盖面比较广泛，既有技能方面的内容，又有知识层面的内容，还有职业素养、劳动政策、企业文化以及职业态度等方面的内容。但是培训内容具有一定的针对性，需要根据不同的培训需求来设计培训所需的内容。从其涵盖范围来看，培训内容既包括前面述及的入职培训内容，还包括在岗培训内容。

鉴于本项目所陈述的是在岗培训，故下文主要分析在岗培训内容的构成部分。在岗培训是更新知识、学习新技能和新技术的有效培训途径，同时也是职前教育和入职培训不全面、不深入、不细致的一种查缺补漏式的培训。它可以循序渐进地提高员工的工作能力，增强员工的个人竞争力，并对酒店的运营效率和整体竞争力起到促进作用。

具体而言，在岗培训是指没有离开职位或在不影响正常工作的情况下所进行的培训。从在岗培训的不同目的来看，在岗培训的内容设计可分为以下五种。

（一）本岗培训

本岗培训主要是针对那些不能完全胜任自己本岗工作的员工而设计的培训内容。这一培训主要是有关该岗位所必需的或者岗位今后发展所需的技能、知识、态度、意识等。其目的在于通过培训内容的传授，使员工能够在工作能力上得到较大提升，从而更加适合或者胜任本岗工作。使酒店或本部门的业绩得到提升，也是本岗培训的重要培训目标。这一培训所涉及员工既有普通员工，也有专业技术人员。

（二）转岗培训

转岗培训是针对员工岗位变动而设计的培训内容。转岗的原因有：酒店经营规模发生变化或组织结构调整而要求人员重新配置；员工因性格、能力等不能胜任现有工作，需要更换岗位；员工的某方面特殊才能得到重新认识，需另行安排岗位等。

针对转岗员工的培训主要侧重于未来岗位所需的专业知识、技能、管理实务等方面。

（三）晋升培训

晋升培训是使具有发展潜力的各级员工在得到晋升之前所进行的有关未来职位的适应性培训。晋升前所进行的培训内容主要包括理论和业务方面的提升培训、新职位所需的管理技能和知识的培训，以及解决问题的能力和人际沟通能力的培训。在得到晋升后，酒店往往还会通过挂职的形式对培训者进行业务能力和管理能力的检验性培训。

（四）新业务培训

企业要发展，创新是关键。新业务是每个企业所要面临的挑战和机遇。酒店内外部环境的变化，对服务内容和质量提出了新的要求，客源也会发生变化，因而就会出现一些新的业务。新业务的培训往往具有普遍性，只是培训内容的多寡与深浅不一，对于直接从事新业务的员工来说，需要进行细致、深入的业务培训；而对于相关部门或管理者而言，则需要对此新业务有大概的了解以便在新业务开展过程中得到其支持和理解。

（五）语言培训

对于酒店这一高度国际化的行业来讲，外语是员工必备的工作技能之一。因此，对于在岗员工的外语培训，也是在岗培训的主要内容之一。根据酒店管理集团的要求和经营实际，每个酒店都会对培训的语种有不同的要求。在众多的语言培训中，英语培训最为普及，而日语、韩语、西班牙语、德语、法语等使用较为广泛的外语也日渐进入酒店语言培训的视野，为酒店的新业务开展打下坚实的语言基础。

以上所述并不能代表在岗培训的全部内容，而且即便是以上内容也不是每次在岗培训都会采用。最重要的是，酒店应根据自身实际情况和培训管理部门所做的培训需求分析来进行培训内容的设计和编排。

任务三　选择培训方法

一、培训方法概述

培训方法的应用直接影响着培训的效果。随着社会的不断进步，科技在不同领域得到了具体体现，培训方法也随着科技进步和社会发展不断地发展着。培训方法在各个不同层次和类型的培训中发挥积极作用，尽管它们还存在各自的局限性，但是已经在某种程度上影响了企业培训事业的发展，并逐渐走向成熟和完善。各种培训方法在实际中的应用比例如图4-2所示。

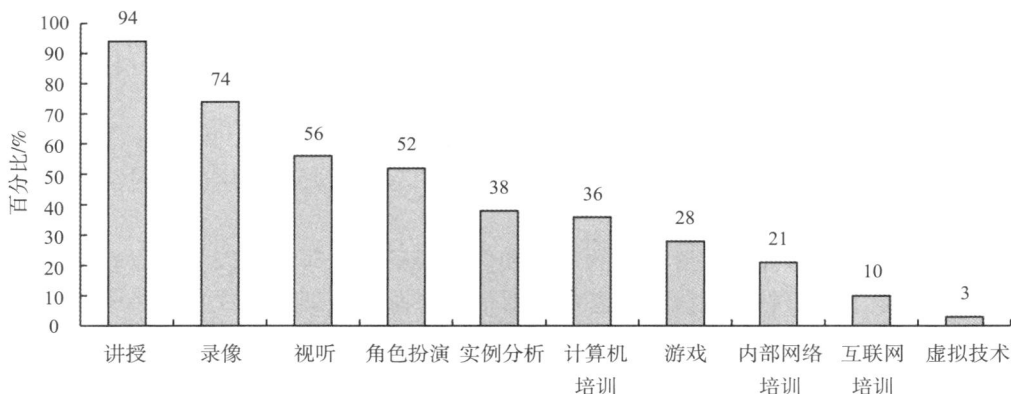

图4-2　各种培训方法的应用比例
（资料来源：Industry Report 2015，Training，2015）

（一）传统培训法

传统的培训方法有很多，在培训发展历史上起着重要的作用。虽然有了新培训方法的强劲竞争，但是很多的传统培训方法仍然得到培训者和受训者的欢迎，并且仍然保持着自己的优势。

1．讲授法

讲授法是指培训者用语言向受训者表达所要传授的内容的一种培训方法。这一方法的沟通是单向沟通，即培训者→受训者。尽管新技术飞速发展，但是讲授法还是一直受到广泛的欢迎。

讲授法是成本最低的培训方法之一，开发费用低而且可以应用于大型培训班。其培训效果也处于中等水平，能够传递大量信息并可以作为其他培训方法的辅助方法。但是讲授法缺少互动以及受训者的参与、反馈且与工作实际环境缺乏密切联系，而这会导致培训成果转化的成功率降低，不容易吸引受训者，培训者也较难有效把握受训者的接受程度。讲授法的顺利实施和富有成效的成果与充分的前期准备是密不可分的。

2．视听法

视听法就是利用幻灯片、电影、录像等视听教材进行培训，强调多重感官的参与，多用于新员工培训。视听法很少单独使用，一般会与讲授法一起用于培训教学。

酒店可以自制或购买培训所用视听资料。该培训法有很多优势：可对培训内容实施重放、慢放或快放，使其适应受训者的专业水平，激发受训者的学习兴趣；可以使受训者接触到不易解释说明的设备、难题和事件；可以使受训者的培训连贯一致，不易受到培训者的主观影响；直观再现受训者的工作绩效，不易产生分歧；可以实施异地培训，节约成本；适宜模仿性培训，容易形成反馈。

其主要缺点：视听材料的初期开发成本和后续调整成本较高，还会有耗时过多的时间成本存在；视听资料情节过于复杂、对话效果不佳或者背景音乐过强的情况，会使受训者不能抓住培训重点；需要在培训前做好设备等准备工作。

酒店使用视听法进行培训时，所需的准备工作主要集中在设备调试、视听资料整合、技术人员配备等环节。在酒店利用已有的视听材料或者开发新的材料时，要注意视听资料的有效性和针对性，不能使培训成为娱乐课，同时要注意视听材料的适用性，并不是每个部门、每个阶段的培训都适用该方法。

3. 研讨法

研讨法也是比较受欢迎的培训方法，在培训中起着重要的作用。研讨法强调信息的双向交流，让受训者积极参与讨论学习。

按照受训者和培训者在研讨中的地位和作用的不同，研讨可以分为以教师为中心的研讨和以学生为中心的研讨。前者的主要信息来源是培训者，注意力集中对象也是培训者；后者的注意力集中于受训者的同伴，受训者自主研讨，并提出解决问题的办法，参与比较积极。

按照研讨组织形式的不同，研讨可分为：演讲—讨论式、小组讨论式、沙龙式、集体讨论式和系列讨论式。第一种是先演讲后讨论；第二种强调提问式讨论；第三种属于非正式讨论，不能解决问题，但可以加强交流、互相启发；第四种强调广泛参与，多用于成人培训；最后一种针对系列问题持续研讨，通常由权威机构或学校组织。

由于该方法的灵活性和参与性，酒店在应用研讨法进行培训时，要有明确的研讨内容和组织形式，应选择有经验、有组织能力和掌控能力的培训讲师。同时要注意激发受训者的积极性，保证信息双向交流的有效性和畅通性，不能使讨论内容表面化，最终导致讨论形式热烈却达不到培训预期效果。研讨法更多用于酒店管理层就一些开放性问题的讨论、培养管理层战略管理能力的培训。

4. 工作模拟法

工作模拟法与实际的工作比较接近，因此培训的效果比较好，能够对培训的过程加以有效的控制；可以避免在实际工作中进行培训而造成的损失。但是该法的费用比较高，存在培训转化率低等问题。工作模拟法适用于那些出错的代价和风险比较高的工作，如飞行员的培训和管理决策的培训等。

5. 角色扮演法

角色扮演法能提供真实的情境，让受训人员扮演不同的角色，做出他们认为适合每一种角色的行为，表现出角色的情感，培训者在扮演过程中给予指导，结束后再进行讨论。这种方法有助于改正过去工作中的不良行为，有利于建立良好的人际关系，因此更适于态度类的培训，不适于知识和技能的培训。

6. 游戏法

游戏法要求受训者收集信息并对信息进行分析，然后做出决策。游戏主要用于管理技能的开发。它可以刺激学习，因此参与者会积极参与游戏并仿照商业竞争规则。游戏采用团队方式，有利于营造和形成团队精神。游戏法因其参与性强、培训气氛好，近年来被广泛采用，一般用来培训员工的团队精神、创新精神、发现和解决问题的能力，通过此方法开发员工潜能。

游戏法具有参与性强、吸引力大、寓教于乐、激发创新和潜能、印象深刻等优点；同时具有开发时间长、游戏占用培训时间多、适应面不宽、对培训者的掌控能力和讲解能力要求很高等缺点。

7. 案例分析法

案例分析法是指受训者对一个反映实际生活原则和形式的故事进行分析的一种方法。案例分析法需要各种技巧，包括批判性思考、分析、交流、沟通和判断，要想对案例进行较好的分析，就要培养和开发人脑中的理性思维和感性思维。案例分析不要求结果如何，而强调分析过程的正确性，重点培养和训练受训者的逻辑思维能力。

案例分析法有以下优点：将理论用于实践；培养创造力，锻炼分析能力；有利于个人经验检验与交流；锻炼表述和交流能力；提供借鉴作用。

8. 座谈会法

座谈会法适用于人数较少的培训群体，也是一种常用的培训方法。该方法注重实际问题的解决，受到领导层的欢迎。以座谈会法进行培训，首先要确定主持人。主持人的主要任务是宣布讨论主题、发放讨论资料、组织讨论并保证讨论不离主题；协调争执，保持讨论的正常进行；对讨论结果进行总结或做出决定。作为解决实际问题的培训方法，座谈会法一般会有决策人员在场。

座谈会法提供了双方讨论的机会，培训者可以把握受训者的理解和掌握情况，可以帮助受训者解决实际问题。但是讨论容易离题，对主持人要求较高，主持人要能够控制场面；不能充分发挥培训者的作用。

9. 拓展训练

拓展训练也称冒险性学习法，是利用户外活动来开发团队协作和领导技能的一种培训方法。

（二）新技术培训法

自从新技术进入培训领域以来，便对培训工作产生了巨大而深刻的影响，不仅改变了人们的培训观念与方式，而且引起了培训理论和方法的新突破。多媒体技术和其他一些正在逐渐应用于培训的新技术正在为酒店培训提供新的方法和技术支持。

1. 计算机辅助培训

计算机辅助培训是由计算机给出培训的要求，受训者回答，再由计算机分析答案并向受训者当场反馈的一种互动式培训方法。作为最先应用于培训的新技术之一，最普遍的计算机辅助培训项目是通过电脑的光盘或移动存储设备来运行的。随着网络和教学软件的发展，计算机辅助培训更趋于先进。

计算机辅助培训有优势也有劣势，具体如表4-4所示。

表4-4　计算机辅助培训的优势和劣势

优势	劣势
能使学习者在自己选定的时间学习 能使学习者在自己选定的空间学习 能提供有直接反馈的高级相互反应 为学习者提供检验自己理解能力的机会 在不同地点很容易获得并提供隐私权 屏幕信息多种多样 能自动保存学习者的记录 节省成本	相对不灵活，取决于预制程序 没有人员监督，学习者应高度自律并做出承诺 个人单独学习，会造成孤立感 放弃了培训的动机影响 由于硬件需要不断更新等，成本提高

2．网络培训

互联网是一种广泛使用的通信工具，它不仅是一种快速廉价收发信息的方法，还是一种获取和分配资源的方式。互联网培训是指由公众网或私人网进行传递，并由浏览器进行展示的培训方式；内部网培训是指通过组织内部网络开展的培训，只面向公司内部员工。

互联网或企业内部网培训的优势在于它不受时间和空间的限制，有利于节约成本、提高效率并易于控制，同时它使受训者信息共享、有效沟通，也使得培训项目的更新过程变得简化。但是这种方法不能解决广泛视听问题，难以制定和修改采用线性学习方式的培训课程。这种方法需要建立良好的计算机网络系统，成本比较高，并且对有些内容如设备的操作、人际关系交往能力的培训等并不适合。

3．多媒体培训

多媒体培训是把视听培训和计算机辅助培训集合在一起的培训方法。它综合了文本、图表、动画及影像等视听手段，受训者可以用互动的方式来学习培训内容。多媒体培训的普及程度已经相当高。随着网络普及度的进一步提升和网络容量的不断增加，网络多媒体培训无疑会成为最具诱惑力的培训方式。但是该方法不适用于人际交往技能的培训。

多媒体培训也有其自身的优缺点，如表4-5所示。

表4-5　多媒体培训优缺点分析表

优势	劣势
自我控制进度 互动性 内容具有连续性 不受地理位置限制 反馈及时 内置式指导系统 可利用多种知觉 可监测和证实掌握程度 可以不向外人公开	开发费用昂贵 对某些培训内容并不适用 受训者对于运用新技术有所顾虑 不能快速更新 对其效用缺乏认识

（资料来源：李燕萍：《培训与发展 》，北京大学出版社，2017）

新技术对培训产生了重大影响：首先，对培训信息的传递产生了深远影响，企业可以在几个小时内实现对分布在各地的员工的培训；其次，通过新技术可以简化培训管理；最后，新技术还能为培训提供支持服务。

二、培训方法的选择

在进行培训方法选择时，大部分组织会考虑最佳培训方法，而并不是最适合的培训方法。然而，最佳培训方法只是一个相对的概念，对不同的培训对象、培训内容和培训环境而言，只能是某一种方法最适合，但是并非最佳的就是最适合的。培训管理者要充分重视培训方法的选择，如果选择了不当的方法将直接影响到受训者对培训内容的理解和接受，以致影响培训的整体效果。

（一）对传统培训方法的选择

在培训历史上，虽然有很多的培训方法，但是不能说哪一种是最好的或者最有效的，必须根据组织的具体培训目标和培训对象来确定哪一种是比较有效的方法。1972年美国学者小卡罗尔、佩因和伊万切维奇共同发布的一项对人事专家的调查结果，为我们提供了借鉴（见表4-6）。该调查要求人事专家对各种培训方法在帮助员工获得知识、改变态度、解决问题技巧、人际沟通技能、参与程度以及知识保持等方面的有效性进行排序，所排列的次序越高（反映在表4-6中即数字较小），则说明专家认为此方法越有效。

表4-6 培训方法的有效性比较

培训方法	获得知识	改变态度	解决问题技巧	人际沟通技能	参与程度	知识保持
案例分析	2	4	1	4	2	2
研讨会	3	3	4	3	1	5
授课（含讨论）	9	8	9	8	8	8
游戏	6	5	2	5	3	6
电影	4	6	7	6	5	7
程序化教学	1	7	6	7	7	1
角色扮演	7	2	3	2	4	4
敏感性训练	8	1	5	1	6	3
电视教学	5	9	8	9	9	9

（资料来源：Leap T L，Crino M D. Personal, Human Resource Management. MacMillan, 2010）

作为一名培训者或管理者，在培训工作中时常会面临培训方法的选择。如何在大量的培训方法中选用合适的一种？培训者或管理者需要根据每一种培训方法的特点，将其在学习环境、培训成果转化、成本和效果等方面进行比较，然后加以选择。培训管理者可以根据表4-6中对各种方法在各环节的高、中、低评价进行选择。

通过表4-6的描述，培训方法的选择应从以下几方面考虑：

（1）确定酒店培训的预期学习成果，包括言语信息、智力技能、认知策略、态度和运动机能。

（2）分析酒店的培训环境，主要是看有没有明确的培训目标、实践机会、培训内容、反馈系统以及与他人交流的情况。

（3）考虑学习成果转化程度，培训内容与培训环境的相似程度越高，就越有可能实现培训成果的转化。

（4）分析两种成本，即开发成本和管理成本，然后根据酒店的具体财力和培训预算选取合适的方法。

（5）最后要顾及培训效果，它基于理论分析研究和受训人员的主观感受。

（二）对新技术培训方法的选择

从学习效果、学习环境、培训转化、成本和效果等方面来对新技术培训方法进行分析，可以得出以下趋势：新技术培训方法虽然需要高昂的研发费用，但管理成本较低，且不受空间和时间限制，逐渐完善后将产生良好的效果。

尽管传统方法依然有效并很受欢迎，但是在以下情形下，建议考虑采用新技术培训方法：

（1）有充裕的资金来开发和应用某项新技术。

（2）受训者分布在不同区域，培训交通、住宿等费用过高。

（3）受训者乐于采用与网络相关的新技术。

（4）新技术的推广是组织的经营战略，新技术可以应用于产品制造或服务过程中。

（5）培训安排和员工工作时间有冲突。

（6）现有培训方法对实践、反馈、评估的实施有严格的时间限制。

（三）培训内容与培训方法

方法以内容为核心，为内容服务，是选择培训方法的原则之一。在进行知识型内容培训时，就不宜使用角色扮演法，讲授法应为首选，因为其内容涵盖面广、理论性较强；而在讲授技能型课程时，选择角色扮演法反而会比讲授法更加合适，因为它强调的是培养受训者的实际操作能力；以态度转化为目的的培训内容，游戏法则是培训的最佳选择，通过游戏使受训者在轻松愉快的活动中受到启发，领会团队精神的意义，认识到服务心态对工作的重要性。

不同的培训方法适用于不同的培训内容，培训者应该根据培训的具体内容选用适合的培训方法，使方法和内容相得益彰。培训内容与培训方法的对应关系如表4-7所示。

表4-7 培训内容与培训方法的对应关系

培训课程内容	适合的培训方法
领导艺术与科学	研讨法、案例分析法
战略管理	案例分析法、研讨法
管理理论	讲授法
产品相关知识	讲授法、视听法
营销相关知识	讲授法、案例分析法
财务与会计知识	讲授法、实地参观法
品牌管理	案例分析法
销售渠道管理与建设	座谈会法
管理技能	角色扮演法
销售技能	角色扮演法、案例分析法
服务技能	角色扮演法、案例分析法
人际沟通技能	角色扮演法、案例分析法
商务谈判技能	角色扮演法、研讨法

培训课程内容	适合的培训方法
创新技能	实地参观法、游戏法
团队精神培养	游戏法
服务心态调适	游戏法

国际品牌酒店培训用的方法可以简单地概括为：告诉你（Tell You），就是告诉你如何做；做给你看（Show You），就是做示范；跟我学（Follow Me），就是让你试着去做；纠正你（Check You），就是对你所做的事情进行检查并纠正你的错误。

➡相关链接

成人学习的16条原理

根据成人学习的特点来选择相应的培训方法。汤姆·W.戈德总结了成人学习的16条原理：

1. 成人喜欢在"干"中"学"。
2. 成人是通过与原有知识的联系和比较来学习的。
3. 培训最好能应用实例。
4. 成人倾向于在非正式的环境氛围中学习。
5. 培训应该增添多样性。
6. 培训应该能消除学习者的恐惧心理。
7. 培训师应该是学习的促进者和推动者。
8. 明确学习目标。
9. 反复实践，熟能生巧。
10. 引导启发式的学习。
11. 良好的初始印象能吸引学习者的注意力。
12. 给予信息反馈。
13. 循序渐进，交叉训练。
14. 培训活动紧扣目标。
15. 培训师要有激情。
16. 重复学习，加深记忆。

（四）培训对象与培训方法

在具体的培训工作中，培训者所面对的培训对象往往具有很大的差别，如新员工与老员工、普通员工与高层员工、本土员工与非本土员工等。培训对象不同，培训方法也应有所变化，不然就不能收到预期的培训效果。

对于新员工而言，缺乏对企业的了解，只靠讲授法是不够的，很多酒店会把新员工放到实习岗位上，以期提高其对酒店的感性认识和理性认识；对于普通员工来讲，由于受知识水平、工作性质等影响，希望接受轻松、易懂、实用的培训，因此多采用角色扮演法、游戏法或者实践练习等方式；本土员工和非本土员工因为文化背景和宗教信仰等的不同，在观念、习惯和行为方式上都会有较大区别，培训者应加强跨文化交流，采用适当的培训方法来进行培训。

总之，培训方法的选择也要因人而异，培训者要充分考虑培训对象的具体的、特殊的情况，做到因材施教，以达到满意的培训效果。

任务四　评估培训效果

培训效果评估是指根据组织的培训目标和需求，运用科学的理论、方法和程序从培训项目中收集数据，对培训制度、培训过程、培训计划、培训内容和培训费用进行综合分析，评估培训效果，来确定培训的质量和价值的过程。培训效果既有有形效果和无形效果之分，又有长期效果和短期效果之分，还有直接效果和间接效果之分，因而，培训效果的评估是一个十分复杂的过程。

培训效果评估在整个培训系统中起到承上启下的作用，既是对上次培训的总结，又是对下次培训的铺垫。培训评估的最终目的是验证培训是否起到了作用，避免酒店在培训上的无效投资，有利于对培训的全面管理和质量控制。

一、培训评估概述

虽然培训的重要性得到了大多数组织的重视，但是因为培训效果难以用直观手段测量而且很难实行量化，这样就使得组织对培训投资失去信心。因此，培训效果评估的实施和完善，是培训系统良好运转的重要环节。

（一）培训效果评估的作用

培训效果评估在酒店培训和发展体系中具有以下作用：

1. 证明培训活动的成就，突显培训的价值

培训效果评估可以使酒店决策者、培训管理部门、管理层和受训者对成功的培训或工作做出肯定评价，清楚地认识到培训活动为酒店带来的实际效果，提高培训投资和受训者参与培训的积极性。

2. 提供比较和判断的依据

培训效果评估可以提供比较和判断的依据，使受训者意识到培训给个人能力和业务水平所带来的提升，增强受训者继续参与培训的信心和学习欲望；从经营者角度来看，判断标准的确定，可以使经营者对培训投入产生心理安全感，以更加支持的态度来实施培训。

3. 促进培训设计能力和信息利用能力的提升

评估是对相关培训信息处理和应用的过程。通过对这些信息的重新审定和评估，使得培训管理者对信息有了更强的认识能力，从而增加了培训设计能力。

4. 实现对培训者的有效监督

培训评估可以较为客观地评价培训者的工作，对其培训水平、职业素养、培训质量和效果做出正确的评价，达到对培训者的柔性监督目的。

5．监督培训资金的有效使用

通过评估，可以跟踪培训资金的具体使用情况，从而说明培训活动的支出与收入的效益，使培训资金得到更合理的配置并产生更积极的效用。

（二）培训效果评估的原则

1．客观性

客观性原则要求评估的实施者在评估过程中，要坚持实事求是的态度，避免主观臆断和刻板印象的影响，尽量保持评估的可靠性、真实性和客观性。

2．一致性

一致性是指在评估过程中要使评估标准与培训目标、培训主体、培训计划、受训者水平相一致。该原则要求评估者根据培训的各个环节和培训的具体环境制定标准，保证评估的公正合理性。

3．实用性

实用性原则是指评估方法要具有可操作性，评估标准要有具体落脚点，避免评估方法和评估标准的不切实际。评估者要把握好评估最佳时机，利用操作性强、简单有效的评估方法进行培训效果的评估。

4．连续性

连续性原则是指评估工作不是一次性事件，而是前后衔接的、长期的培训管理环节之一。唯有保持评估的连续性，才能使评估发挥积极作用进而使培训工作达到预期效果。

二、培训评估方案设计

进行培训效果的评估首先要选择一种适合需求的培训评估类型，进而利用选择的评估类型对培训进行全面评估。

（一）培训评估方案设计类型

1．柯克帕特里克的四级评估模型

国内外运用最为广泛的培训评估方法是由柯克帕特里克（Kirkpatrick）于1959年提出的培训效果模型。他从评估的深度和难度将培训效果分为四个递进的层次。一级评估是反映层，针对受训者对课程及学习过程的满意度调查，包括培训内容、培训师、方法、材料、设施、场地等评估；二级评估是学习层，在受训者完成培训后，对其所保留的学习效果进行评估，可以通过笔试、技能操作或工作模拟等方式进行评估；三级评估是行为层，重点评估受训者对培训内容的应用及应用熟练程度，评估培训给受训者行为上带来的改变以及改变程度，评估受训者在工作中可观察到的变化及培训实施前后的变化程度；四级评估是结果层，其重点是评估个人绩效和组织绩效是否有了提升以及提升的速度和程度，分析行为变化产生的具体结果对组织和个人所产生的效益。

摩托罗拉的四级评估体系

摩托罗拉将整个培训的评估分为4级水平：

水平1：考察学员对所学课程的反应。

其目的在于考察学员对课程的满意度。如在摩托罗拉，每个员工参加培训后都要填写一份课程评估表，其中的问题包括学员对教师、教材、时间安排等各项问题的评估和建议。这些都将成为课程设计部改进课程的重要依据。

水平2：考察学员对课程内容的掌握程度。

为了不增加学员的额外负担，摩托罗拉采取许多灵活、有趣的方式对学员的学习情况做出评估，如游戏等。

水平3：考察学员是否将所学知识转化为相应的能力。

由于知识转化为能力需要时间，因此对能力的评估需要较为先进的评估方法。例如，为了配合摩托罗拉在华四大业务方针之一的加速管理人员本土化进程，MU设计发展了"中国强化管理培训"。学员在即将接受培训前，要接受多项评估以确定其培训前的能力水平，接受培训后3~6个月，再次进行能力评估。通过比较分析两次评估结果，就可确定培训学员能力发展所带来的影响和作用。

水平4：考察培训投资是否为各事业部及员工个人带来效益。

例如，摩托罗拉公司于1992年推出"六西格玛黑带"项目计划，其目的是培训一批具有丰富经验的专业技术人才，在其领域内推广、应用解决问题的技能和改进质量系统，从而取得产品在设计、制造、服务等各方面的不断进步。经过几年的发展与完善，黑带计划显现出巨大的功效。对黑带计划第4水平的评估结果表明，黑带专业人才带领团队有效地改善了公司内部的质量并提高了生产率，为公司带来了丰硕的成果和回报率。

2. CSE评估模型

CSE是加利福尼亚大学评价研究中心（Center for Study of Evaluation）的简称，由该中心研究出来的评估模式称为CSE评估模型。CSE评估模型对整个培训过程分阶段进行评估，从而有效获得培训过程中各阶段、各环节的可靠信息，及时对实施中的培训进行控制、调整和改进，使培训达到预期的目标。

CSE评估模型的四项评估分别为：①培训需求评估，主要是参照已完成的培训需求结果与培训课程效果进行比较，评估现实与目标之间是否一致；②培训计划评估，分析培训计划中设计的培训项目能否实现相应的培训目标，针对每一项培训目标分析、评估所用培训方法是否合适，检查培训项目是否有遗漏和问题，并及时修正和补充；③培训形成性评估，以确定的培训项目为基础，结合培训跟踪记录，对培训教学状态及影响效果进行评估，利用反馈机制达到促进教学过程优化的目的；④培训总结性评估，是在培训结束后，对培训者的教学和受训者的学习效果进行最终评定，并对被评估者做出某种"登记"或"资格"的认证。

3．CIPP评估模型

CIPP由情景（Context）、输入（Input）、过程（Process）和成果（Product）的英文首字母构成，代表该模型中最基本的四种评估。经过几十年的不断完善和修正，CIPP评估模型已经比较成熟，国际上一些有影响力的项目均采用了这一评估模型。

CIPP评估模型所包含的四种评估分别为：①情景评估，旨在确定与培训相关的环境，鉴别其需求和机会，并对特殊的问题进行诊断，有助于确定培训目标；②输入评估，所提供的信息资料可被用于确定如何最有效地使用现有资源才能达到培训项目的目标，有助于确定项目规划和设计的总体层面是否需要外部协调；③过程评估，为那些负责实施项目的人员提供信息反馈，进而指导实施过程；④成果评估，主要是对目标结果进行衡量和解释，包括对预定目标和非预定目标进行衡量和解释，有助于审查决策。

（二）培训评估方案的选择

培训评估方案的选择不是任意的，应该根据组织的评估目的来加以选择，同时也要考虑以下几个因素：

（1）评估方案的可行性。

（2）评估方案所提供信息的准确性。

（3）评估方案对评估目标群体的可信度。

（4）实施评估方案的具体成本。

（5）评估方案实施过程对正常活动的干扰程度。

（6）评估方案需要占用受训者和管理人员的时间。

三、培训效果评估的实施

培训评估的开展要遵循科学的程序，评估工作只有尽量做到全面、客观，才能收到预期的评估效果，达到评估目的。

（一）培训效果评估的步骤

培训效果评估一般可以分为以下五个步骤：

1．做出评估决定

一般由培训管理部门根据整体培训体系的进度和要求，结合培训实施的具体进度而做出评估决定。做出评估决定是培训评估的第一步。

2．制定评估方案

根据评估的具体要求和目的，选用适合评估需求的培训评估方案，并结合组织的实际最终确定培训评估方案的实施途径和方法。制定评估方案是培训评估的实施前提。

3．收集评估信息

收集评估信息是进行评估的重要环节，也是耗时最长的环节，其质量决定着培训评估的信度和效度。因此，要采用适当的信息收集方法和收集渠道。

4．整理分析收集的数据

先对收集来的数据进行整理，然后再对整理好的数据进行分析。分析时可以采用趋势曲线分析法，在此基础上再进行趋势预测；也可以采用学员评价法，直接从参加培训的学员那里获取信息。

5．撰写评估报告

在前面四步的基础上，综合以上信息并对培训评估结果和趋势做出分析，形成培训效果评估报告。

（二）培训效果评估的范围

培训效果评估的范围主要包括以下几个方面：

（1）培训需求评估、培训计划与方案评估、培训过程评估、培训效果评估。

（2）对受训者的反应情况、知识技能的增长情况、工作表现情况以及组织效益进行评估。

（3）对培训目标与内容、培训工作过程进行评估，对培训后的受训者进行考核评估、培训收益评估、跟踪评估等。

（三）培训效果评估方法

在培训效果评估过程中，常用的评估方法有以下几种：

1．测试比较评估法

培训实施前和结束后分别用难度相同的测试题对受训者进行测试。如果受训者在培训结束后的测试成绩比开始时有明显提高，则表明经过培训确实提升了受训者的知识、技能或能力。

2．工作绩效评估法

培训结束后，每隔一段时间（如3~6个月）以问卷调查或面谈的形式，了解受训者在工作上取得的成绩。通过调查比较，确认培训工作是否具有成效。

3．工作态度考察评估法

对受训者在接受培训前后的工作态度进行比较，如果通过培训受训者的工作态度有明显好转，则表明培训工作是有效的。

4．工作标准对照评估法

通过判断受训者在工作数量、质量、态度、效率等方面能否与工作标准相吻合，来确定培训工作是否有效。

5．员工横向比较评估法

对同级员工中受训者与未受训者的工作情况进行比较，根据比较结果判断培训工作的成效。如果两者的工作情况差别较大，受训者好于未受训者则说明培训工作是成功的；反之，则说明培训效果不能满足需求。

6．纵向参照评估法

培训结束一段时间后，培训管理部门向受训者的上级或下属了解其在工作上的具体表现。如果得到正向、积极的评价，则说明培训效果良好。同时，培训管理部门要充分考虑这种评估法的公正性和客观性。

项目三 │ 员工职业生涯设计

职业生涯，是指一个人一生中从事职业的全部历程。这整个历程包含一个人所有的工作、职业、职位的变迁，以及工作态度、价值观、愿望等的连续性经历。职业发展对于员工和组织都有着重要的意义。

任务一　明确员工职业生涯设计的意义

职业生涯规划也被称作职业生涯设计，是指个人发展与组织发展相结合，通过对职业生涯的主客观因素分析、总结和测定，确定一个人的奋斗目标，并为实现这一目标而预先进行生涯系统安排的过程。职业生涯设计分个人职业设计和组织职业设计两个方面。在任何社会、任何体制下，个人职业设计都更为重要，它是人的职业生涯发展的真正动力和加速器，其实质是追求最佳职业生涯发展道路的过程。

员工职业生涯设计的作用在于帮助员工树立明确的目标与管理方向，运用科学的方法、切实可行的措施，发挥个人的专长，开发自己的潜能，克服生涯发展困阻，避免人生陷阱，不断修正前进的方向，最后获得事业的成功。

员工职业生涯设计的目的，绝不只是帮助个人按照自己的资历条件找到一份工作，达到和实现个人目标，更重要的是帮助个人真正了解自己，为自己订下事业大计、筹划未来，进一步详尽估量主客观条件和内外环境的优势和限制，在"衡外情、量己力"的情形下，设计出符合自己特点的合理而又可行的职业生涯发展方向。

只有设计好员工的职业生涯，把企业的职业规划最大限度地变成人力资本，企业才能最终实现未来的愿景。作为酒店职业设计的重要组成部分，员工职业生涯设计理应是酒店人力资源部的重要工作任务。

任务二　设计员工职业生涯

酒店设计员工职业生涯需要综合考虑多方面因素，从员工自身实际出发，在明确员工所处的职业生涯阶段和制定员工职业生涯发展路径的基础上，帮助员工设计符合员工与组织需要的职业生涯。具体来说，酒店设计员工职业生涯的程序包括以下三个部分。

一、明确员工所处的职业生涯阶段

多年以来，研究人员一直在试图找出员工在其职业生涯中所面临的自我发展的主要任务，并把它们划分为较粗略的不同职业生涯阶段。虽然在这方面人们已经建立了一些模式，但是对于这些模式的准确性几乎还没有人研究过。人们对这一领域里的研究结果进行考查，结果发现几乎没有什么证据能够证明职业生涯阶段的存在。此外，在职业生涯阶段是否与人的年龄有关这个问题上，也是众说纷纭。大多数理论家虽然给出了每一职业生涯阶段的年龄范围，但这种年龄范围的出入很大。所以，若将职业生涯阶段与时间联系起来考虑，似乎更合理一些。也就是说，根据每个人的背景和经历，让一只"职业时钟"在不同的时点开始为他计时。表4-8就是以成年人生命周期阶段划分的一个模型。虽然这个模型综合了多位研究者的研究成果，但我们在这里讨论这个模型并不意味着它比别的模型更好。应该说，它同别的模型一样，只是一个粗略的划分标准，并不是对现实的准确描述。

表4-8　成年人生命周期各阶段的特点

生命阶段	主要心理活动	标志事件	态度特征
离开家庭 16～20岁	心理上将自己与家庭分离开来；减少自己对家庭的依赖性；开始建立新家庭；把自己看作成年人	离开家庭；进入社会，并对自己的生活做出独立自主的安排；上大学，出外旅游，参军，参加工作等；开始决定自己准备学什么；开始选择职业；开始恋爱	在"继续待在家中"和"脱离家庭"之间权衡
进入成年人世界 20～27（或29）岁	探索进入成年人世界的可能性，并开始想象自己已是一个成年人。开始形成最初的生活结构；发展寻求友谊的能力；开始幻想；找到一位可以作为良师益友的伙伴	暂时投身到职业中去，处于职业生涯的第一个阶段；被聘用；适应职业环境；辞职或被解雇；失业；迁徙；结婚；决定要生一个孩子；小孩开始上学；购置一幢房屋；社区活动；在组织中任职	我行我素；为未来而生活和奋斗；暂时投身工作，工作只是权宜之计
30岁时的转变 30岁左右	重新检查自己的生活结构和当前所从事的职业；做一些必要的改变，特别是尽力去实现20来岁时没有来得及实现的奋斗目标	改变自己的职业，或是在某一行业里改变专业方向；重新回到学校读书；爱情；分居；离婚；再次结婚	什么是生活的全部含义？我是否在做我应该做的事？我希望从生活中得到什么？
专心致志地工作和生活 30岁出头	更加努力；更加投身到职业中去，更关心家庭；为自己认为有价值的事而奋斗；对于一位有事业心的男子或是职业妇女来说，开始成为本行业中年轻有为的成员；制定一张时间表，将自己对生活的幻想变成具体的长远奋斗目标	寻找合适的职业；热衷于家庭活动，挣钱；小孩已长大，母亲可以重新返回学校读书	希望能使自己的生活更稳定、更有条理，并通过制定和实现长远目标来"使希望变成现实"

生命阶段	主要心理活动	标志事件	态度特征
开始成为一个独立自主的人 35～39岁	成为本行业中有影响力的人物；有意减少对上司、批评家、同事、配偶和挚友的依赖性；在一些重要场合力求有自己的独立性并希望得到社会的认可；越来越愿意承担家庭义务，同时也去寻求有价值的东西；独自参加一些活动	获得关键性的提升；得到别人的赏识	已没有了原来那种青春朝气；期待人们的认可；时间开始不够用；日子开始令人烦恼
中年时期的转变 40岁出头	使生活结构与自我表现更加相互适应；竭力消除内心对生活的感受与自己对生活的期望之间的差异	面对现实，从对生活的幻想中清醒过来；改换职业；再一次结婚；一无所有；寻找自己的第二职业；朋友、同胞兄弟姊妹或儿女去世	感受到体力的衰减、年龄的增加和死亡的接近
重新稳定下来 42～49岁	欣赏自己对生活所做的抉择及生活方式	成为别人的挚友；和同事及年轻的朋友们一道分享知识和技能；为下一代做出自己的贡献；又有了新的兴趣或爱好	回味自己的选择，考虑生活的意义
进入50岁 50～54岁	再一次检查生活结构与自我的适应程度；需要改变自己生活道路上的方向；有些人还走上了新的开端	寻找职业机会；职业地位发生变化	为了达到既定目标，实现自己的凤愿，做出不得已的生活变动——或许这样做已太迟了，但它们的确是自己后半生乐意去做的事
再一次稳定下来，开始熟谙世故，事业达到鼎盛期 55～60岁	取得重大的成就	在事业上会出现新的机会；又有新的希望满足自己的理想；自己定义成就	在感情和待人处世方面变得老练；配偶变得越来越重要；自我宽慰
生活道路的回顾，生命结束 60岁以上	接受生活中所发生的一切，认为它们都是有价值、有意义的；回顾评价自己的生活和自己在生活中所做的选择	自己和自己的配偶都已退休；朋友、配偶和自己的去世	回顾自己一生中的所作所为；希望能永远享受人间的喜怒哀乐；依恋家庭；考虑到死亡

员工的职业生涯是一个连续的、长期的发展过程，职业选择和调整贯穿于员工的整个职业生涯。一般而言，员工的职业发展都要经过探索期、建立期、职业中期、职业后期和衰退期。

（一）探索期

人们往往在开始工作前就对他们的职业做出了初步的决策。亲人、老师、朋友以及影视节目等的影响，使人们在生命的很早时期就逐渐缩小了自己职业生涯选择的范围，并使其朝着一定的方向发展。

对于绝大多数人而言，职业探索期会在他们20多岁从学校步入职业岗位时结束。因为职业探索阶段发生在就业之前，所以从组织的立场来看，它似乎与此阶段并无关联。但实际上，组织与职业探索阶段是不无关系的。人们正是在这一阶段形成了对其职业生涯的一种预期，其中的很多预期是很不现实的。这种预期当然可能在头些年潜藏不露，后来突然暴露出来，使员工本人和雇主都遭受不应有的挫折和损失。

（二）建立期

建立期始于寻找职业和找到第一份职业，它包括被同事所接受、学会如何做本职工作，以及取得在现实中成功或失败的第一次真实体验等历程。这一阶段的特征是，逐渐改进职业表现，不断发生错误，也不断从错误中汲取教训。

（三）职业中期

许多人面临第一次严重的职业危机是在进入职业中期阶段以后。在这一时期，一个人的绩效水平可能持续改进，也可能保持稳定，或者开始下降。这一阶段的重要特征是，职业中期的人已不再是一个"学习者"，错误容易使人付出巨大的代价。成功地经受住这一转换阶段挑战的人，可能获得更大的责任和奖赏。而其他人可能要面临自身能力再评价、变换职业、重新安排优先考虑的事项或者寻求另一种生活方式（如离婚、重返学校念书、迁居到外地等）。

（四）职业后期

对于那些通过了职业中期阶段继续发展的人来说，职业后期阶段通常是个令人愉快的时期。这时，他们可以有所放松，并且扮演一种元老的角色。他们以自己多年日积月累并经过多次经历验证的判断力，以及与其他人共享知识和经验的能力，向组织证明其存在的价值。那些在前一阶段绩效水平已经停滞或有所下降的人，在职业后期阶段将会认识到这样一个事实，即他们对于现实世界将不再拥有曾经想象的那种持久的影响力或改变能力。正是在这一时期，人们会意识到需要减少职业的流动，从而可能安心于现有的职业。

（五）衰退期

职业历程的最后阶段对每个人来说都是艰难的，但富有讽刺意味的是，对于那些在早期阶段持续获得成功的人来说，它可能更为艰难。伴随着几十年的成就和高水平的绩效表现，现在猛然间就要退休，被迫退出这个充满光辉的舞台，容易使人感到失去了一种重要的认同感。而对于早年绩效表现一般，或已经看到自己的绩效水平在下降的人来说，这或许还是一个令人舒心的时期，他们将远远地把职业中的烦恼抛在身后。

酒店员工一般以年轻人为主，大部分处于职业探索期或建立期阶段。酒店人力资源管理者对于员工职业阶段的认识，将给处于不同阶段的员工进行职业生涯规划带来极大的帮助。

二、制定员工职业发展途径

职业发展途径是企业为员工实现其职业生涯规划指明方向并给出实施计划的具体方法。员工职业生涯的发展途径大致可以分为以下四种类型：纵向职业发展途径、横向职业发展途径、网状职业发展途径及双重职业发展途径。

（一）纵向职业发展途径

纵向职业发展途径也是传统发展途径，是指员工在组织内从一个层级到另一个层级纵向发展的过程。纵向发展途径具体表现为职务的晋升和待遇的提高。例如，某饭店的餐饮部管理人员的纵向职业发展途径，可以是"中（西）餐厅服务员→领班→中（西）餐厅经理助理→中（西）餐厅经理→餐饮部经理助理→餐饮部经理→餐饮部总监→饭店副总经理→饭店总经理"。纵向职业发展途径的优点是直线向前，清晰明了，让员工清楚地了解自己向前发展的特定程序。其缺点是，随着现代企业组织结构趋向扁平化，职位等级减少，可能产生多人走独木桥的情况，使一些员工走这条途径的可能性有所减少。

（二）横向职业发展途径

横向职业发展途径是指员工跨越职能边界的工作变换。例如，员工从餐饮部到客房部。横向职业发展途径的优点在于能够扩大员工的知识面，积累多方面的工作经验，从而提升员工自身的价值。

（三）网状职业发展途径

网状职业发展途径是指综合纵向和横向的一系列工作职务发展，它承认在某些层次上的经验的可替换性，以及晋升到较高层次之前需要拓宽本层次的经历。网状职业发展途径比纵向或横向发展途径更具有现实性，因为员工很难完全走纵向发展的途径。一般来说，员工在晋升到某一高度之后，会在该层次上横向调动以积累足够的技能和经验，然后才被提升到更高的层次上去。

（四）双重职业发展途径

双重职业发展途径是指组织根据员工的实际情况，为员工建立一种平行的职业途径：一是管理类职业；二是技术类职业。在管理类职业阶梯向上晋升，员工将拥有更多的决策权和责任。在技术类阶梯上晋升，组织将给予员工更多的资源进行开发和研究，使其更具有自主权和独立性，而且走技术途径的员工可以转走管理途径。

酒店由于考虑到人力资源管理成本，一般实施的是网状职业发展途径，只有少部分国有酒店或者酒店的个别部门（如酒店厨房）实施双重职业发展途径。

三、设计员工职业生涯

员工职业生涯规划为员工一生的职业发展指明了路径和方向。酒店设计员工职业生涯时需要从以下几个方面入手：

（一）进行员工评价

1. 评价员工个人能力

肯定个人能力的有效方法是不断地观察他的日常工作，直到能做出正确判断为止。观察的要点是：劳动质量（要做的工作必须完满、正确、利落地完成）、劳动数量（能完成规定的目标、定额，而且在一般水平之上）、可靠性（在没有经常监督的条件下，可靠程度高，对可靠程度的考核包括缺勤和迟到）、判断力（指在没有详细指导下对事物的判断能力）、合作（指与同级、上级及其他人员在劳动上的和谐程度及效率）、态度（对职业及酒店的关心程度）和交际能力（礼貌、机警、愉快、愿意帮助他人，有效地表达自己的思想感情）。

许多酒店都有对员工的评估系统，有的采取五分制，有的采用"优、良、中、下"评定制等。不论采用哪一种方法，绝不能只重形式，而应注重判断员工的才能。

在对员工能力及其业绩进行评估时，应注意所谓"光圈效应"，即用一个正面或反面的行为或因素来美化或丑化整个行为。酒店人力资源部的偏见或爱好常常形成一个正的或负的光圈，作为评定人物的依据，这就是"光圈效应"。

2．肯定员工个人职业兴趣

了解员工对他当前工作和今后工作的想法的唯一正确方式，就是直接询问下级，找他们交谈。交谈的要点应是：

你喜欢你现在的职业吗？

你打算以现在的职业为事业吗？

你的长远打算是什么？短期打算又是什么？

你想通过自学或上夜校来提高自己的业务能力吗？

你打算采取什么措施增加你的业务知识？

3．考虑员工个人经验背景

肯定了员工的能力和职业兴趣以后，酒店人力资源部应进一步考虑其经验和教育背景。同时，酒店人力资源部还应考虑员工的劳动表现中有哪些有助于他的发展，又有哪些会妨碍他的发展，对那些影响劳动的表现应及时提出。

（二）评估员工职业环境与职业发展机会

个人要想谋求职业生涯的成功发展，就必须考虑外部环境的需求和变化趋势，也就是做到"知彼"，力求适应环境变化，进而有所突破。酒店评估员工的职业环境与职业发展机会，主要是评估各种环境因素对员工职业发展的影响，尤其是全面、正确地评估组织因素的影响。

（三）帮助员工设定职业生涯目标

大多数员工对自己的将来没有明确的发展目标，所以，酒店人力资源部应鼓励每个员工确定自己的目标。开始时，目标可以是简单的、短期的，然后确立长期目标。确定目标时应考虑员工的兴趣、经验和教育背景。长期目标应宏观一些，短期目标则应具体一些。

（四）帮助员工确定职业生涯路线

职业生涯目标确定后，向哪一条路线发展，此时要做出选择。例如，是向行政管理路线发展，还是向专业技术路线发展，抑或是先走技术路线，再转向行政管理路线等。发展路线不同，对职业发展的要求也不相同。由于绝大多数酒店实行的是网状职业发展途径，因此，酒店应鼓励员工走网状职业发展途径。

（五）制定员工职业行动计划

制定职业生涯行动计划就是酒店人力资源部引导员工为了达到其长、短期的职业生涯目标应采取的措施。具体措施包括工作、培训、教育、轮岗等。需要指出的是，制定员工职业行动计划时应与酒店整体行动计划相一致。

（六）评估与调整

由于在规划过程中，所考虑的内在和外在、主观和客观的因素较多，而且这些因素会随时间的推移而变化，因此为了确保规划的可行性和有效性，必须随时对生涯规划的内容加以评估。此外，在实际实施的过程中，也会发现当初做规划时未曾想到的缺点与执行后的困惑。所以，规划每实施一段时间后，有必要就计划执行的方法做出评估。

另外，实施员工职业生涯规划时，必须为日后可能的计划调整而预留余地。调整的依据是每次的成效评估。至于计划调整的时机，必须考虑以下三点：定期检测预定目标的达成进度；每一阶段目标达成之时，依据实际达成的状况修订未来可采用的策略；客观环境改变足以影响到计划的执行。

能力训练

1. 编制一份员工手册培训计划书。
2. 试用游戏法对同学进行协作精神培训。
3. 设计一份酒店员工培训需求调查问卷。
4. 综合考虑你自己的情况，为你自己做一份职业生涯设计。

思考与练习

1. 分析酒店培训方法的选择及其优缺点。
2. 试分析以下案例，并回答相关问题。

某酒店的新员工培训四部曲

好的培训方式能够帮助新员工正确、客观地认识企业，进而留住他们的心。某酒店借鉴海尔企业的四部曲培训法，对新进员工进行培训。

第一部：使员工把心态端平放稳

此阶段的工作主要是消除新员工的顾虑——现实与预期不符的顾虑。酒店首先会肯定待遇和条件，然后举行新老员工见面会，让老员工讲述在酒店的亲身经历，使员工尽快客观地了解酒店。同时人事部及其他部门的领导面对面地与新员工交谈，解决新员工心中的疑问，不回避酒店存在的问题，并鼓励他们发现、提出问题，还与员工就升迁机制、生活方面，以及如何进行职业发展规划等问题进行沟通。

第二部：使员工把心里话说出来

酒店给每位新员工都发了"合理化建议卡"，对于员工的合理化建议，酒店会立即采纳并实行，对提出人还有一定的物质和精神奖励。而对不适用的建议，酒店也给予积极回应，让员工知道自己的想法已经被考虑过，他们会有被尊重的感觉，更敢于说出自己的心里话。

第三部：使员工归属感"养"起来

"酒店就是要创造感动！"在酒店每时每刻都在产生感动。领导对新员工的关心真正到了无微不至的地步。军训时，人事部的员工会把新员工的水杯一个个盛满酸梅汤，让他们一休息就能喝到；领导专门从外地赶回来和新员工共度中秋；酒店领导对员工的祝愿中有这么一条——"希望你们早日走出单身宿舍"（找到对象）。酒店还为新员工统一过生日，每个人都能得到一个温馨的小蛋糕和一份精致的礼物。酒店总经理特意抽出半天时间和新员工共聚一堂，沟通交流，让他们找到了"回家"的感觉。

第四部：使员工把职业心树起来

酒店对新员工的培训除了开始的导入培训外，还有其他一系列的培训。酒店花费近半年的时间来全面培训新员工，其目的是让员工真正成为酒店人。

思考题：

（1）你认为入职培训中最重要的是什么？

（2）你觉得该酒店的入职培训有何特色？

■ 知识拓展

培训小故事

故事一：

曾经有个小国派使者到中国来，进贡了三个一模一样的金人，金碧辉煌，把皇帝高兴坏了。可是这小国不厚道，同时出一道题目：这三个金人哪个最有价值？

皇帝想了许多的办法，请来珠宝匠检查，称重量，看做工，都是一模一样的。怎么办？使者还等着回去汇报呢。泱泱大国，不会连这个小事都不懂吧？

最后，有一位已退位的老大臣说他有办法。

皇帝将使者请到大殿，老大臣胸有成竹地拿着三根稻草，将第一根稻草插入第一个金人的耳朵里，稻草从另一边耳朵出来了；第二根稻草从第二个金人的嘴巴里直接掉出来；而第三个金人，稻草进去后掉进了肚子里，什么响动也没有。老大臣说：第三个金人最有价值！使者默默无语——答案正确。

这个故事告诉我们，最有价值的人，不一定是最能说的人。老天给我们两只耳朵一个嘴巴，本来就是让我们多听少说的。善于倾听，才是成熟的人最基本的素质。

故事二：

陈阿土是个农民，从来没有出过远门。他用攒了半辈子的钱，参加了一个旅游团出了国。国外的一切都是非常新鲜的，关键是，陈阿土参加的是豪华团，一个人住一个标准间。这让他新奇不已。

早晨，服务生来敲门送早餐时大声说道："Good morning, Sir！"

陈阿土愣住了。这是什么意思呢？在自己的家乡，一般陌生的人见面都会问："您贵姓？"

于是陈阿土大声叫道："我叫陈阿土！"

如此这般，连着三天，都是那个服务生来敲门，每天都大声说："Good morning, Sir！"而陈阿土亦大声回道："我叫陈阿土！"陈阿土非常生气。这个服务生也太笨了，天天问自己叫什么，告诉他又记不住，很烦的。终于他忍不住去问导游，"Good morning, Sir！"是什么意思，导游告诉了他。天啊，真是丢脸死了！

陈阿土反复练习"Good morning, Sir！"这个词，以便能体面地应对服务生。

又一天的早晨，服务生照常来敲门，门一开陈阿土就大声叫道："Good morning, Sir！"

与此同时，服务生叫的是："我是陈阿土！"

这个故事告诉我们，人与人交往，常常是意志力与意志力的较量。不是你影响他，就是他影响你，而我们要想成功，一定要培养自己的影响力，只有影响力大的人才可以成为最强者。

故事三：

有三个人要被关在某地三年，看守允许他们每人提一个要求，并答应满足他们的要求。

美国人爱抽雪茄，要了三箱雪茄。

法国人最浪漫，要一个美丽的女子相伴。

而犹太人说，他要一部与外界沟通的电话机。

三年过后，第一个冲出来的是美国人，嘴里、鼻孔里塞着雪茄，大喊道："给我火，给我火！"原来他忘了要火了。

接着出来的是法国人，只见他手里抱着一个小孩子，美丽女子手里牵着一个小孩子，肚子里还怀着第三个。

最后出来的是犹太人，他紧紧握住看守的手说："这三年来我每天与外界联系，我的生意不但没有停顿，反而增长了200%，为了表示感谢，我送你一辆劳斯莱斯！"

这个故事告诉我们，什么样的选择决定什么样的生活。今天的生活是由三年前我们的选择决定的，而今天我们的抉择将决定我们三年后的生活。我们要选择接触最新的信息，了解最新的趋势，从而更好地创造自己的将来。

模块五 酒店考核

学习目标

知识目标：
▶ 了解酒店绩效考核的含义和作用
▶ 熟悉酒店绩效考核方案的制定
▶ 掌握酒店绩效考核的方法

能力目标：
▶ 具备制定酒店员工绩效考核方案的能力
▶ 具备设计酒店员工绩效考核表格的能力
▶ 具备设计酒店员工绩效考核指标的能力

课件PPT

案例导入

丽嘉酒店的新员工绩效评估

作为拥有数万名员工的国际性酒店，丽嘉酒店对新聘员工的质量测评方式让人觉得更有人情味，也更灵活一些。它坚持面向顾客征求指导意见，用富有感情色彩的措辞询问顾客在酒店入住的经历：他们有没有感受到关怀？对他们的问候是否温暖和真诚？他们是否感到自己在别人家里做客？这种调查得到的回答看似主观，却构成了丽嘉酒店每个部门"顾客满意度得分"的一部分。

丽嘉酒店采用考核顾客忠诚度的方法来确定新老员工的质量。每月，各部门提交的考核结果汇总到酒店的人力资源部。例如，考核一位客房服务人员的质量时，不单单考察他的职业道德或团队合作能力，还要看他在对顾客的关怀等方面做得到底如何。

这种绩效考核的方式取得了非常好的效果。在顾客评比的酒店表现中，丽嘉酒店在76.3%的时间里取得"最佳表现"，顾客满意度最高。这一数字表明，大多数酒店的表现与丽嘉相去甚远。丽嘉酒店的成功，很大程度上归功于对员工聘用以后所进行的考核以及严格的选拔程序。

多数酒店倾向于在招聘员工时使用严格的选拔程序，而不是在员工聘用后进行考核。丽嘉酒店也采用了一种雇员质量甄选程序，该程序明确规定了对新员工的期望。因此，当新员工接受质量考核时，他们很清楚考核的标准。

（资料来源：宋红超：《世界500强绩效考核准则》，中国经济出版社，2007）

？思考：酒店如何进行有效的绩效考核，从而推进酒店绩效的改进？

绩效考核是现代酒店人力资源管理的基础。酒店每月和每年度都要做绩效考核。一般由酒店人力资源部制定绩效考核计划与方法，各个业务部门负责人负责具体组织实施。实施过程中，需要坚持公平、公开等原则，制定合理的绩效考核方案，设计科学的绩效考核指标，选择适合的绩效考核方法，并做好绩效考核结果反馈与沟通。只有这样，酒店才能科学、规范、高效地进行绩效考核。

项目一 | 绩效考核方案

任务一　明确绩效考核的含义、功能与原则

一、绩效考核的含义

（一）绩效的含义

绩效一般有组织绩效、部门绩效和个体绩效三个层次，但无论是组织层次还是部门层次，绩效的根基都来源于员工的绩效。因此，本书中的绩效是指员工层次的绩效。

对于绩效的含义，学界主要有三种观点：第一种观点认为绩效是结果。如Berrnadin等认为，绩效应该定义为工作的结果，因为这些工作结果与组织的战略目标、顾客满意度及所投资的关系最密切。第二种观点认为绩效是行为。如Borman和Motowidlo认为，绩效包括任务绩效和关系绩效两方面，任务绩效指所规定的行为或与特定的工作熟练有关的行为，关系绩效指自发的行为或与非特定的工作熟练有关的行为。第三种观点认为绩效既包含行为，也包含结果。如Brumbrach认为，绩效指行为与结果。行为由从事工作的人表现出来，将工作任务付诸实施。行为不仅是结果的工具，行为本身也是结果，是为完成工作任务所付出的脑力和体力的结果，并且能与结果分开进行判断。

对于绩效的定义，虽然目前学术界还没有形成一个统一的看法，但我们认为，如果将绩效定义为一种行为而不涉及结果的话，在实践应用当中将是非常困难的。因为并不是行为确定绩效标准，而是与行为相关的组织确定绩效标准。假如不使用结果标准的话，很难想象应该制定什么样的标准去评估绩效。进一步讲，现在很多研究将绩效定义为一种行为，这实际上就抹杀了行为结果在绩效考核中的作用。因此，将前两种观点加以融合，得出的第三种绩效概念则更加完善。

根据上述分析，我们认为绩效是员工在一定时间和条件下完成工作任务所表现出的工作行为和所取得的工作结果，绩效是执行的过程、行为与结果的融合。

（二）绩效考核的含义

绩效考核（Performance Appraisal）又称绩效评估、绩效评价，就是指员工在工作过程中所表现出来的与组织目标相关的并且能够被评价的工作业绩、工作能力和工作态度，其中工作业绩主要衡量工作的结果，工作能力和工作态度主要衡量工作的行为。

理解绩效需要把握以下几点：

（1）工作之外的行为和结果不属于绩效的范围；

（2）绩效与组织目标相关，直接表现为与职位的职责和目标相关；

（3）绩效还应当是表现出来的工作行为和工作结果；

（4）绩效既包括工作行为，也包括工作结果。

绩效考核的原理非常简单：设定清晰的工作目标和合理的考核方法，给予员工公正的报酬和激励，让员工知道他要做什么、怎么做以及怎样获得回报。绩效考核是注

重工作的过程还是结果，取决于酒店的文化，取决于酒店想通过绩效考核达到什么样的目的，针对不同的关注重点，考核的内容各有侧重。

关注过程的绩效考核注重员工的工作态度和能力，考核内容主要集中在员工工作过程中的行为、努力程度和工作态度上。它营造的是一种比较感性、和谐的文化氛围。在这样的考核体系下，员工依照酒店的期望和要求付出努力。由于是对员工多方面的考核，考核难度相对比较大，无论是对考核体系本身还是对考核人员，要求都比较高。

关注结果的绩效考核注重工作的最终业绩，以工作结果为导向，考核内容主要集中在工作的实际产出上。它营造的是一种比较理性、任务导向的文化氛围。典型的以结果为导向的绩效考核通常出现在制造型企业里。

一般来讲，酒店作为服务型企业，采用工作结果和工作过程相结合的考核内容比较科学，即通过对工作态度、工作能力和工作业绩的综合考核来评定员工的绩效。

（三）绩效的特点

1. 多因性

多因性是指绩效受到多个因素的影响，绩效与影响绩效的因素之间的关系公式为：

$$P=f(K,\ A,\ M,\ E)$$

式中，P为绩效；K为与工作有关的知识；A为员工自身所具备的能力；M为工作过程中受到的激励；E为环境。

2. 多维性

多维性是指员工的绩效往往体现在多个方面，我们一般从工作业绩、工作能力和工作态度三方面来评价员工的绩效。

3. 动态性

动态性是指绩效会发生变动。这种动态性就决定了绩效的时限性，绩效往往是针对某一特定时期而言的。

二、绩效考核的功能

酒店的绩效考核通常具有如下功能：

（一）管理功能

绩效考核的管理功能首先表现在考什么，即要明确组织、部门及个人的工作目标和工作标准；其次表现为怎么考，即具体操作时应当体现沟通、学习、改进、评价等功能；最后表现为考核结果的运用。考核结果是晋升、奖惩、培训等人力资源开发与管理的基础和依据。

（二）激励功能

绩效考核要奖优罚劣，改善调整工作人员的行为，激发其积极性，促使组织成员更加积极、主动、规范地去完成组织目标。

（三）学习功能

绩效考核也是一个学习过程。通过考核使组织成员更好地认识组织目标，改善自身行为，不断提高组织的整体效益和实力。

（四）导向功能

绩效考核标准是组织对其成员行为的期望，是员工努力的方向，有什么样的考核标准就有什么样的行为方式。

（五）监控功能

对组织而言，员工的工作绩效考核就是任务在数量、质量及效率等方面的完成情况；对员工个人来说，则是上级对下属工作状况的评价。酒店通过对员工工作绩效的考评，获得反馈信息，便可据此制定相应的人事决策与措施，调整和改进其效能。

三、绩效考核的原则

酒店在绩效考核中，应遵循以下五条原则：

（一）过程公开的原则

绩效考核的目的在于启动激励机制，激发员工的工作热情。因此，绩效考核的各项过程、各个环节必须向员工公开，其中包括：绩效考核的内容和等次、考核的方法与程序、考核的评价与标准、考核的结果与使用，以及考核的机构与职责等。若员工对上述情况心知肚明，势必焕发出力争上游的责任感、紧迫感和危机感，使绩效考核达到理想和目标的同一性。

（二）依据明确的原则

模棱两可或含糊抽象的字眼，是绩效考核的大忌。因此，绩效考核中，能量化的数据必须量化，使员工对具体实例摸得着、看得见、算得准、记得牢，以此规范员工什么样的事应该努力去做，做出成效；什么样的事应该明令禁止，不越雷池。试想，如果没有严格的考核标准，如果没有明确的量化指标，如果没有高度的责任心，如何能使绩效考核达到应有的效果。

（三）反馈修正的原则

绩效考核的目的在于促进人力资源管理，提高员工的整体素质，激励员工积极地完成阶段性目标并实现全年总体工作目标。因此，绩效考核并非算账。其最佳途径应该是平时考核有记载、月度考核有测评、年终考核有评价。对每月的考核，主管领导对下属的工作如果提出改进意见，主管领导或主管考核的工作部门应及时向当事人反馈情况，以便其及时调整和修正工作中的不足与缺憾，避免"当事者迷""小错不改，铸成大错"，从而使员工工作沿着健康的轨道良性循环。

（四）公正评价的原则

绩效考核是一项系统工程。对于员工的具体工作绩效，其主管必须有翔实的记录，并及时上交考核部门备案，作为月度与年度考核的依据。如果部门主管缺乏翔实记载，或者记载之后束之高阁，那么势必影响到月度考核与年度考核，也势必使考核结果缺乏应有的公正性。

（五）奖惩挂钩的原则

实践表明，绩效考核必须与奖惩挂钩，否则，必然挫伤员工的积极性。在奖惩挂钩中，要注意把握好以下三个环节：①奖项的额度要适当。奖项的额度既要体现出表彰先进的激励作用，又不至于激起大的波动。②奖赏要及时兑现。抓住契机公布绩效考核结果，对于完成新一年的工作将起到促进作用，时过境迁的奖赏，将失去绩效考核应有的效力。③个人的奖惩要与团队的奖惩相结合。

任务二　制定绩效考核计划

一、绩效考核计划的含义

"绩效考核计划"可以是动词，也可以是名词。以动词来理解，绩效考核计划是管理者与员工共同讨论以确定员工在绩效考核周期内应该完成哪些工作和达到怎样的绩效标准，并最终达成一致意见的、形成契约（绩效考核计划书）的过程。这是一个信息沟通的过程，简言之，就是与员工一起确定工作目标、关键绩效指标和行动计划的过程。从名词角度来理解，绩效考核计划就是一份正式的书面协议（即绩效考核计划书），是双方在明晰责、权、利的基础上签订的一个内部协议。

绩效考核是人力资源管理的重要组成部分，因而传统观点认为绩效考核计划也应该是人力资源部的工作范畴。事实上，酒店内各部门间员工的能力素质不同，对员工要求的差异性也很大。例如，酒店要求前台接待员具备流利的英语会话能力，但不能也没有必要要求工程部的员工也有同样的英语口语水平。真正了解员工的是酒店内的各个用人部门，因此对员工的绩效考核应该是各个部门工作的重要内容。在制定绩效考核计划时，人力资源部应该是组织者和监督者，而各部门的管理者和员工才是真正的实施者，是制定绩效考核计划的主体。

一般而言，在具体的绩效考核计划制定之前，先由人力资源部与各用人部门的管理者制定出符合部门实际情况的绩效目标和标准框架，用以指导绩效考核计划的制定过程。作为制定绩效考核计划的主体之一，各部门的管理者需要了解每个岗位的工作职责和每个员工的绩效表现，根据各个岗位的具体要求和员工的具体情况，与员工就其应该实现的工作绩效进行沟通，并订立正式的书面协议（即绩效考核计划书）。作为另一主体，每个员工的积极参与是制定和实施绩效考核计划的重要保证。通过参与绩效考核计划的制定，员工能更加明确其工作的绩效目标，并且能更了解如何实现所设定的绩效目标，因此能对所制定的绩效考核计划产生更高的认同感，从而有效地激励员工的工作。

在这个过程中，人力资源部可以为各用人部门管理者和员工提供有关制定绩效考核计划的培训，指导绩效考核计划的制定工作。

二、绩效考核计划的作用

绩效考核是一个复杂的体系，任何一个环节出现问题都可能会影响整个体系的运作。因此，绩效考核计划可以看作绩效考核工作的纲领和指南，帮助每一个员工明确自己要达到的绩效目标，落实行动方案，确保酒店总体战略的逐步实施和工作目标的实现，有利于在酒店内部创造一种突出绩效的企业文化。

三、制定绩效考核计划的原则

（一）与酒店的发展战略和年度绩效考核计划相一致

制定绩效考核计划的最终目的是保证酒店总体发展战略和经营目标的实现，所以在考核内容的选择和指标值的确定上，一定要紧紧围绕酒店的发展目标，自上而下逐层进行分解、设计和选择。

（二）可行性原则

关键绩效指标与工作目标的设定，必须与员工的工作职责和权利相一致。根据美国心理学家洛克（E. A. Locke）的目标设置理论，所设定的目标要有挑战性和一定难度，这样才更具激励效果。但目标又需具有可实现性，如果目标设置过高而无法实现，就不具有激励性。

（三）突出重点原则

员工担负的工作职责越多，所对应的工作成果也越多。但是在设定关键绩效指标和工作目标时，要突出重点，选择那些与酒店价值关联度较大、与职位职责结合紧密的绩效指标和工作目标，而不是将整个工作过程具体化，否则就会分散员工的注意力，影响其将精力集中在最关键的绩效指标和工作目标的实现上。

（四）全员参与原则

在制定绩效考核计划的过程中，要积极争取并坚持员工、各级管理者的多方参与。作为制定绩效考核计划的组织者和监督者，人力资源部要充分调动各部门管理者和员工的积极性，必要时应举行相关的培训，使有关部门和人员对绩效考核计划的重要性和制定流程与方法有正确认识，以确保所制定的绩效考核计划的科学性。

（五）客观公正原则

绩效考核计划是针对每个职位甚至每个员工制定的，在这个过程中要保持透明性，实施公平、公正的绩效考核，充分考虑不同部门、不同职位各自的特色和共性。同时，对工作性质和难度基本一致的员工，应该保持绩效标准的大体相同，确保考核过程公正、考核结论准确无误、奖惩兑现公平合理。

（六）激励原则

要使绩效考核的结果与薪酬及其他非物质奖惩等激励机制紧密相连，充分体现绩效考核的结果，打破平均主义，使绩效考核真正起到激励作用，而不仅仅是一次考核，从而营造一种突出绩效的企业文化。

四、绩效考核计划的内容

一份完整的绩效考核计划通常包括以下内容：

（1）本岗位在本次绩效考核周期内的工作项目；

（2）衡量工作项目的关键绩效指标；

（3）关键绩效指标的权重；

（4）工作结果的预期目标；

（5）工作结果的测量方法；

（6）关键绩效指标的计算公式；

（7）关键绩效指标的计分方法；

（8）关键绩效指标统计的计分来源；

（9）关键绩效指标的考评周期；

（10）在达成目标的过程中，可能遇到的困难和障碍；

（11）各岗位在完成工作时拥有的权力和可调配的资源；

（12）酒店能够为员工提供的支持、帮助以及沟通方式。

➡相关链接

酒店销售部经理季度绩效考核计划表

姓名			职位			销售部经理	
考核时间	____年第___季度						
工作目标	关键绩效指标	权重	测量方法	预期目标	实际完成	数据来源	得分
营业指标 （60%）	营业收入	30%	完成比例	___万元	___万元	财务部	
	酒店GOP（总毛利润）	20%	完成比例	___万元	___万元	财务部	
	部门管理费用	10%	完成比例	___万元	___万元	财务部	
客户关系 （20%）	客户满意度	10%	问卷调查			客户评价	
	新客户开发	10%	完成比例			销售部	
员工 （20%）	员工满意度	10%	问卷调查			员工评价	
	员工流失率	10%	流失比率			人力资源部	
困难与障碍							
权力与资源							
沟通方式							
考评等级		被考评人签字			考评人签字		

说明：工作目标、关键绩效指标的设定应与酒店的实际运营情况相符，在此仅列出部分关键绩效指标。

五、制定绩效考核计划的程序

绩效考核计划的制定包括准备阶段、沟通阶段、审定和确认阶段。

（一）绩效考核计划的准备阶段

绩效考核计划通常是部门管理人员与员工双向沟通后形成的。因此，为了使绩效考核计划取得预期的效果，必须进行充分的准备工作，获取所需要的信息。

1. 酒店的信息

为了使员工的绩效考核计划能够与酒店的绩效目标结合在一起，管理者与员工需要就酒店的战略目标和年度经营计划进行沟通，并达成共识。

2. 部门的信息

酒店内各个部门的目标是根据酒店的整体目标逐渐分解而来的。不仅经营的指标可以分解到前厅、客房、餐饮和销售等业务部门，而且财务部、人力资源部等业务支撑部门的工作目标也与整个酒店的经营目标紧密相连。

例如，下一年度酒店的整体经营目标是：市场占有率提高30%；开发新的酒店产品；降低管理成本。那么，人力资源部在上述整体经营目标之下，就可以将自己部门的工作目标设定为：建立激励机制，鼓励开发新客户；鼓励创新、降低成本；在人员招聘方面，注重开拓性、创新精神和关注成本等核心胜任素质；提供开发客户、提高创新能力以及成本控制方面的培训。

3. 员工个人的信息

作为绩效考核对象的员工个人，其信息主要有两方面：①工作描述的信息。在员工的工作描述中，通常规定了员工的主要工作职责，以工作职责为出发点设定工作目标可以保证个人的工作目标与职位的要求联系起来。工作描述需要不断地修订，在制定绩效考核计划之前，对工作描述进行回顾，重新思考职位存在的目的，并根据不断变化的环境调整工作描述。②上一个绩效考核期的考核结果。根据这一结果，来设定新的绩效考核周期的目标。如果员工在上一个绩效管理周期内绩效考核合格的话，那么新的绩效考核计划就应该设定新的绩效目标；反之，则需要考虑如何完成那些尚未达成的绩效指标。

（二）绩效考核计划的沟通阶段

绩效考核计划的制定是一个双向沟通的过程，因此沟通阶段也是整个绩效考核计划的核心阶段。在这个阶段，管理人员与员工必须经过充分的交流，就员工在本次绩效考核期内的工作目标和计划达成共识。

1. 沟通方式

管理人员可以选择多样化的方式，达到不同的沟通目的。①员工大会，即在整个酒店范围内召开大会，旨在宣讲以引起全体员工的重视。在绩效考核计划制定前召开这样的大会是十分有必要的，能让全体员工意识到绩效考核与每个员工息息相关，并认识到绩效考核计划的重要性，从而调动绩效考核计划的主体之一——全体员工的积极性。②小组会议，一般在员工大会之后，由各个部门在内部开展，能对相关事项进行集中讨论，有利于不同成员之间的协调配合。③单独面谈，以便于就绩效考核计划的具体内容进行深入商讨，使绩效考核计划更加贴合员工实际情况，更符合可行性原则。

2. 沟通氛围

管理人员和员工都应该确定一个专门的时间用于绩效考核计划的沟通，并且努力营造良好的沟通氛围。尤其在单独面谈时，管理者切忌高高在上，将自己的意志强加于员工，而应努力使双方拥有轻松愉悦的情绪，使员工感受到这是一次友善的、与员工自己密切相关的沟通，而不是令人紧张的"领导谈话"。管理者应倾听员工的意见和看法，充分调动员工的积极性。在沟通场所的选择上，除了会议室和办公室外，还可选择员工活动室、休息室等非正式场合，但应注意避免其他员工的干扰。

3. 沟通过程

在进行绩效考核计划的沟通时，通常需要经历以下三个过程：

（1）要对之前所获得的（酒店、部门和员工）信息进行回顾，管理人员和员工都应该知道酒店的要求、发展方向以及与讨论的具体工作职责有关系和有意义的其他信息，包括酒店的战略目标和年度经营计划、部门的目标、员工的工作描述和上一个绩效考核期内的考核结果等，以明确沟通的目的。

（2）将绩效考核计划的目标具体化，对酒店期望员工达到的目标进行具体的描述，并将每个目标与工作或结果联系起来，明确规定完成工作的时限以及拥有的权力和可调配的资源，并了解员工在达成目标的过程中可能遇到的困难和障碍以及酒店可提供的帮助，尽可能在计划制定前就做出充分准备。

（3）制定衡量标准。绩效考核标准是衡量员工是否达成目标的标尺，应做到具体、客观和方便度量，它通常回答"什么时候""怎么样""谁满意"等问题。在制定绩效衡量标准时我们会发现，如果绩效考核计划的目标设定越具体，绩效衡量标准就会与目标越相似。

4. 沟通结果

这一阶段，沟通的结果是指达成的关于绩效的契约（或协议）。管理人员要对员工的参与表示感谢，并激励员工按照绩效考核计划设定的目标努力，同时要制作相关的文档，并解决遗留问题。

（三）绩效考核计划的审定和确认阶段

在制定绩效考核计划的过程中，对计划的审定和确认是最后一个步骤。

在绩效考核计划过程结束时，管理人员和员工应该能以同样的答案回答绩效考核计划书中提出的12个问题，以确认双方达成了共识。这些问题包括：①员工在本绩效期内的工作职责是什么？②员工在本绩效期内所要完成的工作目标是什么？③如何判断员工的工作目标完成得怎么样？④员工应该在什么时候完成这些工作目标？⑤各项工作职责以及工作目标的权重如何？哪些是最重要的，哪些是其次重要的，哪些是次要的？⑥员工的工作绩效好坏对整个企业或特定的部门有什么影响？⑦员工在完成工作时可以拥有哪些权力？可以得到哪些资源？⑧员工在达到目标的过程中会遇到哪些困难和障碍？⑨管理人员会为员工提供哪些支持和帮助？⑩员工在绩效期内会得到哪些培训？⑪员工在完成工作的过程中，如何去获得有关他们工作情况的信息？⑫在绩效期间，管理人员将如何与员工进行沟通？

最后，管理人员和员工双方都需要在计划书上签字确认。

任务三　编制绩效考核方案

一、绩效考核方案的内容

绩效考核方案是关于酒店实施绩效考核的具体规定。一份科学合理的绩效考核方案应包含绩效考核的目的、内容、方法，绩效考核的组织与实施程序，以及考核结果的运用等内容，也可包含绩效考核的评价细则。

二、编制绩效考核方案的原则

绩效考核方案是绩效考核的核心内容之一，在编制时应遵循以下原则：

（1）方案的总体风格应与酒店的行业特点、企业文化相符；

（2）考核方案透过指标和权重等内容充分体现酒店的经营战略；

（3）考核方案实施前较好地征求了员工的意见和建议；

（4）考核方案设计注重考核结果，注重与员工的沟通和员工的反馈意见；

（5）考核方案尽可能简单、清晰和灵活；

（6）对考核结果的处理方式科学、合理。

✦相关链接

酒店部门月度考核方案

（一）总则

为了保证实现酒店的总体目标，建立有效的监督和激励机制，加强部门之间的协作能力，提高酒店经营管理机制，特制定本方案。

本绩效考核方案适合酒店各部门。

（二）考核目的

绩效考核成绩作为部门每月奖金领取、优秀部门评选、年终奖发放的依据。

（三）考核原则

为充分发挥绩效考核对酒店各阶段工作的经营管理状况的诊断作用，以及对各部门工作的指引作用，绩效考核应遵循公开公平的原则。考评内容、考核标准、评分细则、考评程序和考评结果透明公开，对酒店各部门形成正确指导，在酒店内部形成良性竞争的机制。

（四）考核内容与方式

1. 考核期：以月份为期限，具体时间段为上月21日至本月20日。

2. 根据财务部对酒店经营情况的核算结果，对经营部门制定经营指标绩效奖金，后勤部门按照一定比例提取奖金。

3. 考核内容：

（1）部门考核方式：综合评估的方式。

（2）考核内容详见附表（此处略）。

（五）考核程序与方法

1. 各绩效考评人的组成：由部门第一负责人、执行总经理、总经理组成。

2. 各考评人的职责：负责对考评对象进行评分。

3. 评分规则：

（1）各部门总分为100分。

（2）各考评人根据附表进行综合评分，最后取平均分。

（3）部门奖金计算方式：部门奖金＝综合得分/100×奖金。

（4）总经理办公室于每月21日将综合评估表下发到各部门及评分人，各部门于每月24日之前完成综合评估并上交总经理办公室，总经理办公室于每月25日之前完成综合评估汇总，于26日交财务部。

（5）综合得分95分（含95分）以上，视为100分。

（六）资料的整理与存档

每月考评结束后，总经办对所有资料进行整理存档。

某酒店全员管理考核条例

为保证酒店整体服务质量，加强酒店内部管理力度，充分调动酒店各部门的工作积极性、主动性。按照奖罚结合的原则，结合酒店总体工作目标，特制定本酒店管理考核条例，具体如下：

（一）考核依据

1. 《员工手册》；

2. 《酒店及各部门管理制度、岗位职责、操作流程》；

3. 《中华人民共和国旅游涉外饭店星级的划分及评定》；

4. 酒店管理当局下发的各项工作指令。

（二）检查内容和方法

1. 大堂副理负责宾客意见收集；

2. 每周不定期由分管副总带队开展质检，对酒店设施设备及卫生、服务等多方面进行检查并通报；

3. 每月15日由安全部负责进行全店安全检查，每月25日对当月的安全检查结果进行复查；

4. 其他各类专项检查。

（三）考核及处理方法

通过以下方式，对各部门的工作质量和服务质量进行考核。

1. 宾客满意率

（1）一线部门的宾客满意率规定达标率为95%，后台部门的员工满意率规定达标率为85%。

（2）宾客点名表扬：每月28日，由大堂副理列出并根据表扬内容建议总经理给予加分考核，对突出事例者，将在酒店内部刊物或《榜样之星》宣传栏进行专门报道，并按酒店奖励机制给予相应奖励。

2. 宾客意见收集

（1）前台接待、商务中心、礼宾部在服务区明显位置放置宾客意见征询表，并在工作中主动向宾客征询意见。每周不少于10个宾客信息的收集。

（2）大堂副理每人每班至少征求5名住店客人的意见并记录。

（3）管家部楼层服务人员在客人入住期间应主动询问客人的意见，并注意观察客人的生活习惯、爱好等，形成文字性记录上交部门汇总。每周不少于20个宾客信息的收集。放在房内的《宾客意见书》，由管家部汇总后交大堂副理。

（4）在餐饮部宴会预订处、各餐厅和康乐中心入口处等明显位置放置宾客意见征询表，并在客人用餐结束前主动询问客人的意见。每周不少于20个宾客信息的收集。

（5）市场营销部销售代表在会议及团体离店时，主动征求领队意见并填写《宾客反馈意见表》反馈给大堂副理；网络预订，每天查询酒店网站、网络预订系统收集宾客的信息，做好书面记录。每周不少于20个宾客信息的收集。

3. 宾客意见处理

（1）一线部门的宾客满意率在酒店规定达标率以下，扣20分；宾客满意率超过酒店规定标准，每上升一个百分点加10分（市场营销部除外）。后台部门的员工满意率在酒店规定达标率以下，扣20分；超过酒店规定标准，加10分。

（2）根据整月总体宾客意见情况，凡部门员工因服务质量、拾金不昧等先进事迹受到宾客口头或书面表扬，经核实后奖励部门10～50分。

（3）有特殊事例的宾客表扬，经核实后加10～50分。

（4）在确认为有价值的宾客档案将酌情给予5～20分的奖励。

（5）每一条宾客的重大投诉，经酒店组织调查分析后，确认有关经济损失达5000元以上者，扣200～500分。

（6）日常宾客投诉，在进行调查确属相关部门责任、工作不到位者，扣10～20分/条。

注：宾客满意率以大堂副理所收集到宾客意见总数（包括宾客投诉次数、所收集到的宾客意见表中的意见总数）为基数，其计算公式为：宾客满意率=宾客满意总数/宾客意见总数×100%。

4. 宾客投诉分析

（1）部门在次日早会前应将调查分析、改进措施等情况反馈给人力资源部；

（2）宾客投诉在服务质量分析会上由所涉及的部门进行案例分析。

（3）人力资源部每月在橱窗内公布有关整体考核情况。

5. 内部投诉处理程序

为使一线部门更好地对客服务，本着"二线服务一线"的服务宗旨，为提高二线部门的服务质量及工作效率，全面配合一线部门工作，凡二线部门因工作问题影响一线部门对客服务的，一线部门可将有关问题以内部通函的形式上报人力资源部。人力资源部根据投诉内容协同有关部门人员共同调查分析后，再根据考核条例的相应条款进行考核。

（四）日常考核标准及相关内容

1. 日常考核标准

（1）服务质量　　　　　　　　　±（10~25）分/条

（2）店规店纪　　　　　　　　　±（10~30）分/条

（3）仪容仪表　　　　　　　　　±10分/条

（4）工作状态　　　　　　　　　±（5~25）分/条

（5）工作质量　　　　　　　　　±（5~25）分/条

（6）卫生　　　　　　　　　　　±（5~25）分/条

（7）消防安全有关奖罚由安全部根据酒店有关安全管理条例执行。

（8）设备设施有关奖罚由工程部根据酒店有关设施设备保养、使用管理条例执行。

（9）检查分考核和提示两种，对在提示中重复出现的相关问题，扣20~50分/条。

（10）部门管辖范围内出现的相关工作失误，引发一系列事件的，扣10~50分/条。

注：因部门管理出现的工作失误造成酒店重大损失者，报管理当局裁定，酌情处理。

（11）工作任务、整改措施落实不力，反馈不及时，指定工作未按要求及时完成的，扣10~50分/条。

（12）工作任务、整改措施落实得力，反馈及时，指定工作均按要求及时完成的，加10~50分/条。

（13）全月日常检查整体表现突出部门　　　　　+20分

（14）一线部门全月无宾客投诉部门　　　　　+50分

（15）因不可抗力引发的酒店相关损失，其工作内容不列入酒店考核范畴。

2. 人力资源部每月公布内容

考核核定奖励金额＝1元×月考核分数

考核核定扣罚金额＝－1元×月考核分数

（五）考核执行与监督

管理考核由宾客关系部执行，酒店管理当局负责监督。

（六）备注

1. 具体考核扣罚、奖励比例基本按以下情况执行，如遇特殊情况，则由责任部门经理酌情处理。例如，某员工在工作中出现失误，考核比例按下表所示进行，其他情况基本按此比例类推。

职务	员工	督导	主管	副经理 （经理助理）	部门经理 （含负责人）
考核比例	50%	25%	15%	10%	

2. 奖励系数比例同扣罚系数比例。

3. 由个人承担的考核扣款，扣完当月个人浮动工资为止。

4. 部门每月考核扣款由大堂副理于次月1日前通报后下发给各部门，由部门根据考核扣款的具体原因按以上比例实施，特殊情况及时上报。考核扣款在各部门当月工资总额酒店考核一栏中全额体现。

5. 各部门内部考核扣款原则上由部门调配使用，具体扣罚、奖励金额分配在每月2日前交财务部、人力资源部审核，酒店考核部分统一由酒店调配，具体由财务部负责操作。

任务四　设计绩效考核表格

一、绩效考核表格设计过程

绩效考核表格的设计，通常要经过以下四个步骤：

（1）确定考核方法。不同的考核方法，所对应的考核表格也有所差别。常用的考核方法有量表法、目标管理法、排序法等。各种方法各有其优缺点。选择考核方法时切忌一刀切，忽视不同部门和不同职位的特点，最好能结合多种方法开发出综合考核方法。在设计考核表格的时候，建议使用评级量表法进行演绎。

（2）确定考核内容与考核项目。考核内容主要是工作态度、工作业绩和工作能力，考核项目就是把考核内容进行细分。根据级别与职级的不同，考核项目各有差异；在设计职位考核项目时，一定要条理清晰、重点突出；设计完成后，有条件的情况下应先进行试运行，再根据结果进行调整，力求考核内容的科学性与精确性。

（3）制定考核评分标准。需要确定考核项目的等级标准和每个等级的计分标准。考核项目的等级标准包括考核项目的等级、考核项目的绩效标准和每个等级的考核标准，把考核项目的具体行为表现分为优劣等级。

（4）设计绩效考核的表格文本。

二、酒店绩效考核样表

表5-1和表5-2为某酒店员工绩效考核表示例，可供编制类似表格时参照。

表5-1　管理级人员绩效考核表

姓名：　　　　部门：　　　　职务：酒店部门经理、总监　　　　考核时间：　　年　月　日

考核项目		考核内容	赋分	自评	考评人1	考评人2
工作态度考核20%	计划报告2分	1. 工作计划、工作总结的提交速度、正确性、适时性	1分			
		2. 能在计划或报告中给予意见、建议	1分			
	工作表现5分	1. 一贯注意修饰，精神饱满，仪表端庄，举止文雅，令人愉快	1分			
		2. 具有高昂的工作意愿与热情，有进取心，且工作勤奋	1分			
		3. 能严格要求自己，以身作则，严格要求部属，认真执行酒店的规章制度，对部属奖罚分明，公正合理	1分			
		4. 有较强的行业竞争意识	1分			
		5. 能保持与领导的良好工作沟通	1分			
	人际关系5分	1. 能礼貌待客，为员工树立服务的榜样	1分			
		2. 能保持团队的团结与合作、乐意协助他人的工作,能恰当处理与各方面的联系	2分			
		3. 一贯保持良好的沟通与回馈，团结部属，同事关系融洽，协作性强，士气高昂	2分			
	责任心5分	1. 能了解自己在本职工作中的角色，对此负责到底	2分			
		2. 不必一一指示监督，也能明快、迅速地执行工作	2分			

续表

考核项目		考核内容	赋分	自评	考评人1	考评人2
工作态度考核20%	责任心5分	3. 工作中以酒店利益为重，考虑问题不局限于个人利益	1分			
	纪律3分	1. 能遵守《员工手册》上的工作守则、标准及其他规定	3分			
工作业绩考核50%	工作的正确性5分	1. 了解酒店的发展前景	2分			
		2. 能根据业务情况正确地安排员工班次及操作程序	3分			
	工作业绩及效率30分	1. 一线管理者在所指定的时间内，能出色完成酒店制定的各项经营指标；二线管理者能按时保质保量完成领导交与的各项任务	10分			
		2. 各项工作完成后成绩突出，对酒店有较大贡献	10分			
		3. 在人才培养方面，能不断发现培训需求，并运用出色的培训技巧对部属进行培训，且效果显著	10分			
	财务概念15分	1. 熟悉本岗位相关的财务知识	7分			
		2. 能有效进行内部挖潜，能很好地控制各项成本支出	8分			
工作能力考核30%	知识能力5分	1. 能积极地学习业务工作上所需的知识	1分			
		2. 具备所担当职位的相关知识，并具有较为专业的行业知识	1分			
		3. 运用所学知识，时常提出新构思，能对酒店的发展及提高效率做出贡献	1分			
		4. 具备一定的书写备忘录、报告、总结、工作计划的能力	2分			
	工作能力12分	1. 能出色完成本职工作，在人、财、物的管理方面突显其超群的工作能力	5分			
		2. 能有效地对下属进行工作评定	4分			
		3. 具有建立工作标准的能力	3分			
	组织管理能力13分	1. 能正确地对下属下达指示与任务，并能及时检查、监督与指导	3分			
		2. 能采取有效的方法组织管理下属完成工作	4分			
		3. 能与本部门员工保持良好关系，且具有凝聚力	4分			
		4. 能按国际惯例规范管理所在部门	2分			
得分汇总			100分			

考核项目	考核内容	赋分	自评	考评人1	考评人2

■评分标准： 实行百分制，满分100分。
　91～100分——优秀；　　　　　　　　81～90分——良好；
　71～80分——一般；　　　　　　　　70分及以下——较差/不合格。
■评定解释：
　1.优秀——成绩卓越，非常适合此项工作。　　　［可考虑提职］
　2.良好——能够达到并超越要求。　　　　　　　［适合本岗——可保留其原有职位/级别］
　3.一般——能够达到最低工作要求，要加以指导。　［不适合本岗——再培训、降级、调离］
　4.较差/不合格——未能完成最低工作要求。　　　［辞退］
■奖励（加分）： 年度优秀管理者——加5分；
　违规（扣分）： 口头警告——扣3分；书面警告——扣5分；最后警告——扣8分。
　总分＝评估分＋嘉奖分－违规分
　最后得分：_____
■考核结果推荐： □正式录用 □续签合同 □延长试用期 □调离本岗 □不录用

本人意见（请在此填写有关评定的意见和其他工作上的有关问题）：

　本人签字：_____　　主管负责人：_____　　人力资源部：_____　　总经理：_____

　日　期：_____　　日　期：_____　　日　期：_____　　日　期：_____

表5-2　市场及销售人员绩效考核表

考核时间：　　年　　月　　日

姓名		部门		职称		性别		到职日期		年　月　日			
出勤奖惩		迟到	旷职	产假	事假	病假	婚假	丧假	警告	小过	大过	嘉奖	小功	大功	
		次	日	日	日	日	次	次	次	次	次	次	次	次	考勤分数
加扣分															

项目	考核内容	最高分数	自行评分	初核评分	复核评分	初核评语
目标达成	认真积极，目标均能迅速达成	10				
	工作努力，能完成目标	8				
	努力程度尚佳，目标达成率可称良好	6				
	目标达成率一般	4				
	目标达成待努力	1				
客户开拓	开拓能力极佳，说服力强，积极而有冲劲	10				
	开拓能力佳，说服力强，有冲劲	8				
	开拓能力尚佳，稍具冲劲	6				
	开拓能力尚可	4				
	开拓能力待加强	1				

模块五
酒店考核

						复核评语
调查能力	机警谨慎，深入调查，极能掌握客户信用状况	10				
	能积极调查，博闻广见	8				
	在工作中能留意收集信息，掌握一般商业信息	6				
	缺乏信息收集的思想，掌握信息能力一般	4				
	草率，不能掌握，屡生事故	1				
协调合作	善于协调，能自动、自发与人合作	10				
	乐意与人协调沟通，顺利达成任务	8				
	尚能与人合作，达成工作要求	7				
	协调不善，致使工作发生困难	4				
	无法与人协调，致使工作无法进行	2				
专业知识	具有丰富的专业知识，并能充分发挥，圆满完成任务	5				复核评语
	具有相当的专业知识，能顺利完成任务	4				
	具有一般的专业知识，能符合职责需要	3				
	专业知识不足，影响工作进展	2				
	缺乏专业知识，无成效可言	1				
责任感	具有积极责任心，能圆满达成任务，可放心交付工作	5				
	具有责任心，能顺利完成任务，可以交付工作	4				
	尚有责任心，能如期完成任务	3				
	责任心不强，需有人督促方能完成工作	2				
	欠缺责任心，时时督促，亦不能如期完成工作	1				
分析判断力	有高度的分析能力，能正确判断处理	5				
	有一定分析能力，亦能正确判断	4				
	稍具分析能力，能凭经验判断	3				
	在有限的范围内，能自行判断	2				
	只能依靠指示才能正确执行	1				
工作态度	对工作甚感兴趣，认真积极	5				
	能接受批评指导，勇于改过	4				
	对工作尚积极，执行能力稍差	3				
	见异思迁，对工作不积极	2				
	漠视工作，懒散无度	1				

喜来登酒店工作表现考核表

一、工作表现评估表（副经理以上人员表现评估）

PERFORMANCE APPRAISAL FORM (ASST. DEPT. HEAD OR ABOVE)

姓名 Name	职位 Position	员工号码 Employee No.		入职日期 Date Joined	
部门 Dept.	班组 Section	评估日期 自 年 月 日 至 年 月 日 Appraisal Period: Fr. Y M D To Y M D			
评估原因 Reason	□试用期满 Probation	□职位调整 Position Adj.	□工资调整 Salary Adj.	□年度评估 Annual Review	□合同期满 Contract Expired
评估标准 Rating Guide：	⑤完美无缺 Perfect	④超出标准 Above Average	③达到标准 Average	②低于标准 Below Average	①表现极差 Poor

序号 NO.	评估项目 Appraisal Factors	分数 Rating	给分原因及具体说明 Reason(s) for Each Rating & Detail Explanations
1	对政策与程序的了解 Knowledge of Policies & Procedures		
2	对部门日常工作的了解 Knowledge of Operations		
3	对其他部门工作的了解 Knowledge of Other Departments		
4	工作热情与主动创造性 Enthusiasm & Initiative		
5	工作效率与工作质量 Efficiency & Quality of Work		
6	相互合作与团队精神 Cooperation & Team Work Spirit		
7	计划能力与预测能力 Planning & Forecasting		
8	组织能力与领导能力 Organizing & Leading		
9	沟通能力与协调能力 Communicating & Coordinating		
10	监控能力与指导能力 Controlling & Coaching		
11	培训能力与开发能力 Training & Developing		

模块五 酒店考核

续表

序号 NO.	评估项目 Appraisal Factors	分数 Rating	给分原因及具体说明 Reason(s) for Each Rating & Detail Explanations
12	处理危机的能力 Crisis Handling		
13	权力下放与跟踪落实 Delegation & Follow-up		
14	对公司的忠诚与廉洁自律 Loyalty & Integrity		
15	完成计划/预算的能力 Plan/Budget Fulfillment		
16	超前管理与防患未然能力 Proactive Management		
	总评分 Total		1~15=不称职 Unqualified 16~32=低于标准 Below Standards 33~48=达到标准 Meet Standards 49~64=高于标准 Above Standards 65~80=完美无缺 Perfect

总监/副总经理/总经理的综合评估及培养计划（如有必要可另附文字材料）
Div.Head/DGM/GM's Comments and Development Plan (Please attach additional documents if necessary)

总监签字Division Hand's Signature　　　　　　　　　日期Date
副总/总经理签字DGM/GM's Signature　　　　　　　　日期Date

员工本人的自我评估及个人意见（如有必要可另附文字材料）
Employee's Self-evaluation and Comments (Please attach additional documents if necessary)

员工签字Employee's Signature　　　　　　　　　　　日期Date

二、工作表现评估表（非管理级员工工作表现评估）
第一部分：员工个人信息

姓名：	职位：	部门：	分部门：
评估时段（一年/半年） 从： 至：	主管姓名：	主管职位：	

第二部分：工作表现评估

请确切地评述该员工的工作行为表现，在下列适当的等级方框中打"√"，并加以具体说明和评价。

知识、技能和能力	未达到期望值		达到期望值		超过期望值
工作的标准： 员工的工作表现，是否达到了部门标准？ （包括工作的准确性、贯彻执行程度和完成情况， 并结合完成每项工作的工作质量和工作时间进行综合考虑）	□ 1 评估：	□ 2	□ 3	□ 4	□ 5
客人的满意： 该员工是否向其客人或其同事提供高质量的服务？ （内部及外部客人）	□ 1 评估：	□ 2	□ 3	□ 4	□ 5
守时程度及考勤表现： 该员工是否能按时上班？他/她是否具有准时上班的责任心？ （请结合其上班迟到的次数、病假的次数以及那些非公假的缺勤次数进行综合考虑）	□ 1 评估：	□ 2	□ 3	□ 4	□ 5
团队合作： 该员工是否能与同事、主管保持合作？他/她是否愿意帮助别人或愿意在工作需要时进行加班？	□ 1 评估：	□ 2	□ 3	□ 4	□ 5
主动性： 该员工是否具有良好的独立决策能力？他/她是否能采取积极的方法去完成工作？ （请参照其工作中需要管理指导的次数进行综合考虑）	□ 1 评估：	□ 2	□ 3	□ 4	□ 5

（资料来源：中国人力资源网，http://www.hr.com.cn）

项目二 ｜ 绩效考核实施

绩效考核是一项系统工程。科学合理的绩效考核有助于员工改进工作，为员工的职业发展提供依据，为酒店的人力资源培训和开发提供方向，并有助于提高酒店招聘工作的效率。

绩效考核的具体过程包括建立绩效考核指标体系、确定考核对象、选择考核方法、培训考核人员、实施绩效考核、反馈和应用绩效考核结果。在此，我们着重讲述绩效考核指标的设计、考核方法的选择、绩效考核主观偏误的规避以及考核结果的反馈和应用。

任务一　设计绩效考核指标

一、绩效考核指标概述

绩效考核指标是绩效评价的维度，是指用于考核和管理被考核者绩效的定量化或行为化的标准。它具有以下特点：

（一）增值性

绩效考核指标对组织目标具有增值作用，构成公司战略目标的组成部分和支持体系，此时的绩效考核指标是连接个体绩效与组织整体目标的桥梁，是酒店战略目标的进一步分解与细化。基于绩效考核指标的管理可以产生"1+1>2"的效果，保证真正对组织有贡献的行为受到鼓励。

（二）定量化

定量化是指绩效考核指标应能用数量的方式来表示，以便于衡量。美国学者洛克的目标设置理论认为，目标越明确，激励的效果就会越好。因此，在确定绩效目标时，应当尽量具体清楚，使用量化的标准。绩效标准的量化主要有三种类型：数值型、百分比型和时间型。例如酒店的绩效目标之一是减少顾客投诉，为达到这一目标就需要将该目标用数值进行定量，如"顾客对酒店每个服务员的投诉每季度不应超过4次"。定量化指标还包括绩效周期内员工的服务人次、服务的老顾客人次占服务总人次的比例、客人的消费金额等。我们可以用这些整理后的数据来判断一个员工受顾客肯定的程度。

（三）行为化

行为化是指绩效考核指标的工作内容是否被付诸行动、是否被执行，其表现结果是工作有没有做、任务有没有完成。如果某些指标无法进行定量化，那么就尽量将其行为化，用行为进行描述，从而使绩效考核指标更具可操作性。

二、设计绩效考核指标

（一）设计原则

不同的绩效考核方法，其考核指标的设计、选择和组合也不尽相同，但仍有一些需共同遵守的原则。

1. 战略相关性

员工的绩效与酒店的绩效目标是息息相关的，因此绩效考核指标的设置必须体现酒店的战略导向和价值取向，以发挥绩效考核指标对员工的引导和激励作用。例如，酒店的战略目标之一是降低经营成本，那么这个目标应被逐级分解并最终成为员工接受考核的绩效指标。当酒店的战略发生变化或者转移时，绩效考核指标也应及时调整，体现出调整后的战略目标对员工的新要求。

2. 兼顾短期利益与长期利益

酒店进行绩效考核的目的是将酒店的发展目标分解为部门和员工个人的具体目标，设计出绩效考核指标，促进和引导员工在实现酒店组织目标的前提下满足个人需求。以酒店的销售部门为例，销售业绩是绩效考核指标中必不可少的。但如果只以销售额考核员工，而不考虑客户的满意度或投诉率等指标，就会给员工错误的信息，即只要卖出酒店产品就能获得较高的绩效考核结果。那样会导致员工短期销售行为的发生，如误导客户等，这显然与酒店绩效的长期成长背道而驰。因此，在绩效考核时，需要兼顾酒店的短期利益和长期利益，科学合理地设计考核指标。

3. 全面性

全面性是指绩效考核指标所包含的内容应尽可能反映所要求的绩效的所有方面，避免出现偏差。例如绩效考核指标仅关注某一类指标的情况，又如管理者比较倾向于关注可直接产生收益的指标，再如只关注客房的营业收入，而忽视其他一些同样重要但不直接产生收益或收益的产生具有延迟性的指标，如投诉率等。

4. 公平性

在酒店员工的工作过程中，有一些不能为员工所控制的外部因素会影响其工作绩效。如果管理者没有及时发现这些因素，反而认为这是员工的过失或失误，绩效考核指标的设计就会有失公平。例如在考核工程部经理时，一般会使用能耗和维修费用等指标，但事实上这两项指标还受到酒店其他部门的影响，往往是工程部经理无法控制的。如果这两项指标仅考核工程部经理一人，就无法体现绩效考核指标的公平性。因此在设计绩效考核指标时，要尽可能排除那些被考核人无法控制的因素。

（二）设计步骤

1. 职位分析

根据酒店绩效考核的目标，对被考核员工所在的岗位进行分析研究，主要包括工作内容和性质、职责权限、任职要求、工作条件、与其他岗位的关系等。科学的职位分析是绩效考核的重要依据。

2. 指标初选

根据职位分析的结果，初步确定该岗位的绩效考核指标。

3. 确定指标体系

对初选的考核指标进行分析、论证，确定绩效考核指标体系。

4. 修订指标

为了使绩效考核指标更趋合理，还应对其进行修订。修订工作可在考核前进行，将所确定的指标提交酒店管理层或专家进行审议，并可征求员工的建议，修改、补充和完善绩效考核指标体系；也可在考核后根据考核结果的应用效果进行修订，使考核指标体系更趋完善。

（三）绩效考核指标的内容

酒店的绩效考核指标主要可分为三大类：业绩考核指标、能力考核指标和态度考核指标。业绩、能力和态度三者是有机联系的，能力是内在的，业绩是外显的，能力可以转化为业绩，态度在很大程度上决定业绩的高低，是能力向业绩转化的中介。

业绩考核指标主要考核员工对酒店的贡献以及完成工作任务的数量与质量等方面的情况，一般适用于酒店的所有员工。能力考核指标主要考核员工在日常工作中表现出来的特长和能力，常用的能力考核指标有学习能力、分析判断能力、组织领导能力、计划能力、人际交往能力等。态度考核指标主要包括责任心、服务意识、积极性、纪律性、团队精神等。表5-3给出了部分能力考核指标。

表5-3　能力考核指标（部分）

等级	超出目标	达到目标	接近目标	低于目标
人际交往能力				
建立关系	A	B	C	D
	易与他人建立可信赖的、积极发展的长期关系	能够与他人建立可信赖的长期关系	较为自我，不易与他人建立长期关系	刚愎自用，不易与他人相处，自我封闭
团队合作	A	B	C	D
	善于与他人合作共事，相互支持，充分发挥各自的优势，保持良好的团队工作氛围	能够与他人合作，相互支持，保证团队任务的完成	团队合作精神不强，对工作有影响	不能与他人很好合作，独断专行
影响力				
说服力	A	B	C	D
	能够表述自己的主张和理由，比较容易说服别人接受某一看法或意见	能说服下级、同事或上级接受某一看法或意见	说服别人比较困难	无法说服别人，或咄咄逼人，或逃避退让
影响能力	A	B	C	D
	能够积极影响他人的思维方式和发展方向	能以自己积极的言行带领大家努力工作	有时能影响他人	对他人几乎没有影响力或完全操纵利用他人
领导能力				
授权	A	B	C	D
	善于分配工作和权力，并能积极传授知识技能，引导下属完成工作	能够顺利分配工作和权力，有效地传授知识技能，完成工作	欠缺分配工作和权力以及指导下属的方法，执行任务时偶有困难	不善分配工作和权力，缺乏指导方法，内部时有不服和怨言
激励	A	B	C	D
	了解他人的需求，善于引导下级积极主动地工作，用奖励和表彰等方式提高积极性	有制度，能够利用奖励和表彰等方式提高员工的积极性	有一定的制度，但不能充分发挥作用，无改进措施，员工积极性不高	工作主要靠命令或指示

等级	超出目标	达到目标	接近目标	低于目标
沟通能力				
	A	B	C	D
口头沟通	简明扼要，具有出色的谈话技巧，易于理解	抓住要点，表达意图，陈述意见，不太需要重复说明	语言欠清晰，但尚能表达意图，有时需反复解释	含糊其辞，意图不明
	A	B	C	D
倾听	能够很好地倾听别人，很快明白讲述人的想法和要求	能够注意倾听，力求明白	能够倾听，有时一知半解	不注意倾听，常常不知对方所云
计划和执行能力				
	A	B	C	D
效率	时间和资源的利用达到最佳，工作效率高，完成任务速度快、质量高、效益好	工作效率尚可，能分清主次，能按时完成工作，基本保证质量	工作效率低，需要别人帮助才能完成任务	工作不分主次，效率低，经常不能完成任务
	A	B	C	D
计划和组织	具有极强的制定计划的能力，能自如地指挥调度下属，通过有效的计划提高工作效率，以最佳的结果为目的	能根据酒店要求制定相应程序和计划，在权限范围内配置资源，明确目标和方针，确保供应的保障	制定计划和组织实施有难度，需要别人帮助才能进行	做事无计划，缺乏组织能力
客户服务能力				
	A	B	C	D
了解客户需求	善于与客户沟通，能准确、敏锐地把握客户的真实需求，有广泛的人际关系	能够与客户沟通，了解客户需求，为销售产品和服务而维持良好的关系	能够与客户沟通，为推销产品和服务而努力，但不能准确、敏锐地把握客户的真实需求	与客户沟通有困难，不能很好地了解客户需求
	A	B	C	D
市场开拓能力	系统分析市场状况，研究潜在客户，善于发现新业务，不断总结市场开拓经验，积极联络老客户、发展新客户	有市场开拓能力，能够收集市场信息，维持老客户、开发新客户	有市场开拓意识，能够开发新客户，但不注意总结经验，对于市场开拓方法的研究和掌握不足	无市场开拓经验，不能掌握市场开拓方法，不能够保持老客户、开发新客户

任务二　选择绩效考核方法

一、常规绩效考核方法

（一）比较法

1. 排序比较法

排序比较法是一种相对比较的方法，将员工按照绩效表现的优劣进行排序。绩效表现可以是整体绩效，也可以是某项特定绩效考核指标。排序比较法的优点是简单实用，结果一目了然，其示样如表5-4所示。但当员工人数较多时，尤其是当员工的考核结果非常相近时，要准确地进行依次排序就比较困难。这种方法仅适用于将相同职位员工的考核结果进行排序，而且这种方法容易给员工造成较大的心理压力。

表5-4　员工考核表

考核指标名称：_____

序号	员工姓名	序号	员工姓名
1		11	
2		12	
3		13	
4		14	
5		15	
6		16	
7		17	
8		18	
9		19	
10		20	

2. 两两比较法

两两比较法是指在某一绩效标准的基础上把每一个员工都与其他员工相比较来判断谁"更好"或"更差"，记录每一个员工和任何其他员工比较时被认为"更好"或"更差"的次数，再根据次数的高低给员工排序。两两比较法的优点是通过对员工进行两两比较而得出的结果更为可靠，但当员工人数较多时，这种方法的操作就过于复杂。因此，两两比较法一般适用于10人左右的绩效考核。

（二）关键事件法

关键事件法（Critical Incidents Technique，CIT）是由美国学者诺格（Flanagan）和伯恩斯（Baras）在1954年共同创立的，它是一种由工作分析专家、管理者或员工在大量收集与工作相关的信息的基础上，详细记录其中关键事件以及具体分析其岗位特征和要求的方法。所谓关键事件，是指显著的对工作绩效有效或无效的事件。

在编写关键事件时，要集中描述工作所展现出来的可观察到的行为，简单描述行为发生的背景，并说明行为的结果。所描述的行为必须是全面和详细的，并且是单一的。以前台接待员为客人提供入住登记服务为例，可以描述为：接待员热情友好地问候宾客，识别客人有无预订，形成入住登记记录，排房、定价、确定付款方式，完成入住登记手续，制作相关表格资料并存档。

关键事件法的主要优点是考核的焦点集中在职务行为上。因为行为是可观察的、可测量的，这就为向员工解释绩效评价结果提供了确切的事实证据。同时，由于关键事件的记录需要一个较长周期的积累，一般设定为一个考核年度，绩效考核所依据的是员工在整个年度中的表现，而不是员工在最近一段时间的表现，从而使绩效考核的结果更加准确。此外，通过动态的观察和记录，还可以了解员工表现的轨迹。但使用这种方法需要花费大量的时间来搜集关键事件，并加以概括和分类，费时费力。而且，使用这种方法无法区分工作行为的重要程度，只能做定性分析，不能进行定量分析。

（三）360°反馈法

这是一种全方位的绩效考核方法，也称为全方位反馈评价或多源反馈评价法。传统的绩效考核方法，主要由被考核者的上级对其进行评价，但为了给员工最准确的考核结果，应尽可能结合来自各方面的信息，包括上司、同事、员工自己、下属、宾客等。360°反馈法就是由与被考核者有密切关系的人分别匿名对其进行评价。被考核者也同时对自己进行评价。然后，由专业人员根据有关人员对被考核者的评价，对比被考核者的自我评价，向被考核者提供反馈，以帮助其提高能力和业绩。360°反馈法的信息来源如图5-1所示。

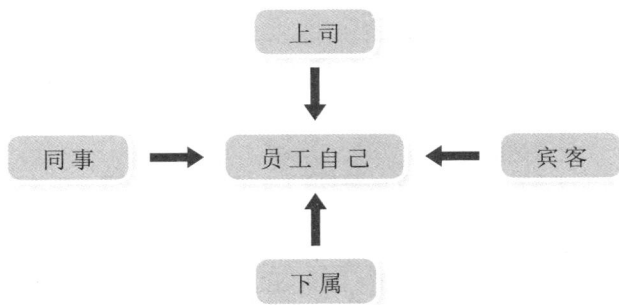

图5-1　360°反馈法的信息来源

例如，使用360°反馈法对酒店销售部经理进行考核，就需要收集营销总监、销售部员工、酒店其他部门经理和酒店客户的评价，并且由销售部经理对自己做出评价（见图5-2）。人力资源部工作人员对比各种评价，向销售部经理进行反馈，促使其改进绩效。

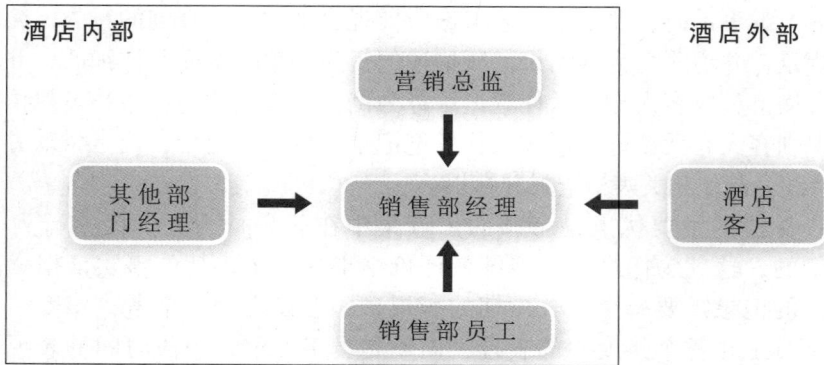

图5-2　使用360°反馈法考核销售部经理

某酒店采用如表5-5所示的360°反馈法考核管理人员。

表5-5　管理人员360°反馈法绩效考核表

要素	项目	分值	得分
个人素质（30分）	爱岗敬业	3	
	领导能力	3	
	业务知识	3	
	创新能力	3	
	酒店意识	3	
	店规店纪	3	
	人际关系	3	
	沟通能力	3	
	仪容仪表	3	
	表达能力	3	
部门管理（30分）	员工管理	3	
	现场督导	3	
	员工培训	3	
	设备管理	3	
	档案管理	3	
	环境卫生	3	
	工作效率	3	
	差错事故	3	
	客人意见	3	
	部门合作	3	

要素	项目	分值	得分
营业指标 （34分）	营业收入	10	
	成本费用	10	
	GOP利润	14	
其他任务 （6分）	例会情况	3	
	特殊任务	3	
加减分数 （2分）	奖励或处分	1.5	
	述职效果	0.5	
合计得分			

（资料来源：王凤生：《高星级酒店绩效管理实务》，中信出版社，2008）

360°反馈法的信息来源于酒店内外的不同层面，可以弥补传统单纯由上级对下属进行考核的局限性，防止出现"一言堂"，使考核结果更加客观公正；它要求被考核者做出自评，有利于员工获得全面客观的评价，从而对自身形成更清晰的认知。同时，该方法体现了员工参与的原则，使绩效考核更具激励作用。但实施360°反馈法工作量大、涉及范围广、时间耗费多、动用资源多，某些信息（如宾客的评价）获得的难度较大，如果对酒店每一位员工都进行360°考核，需要投入大量的人力、物力和财力。这样导致成本上升，可能会超过考核所带来的价值。而且员工之间的互相评价容易造成"一团和气"的假象或"拉帮结派"的情形，影响绩效考核结果的准确性。

（四）目标管理法

目标管理（Management by Objective，MBO）这一概念源于美国管理专家彼得·德鲁克，他在1954年出版的《管理的实践》一书中，首先提出了"目标管理和自我控制的主张"，认为"企业的目的和任务必须转化为目标"。企业的管理者和员工应共同参加工作目标的制定，在工作中实行"自我控制"，并定期检查完成目标的进展情况，努力完成工作目标。由此而产生的奖励或处罚则根据目标的完成情况来确定。

目标管理法的实施一般分为四个步骤：

（1）制定目标。首先制定出酒店的总目标，包括年度战略目标和长远发展目标，如利润目标、成本目标、投资目标和管理目标等。明确总体目标后，需要制定各分目标的实施方案。然后，将酒店的总目标分解为各部门的具体目标和实施方案，最后制定员工个人目标和实施方案。在制定目标过程中，必须注意进行沟通，以确保目标的一致性。

（2）实施目标。

（3）检查实施结果。各部门需对全年的目标实施情况进行检查，总结经验教训，并根据结果进行奖惩。

（4）信息反馈。将目标实施情况反馈给各部门和员工个人，并开始新一轮的目标管理过程。

目标管理法的最大优点在于"目标"并非管理者用来"控制"员工的手段，而是通过与员工共同制定目标的过程，把员工的个体绩效目标与企业的组织目标连接在一起，

模块五
酒店考核

达到激励员工的目的。但对于酒店的新员工而言，采用这种方法有一定的困难，他们往往会在目标制定过程中被忽略。采用目标管理法，员工需要参与目标制定的过程，这对管理者和员工双方都提出了较高的要求，并非所有酒店都能正确实施。

（五）关键绩效指标法

关键绩效指标（Key Performance Indicator，KPI）法是对传统绩效考核理念的创新，是用于考核和管理员工绩效的定量化或行为化的标准体系。KPI法将酒店的宏观战略目标经过层层分解产生可操作的战术目标（可量化的关键性指标），使员工个体绩效与酒店组织目标相联系。

KPI法符合"二八"管理原理，即80%的工作任务是由20%的关键行为完成的，因此必须抓住这20%的关键行为，对其进行衡量。常用的KPI主要有数量、质量、成本和时限四种类型，下文分别以酒店餐饮部和前厅接待员的关键绩效指标为例，如表5-6和表5-7所示。

表5-6　餐饮部关键绩效指标

指标类型	指标举例	数据源
数量	营业额	财务部
	利润	财务部
	新菜肴开发数量	餐饮部
质量	就餐环境	餐饮部
	菜肴口味	餐饮部
	服务规范	餐饮部
成本	原材料成本	财务部
时限	菜肴制作时间	餐饮部
	服务响应时间	餐饮部

表5-7　前厅接待员关键绩效指标

序号	考核内容	考核标准	分值	得分
1	仪容仪表、礼节礼貌	符合酒店职业人形象	10	
2	劳动纪律	打卡、按时上下班、无睡岗脱岗等现象	10	
3	接听电话	铃响三声之内接听，使用本岗位礼貌用语	10	
4	成本控制	认真执行节能降耗制度	15	
5	酒店五套质检内容	参照服务质量检查标准	15	
6	宾客满意程度	意见表反映满意率为85%以上	20	
7	宾客投诉	无重大服务质量投诉	20	
8	网络订房平台评价监控	要求24小时之内回复	30	
9	网络订房回复内容监控	要求内容有针对性，真实贴切有亲和力	30	

KPI法的最大优点是从众多的绩效指标中提炼出少数关键的指标，在减少对员工的束缚的同时，大大降低了绩效考核的成本，还有利于提高酒店的核心竞争力。但其弱点是无法提供完整的指标框架体系来指导绩效考核，部分需量化指标的相关参数采集成本较高。而且酒店某部门的KPI未必是其他部门的KPI，而酒店各部门在经营过程中需要相互协调配合，例如前厅部与客房部在对客服务中需要密切合作。如果将与其他部门的协调配合都列为本部门的KPI，就会造成KPI数量的急剧增加，并且使KPI失去其本来的意义和作用。

（六）平衡计分卡

传统的酒店绩效考核基本是建立在财务会计指标基础上的，其一大弊端就是只能衡量已经发生的结果，而不具有前瞻性。平衡计分卡（Balanced Score Card，BSC）则将绩效考核提升到了战略层次，它是由美国学者罗伯特·卡普兰和戴维·诺顿在20世纪90年代初提出的绩效考核方法。BSC围绕企业的长远发展规划，制定与企业目标紧密联系、体现企业成功关键因素的财务指标和非财务指标，它不再像传统的绩效考核方法那样仅注重财务指标，而是认为应该从四个角度审视自身的绩效——财务、顾客、内部运营和学习与创新（见表5-8）。之所以称为"平衡"，是指它反映了财务指标和非财务指标、企业内部和外部、定量和定性、绩效结果和过程以及长期目标与短期目标之间的平衡。因而，它能够反映企业的综合运营状况。同时，它能让绩效考核的结果更加完善，从而有利于企业的长期发展。BSC与KPI法一样，要求企业绩效考核的指标与企业的战略是相联系的，在实际使用中，BSC与KPI法往往能够相互补充、相互促进。

表5-8　平衡计分卡的四个角度

角　度		关键绩效指标（KPI）举例
财务角度	财务效益状况	总资产报酬率、净资产收益率
	资产营运状况	总资产周转率、流动资产周转率
	偿债能力状况	资产负债率、已获利息倍数
	发展能力状况	销售额增长率、资本积累率
顾客角度	服务状况	顾客满意度、顾客投诉率
	品牌状况	市场占有率、促销效益比率
	价格状况	价格波动比率
内部运营	销售状况	销售计划完成率、营业额
	质量状况	菜品合格率、环境优良率、客用品优良率、服务设施安全率
	成本状况	总成本降低率、采购价格指数
学习与创新	学习指标	岗位技能培训频次、核心人才流失率
	创新指标	新技术应用效益、年度新技术项目数量

平衡计分卡对酒店的核心作用在于提供一个整合的框架和战略执行工具，打造酒店战略性绩效管理系统，它一般适用于竞争压力较大、目标战略导向的酒店，在酒店中拥有民主的而不是集权的管理体制。此外，平衡计分卡要求衡量出每一位客户给企业所带来的利润是多少，这对于一般的酒店企业尤其是新成长的酒店而言较难实现。因此，它更适用于大型的酒店集团，在希尔顿酒店集团和如家酒店集团都已成功运用。通过使用平衡计分卡，希尔顿酒店集团使企业战略得到有效的实施和执行，把整个饭店的员工队伍打造成围绕战略实施而提高工作业绩的富有活力的团队。

二、选择绩效考核方法的原则

绩效考核方法是酒店实施绩效考核的具体手段。一套好的绩效考核方法，可以有效提供员工的工作信息，为员工的薪资、升迁、调动、培训等提供科学合理的依据。前文所介绍的几种绩效考核方法，各有优缺点，直接地照搬照用并非明智之举。每家酒店都应根据自身的情况以及所处的市场和竞争环境来选择适用的绩效考核方法。因此，我们在这里提供一些选择绩效考核方法的原则。

（一）成本原则

酒店的员工数量众多，绩效考核工作需要投入一定的成本，而酒店作为企业，经营的最终目标是获取经济效益与社会效益的最大化，因此在选择绩效考核方法时应充分考虑各种考核方法所需的成本。例如，如果对所有员工都实施360°反馈法，将会产生很高的考核成本，此时，关键绩效指标法就更加适用。

（二）定量与定性考核相结合

酒店讲求规范化服务与个性化服务的结合，员工的工作中既有定量化的内容，如客房部员工打扫客房的时间等；也有定性的描述，如微笑服务等。因此，在选择绩效考核方法时必须注意定量考核与定性考核相结合的原则。定量考核可以提高考核的科学性和准确性，定性考核则可以避免定量考核过于死板的缺陷。定量与定性考核相结合，才能使绩效考核真正发挥作用。

（三）公正、公平与透明原则

公正、公平、透明的绩效考核能使员工接受并认真执行，酒店的绩效考核方法、考核标准、考核程序、考核结果等都应对全体员工公开，便于员工监督与实行，使员工通过提高自身绩效带动整个酒店绩效水平的提高，从而达到促进酒店绩效改进的目的。

任务三　规避绩效考核的主观偏误

一、酒店绩效考核中的主要主观偏误

由主观因素造成的酒店绩效考核偏误主要有以下几种：

（一）晕轮效应偏误

晕轮效应又称光环效应，它通常是指我们在观察或评价某个人时，对于他的某种特质形成了鲜明的认知，从而掩盖了对此人其他特质的认知，也就是通常所说的"以

偏概全"。晕轮效应往往在判断人的道德品质或性格特征时表现最为明显。如果绩效考核的实施者在对员工进行绩效考核时，把绩效中的某一方面甚至与工作绩效无关的某一方面看得过重，就会产生晕轮效应偏误。例如，酒店员工小张比较会处理人际关系，谈吐彬彬有礼，评估者对他有好感，就认为他各方面能力都强；相反，小徐平时不修边幅，评估者就会对他产生工作不负责的负面印象。事实上在工作中，小徐的组织能力、协调能力很强，工作实际成效并不比小张差。

（二）近因效应偏误

近因即最后的印象，近因效应是指最后的印象对人的认知具有重要的影响。印象形成中的近因效应，最早是1957年由卢钦斯在《降低第一印象影响的实验尝试》一文中提出的，他指出，当关于某人的两种信息断续被人感知时，当与熟人交往时，通常会发生近因效应。在酒店绩效考核中，往往也会出现这样的情况，评估者对被评估者工作绩效进行考核时，往往只注重近期的表现和成绩，并以近期印象来代替被评估者在整个考核周期的绩效表现，因而造成近因效应偏误。如酒店员工小何在一年中的前半年工作马马虎虎，等到最后几个月才开始表现较好，结果年终绩效考核时他得到了好的评价。

（三）情感效应偏误

情感是人心理活动的一个重要方面，它是人对客观事物与人的需要之间关系的反映。一般说来，积极的情感会产生增力作用，消极的情感会产生减力作用。但不管是积极情感还是消极情感，都会对人的思想行为产生影响，而且每个人不可避免地会把情感带入他所从事的每一种活动中，绩效考核也不例外。情感效应偏误正是由于受到评估者与被评估者之间感情因素的影响而产生的。在绩效考核中，评估者常常因为被评估者的价值观、性格、作风与自己相似或相反以及其他方面的情感因素，对被评估者做出偏高或偏低的评价。

（四）暗示效应偏误

暗示是一种特殊的心理现象，是人们通过语言、行为或某种事物提示别人，使其接受或照办而引起的迅速的心理反应。评估者在领导的暗示下，很容易接受领导的看法，而改变自己原来的看法，这样就可能造成绩效考核的暗示效应偏误。例如，在评选年度"先进工作者"时，领导先谈评选的重要意义，之后往往有意无意地提到"大家工作都很努力，尤其是某某，特别具有敬业精神，在本职岗位上勤勤恳恳，取得了不少的成绩……"之类的话，这样，似乎不再需要评选，某某就被评为"先进工作者"了。

（五）刻板印象偏误

人们的社会认知偏误不仅发生在对个人的认知中，也发生在对一类人或一群人的认知中。如果评估者以某人所在的群体知觉为基础来判断某人，这样造成的评估偏误即刻板印象偏误。刻板印象一般通过两种途径形成：①直接与某些人或某个群体接触，然后将其某些人格特点加以概括化和固定化；②通过他人的介绍、大众传播媒介的描述而获得。在现实生活中，大多数社会刻板印象是通过后一条途径形成的。社会刻板印象对人们的认知会产生积极和消极两方面的影响。就社会刻板印象的消极影响而言，主要易使人产生成见。例如某位评估者由于受群体知觉的影响不自觉地认为文科出身的被评估者只会"耍耍嘴皮子"，那么他在绩效考核时对这些被评估者的评价就不会太高。相应的，由于惯性思维，他认为理科出身的被评估者笨嘴拙舌，不善言辞。这样，评估者就忽视了被评估者本身的能力，从而影响到绩效考核的客观公正性。

（六）趋中偏误

中庸之道是中国人的思维特性之一。彭凯平等从朴素认识论的角度指出，中国人认为世界是普遍联系的、变化的及复杂的，任何事物当中都蕴含着矛盾。因此，折中是处理矛盾的最好方式。经过数千年的历史积淀，中庸之道甚至内化成了中国人的性格特征。在酒店绩效考核中，评估者为了调和矛盾，往往不论被评估者工作表现有无差异，都给予极为接近的评估，从而造成趋中偏误，这会影响绩效考核所具有的积极作用的充分发挥。

（七）过高或过低偏误

给予不应受到的高评价被称为过高偏误，这种行为的产生往往是为了避免引起争议。当使用主观性强的绩效标准，并要求评估者与被评估者讨论评估结果时，这种行为最为盛行。

给予不应受到的低评价被称为过低偏误。有些酒店的人力资源管理部门实际采用的绩效考核标准比制定的标准更为苛刻，由此容易导致对被评估者过低的评价。这种行为可能是对各种评价因素缺乏了解而造成的。

（八）对比效应偏误

评估者把被评估者相互联系起来进行对比评估而造成的偏误，称为对比效应偏误。如在绩效考核指标不明确，或采用相对比较评级法时，若前一位被评估者各方面表现都很出色，那么在对比之下，就可能给后一位被评估者带来不利影响。

二、规避主观偏误的方法

（一）常规方法

通常而言，酒店选择以下几种路径来规避绩效考核过程中的主观偏误。

1. 培训评估者

加强对评估者的培训对于提高其业务能力、减少评估者人为造成的偏误具有十分重要的意义。对评估者培训的内容一般包括以下两个方面：①培养评估者正确的态度，包括提高对酒店绩效及其意义、人力资源管理和评估关系的认识；②提高其专业知识和技术水平，包括评估中容易产生偏误的原因及其对策、评估方法的应用、评估信息的搜集与处理、专用工具与设备的使用技术等。通过培训，可以增进评估者对绩效考核目的和重要性的认识，提高评估者理解绩效考核内容、维度和搜集被评估者信息的能力，养成评估者时时注意搜集有关被评估者的信息并做好记录的习惯，达到提高绩效考核客观公正性、规避绩效考核主观偏误的目的。

2. 实施360°考核

无论运用哪种绩效考核方法，都必须根据被评估者的绩效信息来源确定绩效评估者。一般来说，被评估者的绩效信息来源主要有：直接上司、直接同事、直接下属、被评估本人、间接上司、客户等。从不同的信息来源获得被评估者的绩效信息，会使绩效考核结果更为准确和有效。在这种情况下，360°绩效考核技术应运而生。该方法扩大了绩效考核中的评估者人数和类型，易使各类评估者优势互补、结论公正而全面，是减少绩效考核中的主观偏误、提高绩效考核准确性的有效手段。需要指出的是，酒店在运用该方法时，应注意以下几个方面：

（1）恰当选择绩效评估者。所选择的绩效评估者应当满足以下条件：①了解被评估者岗位的性质、工作内容和要求、绩效考核标准以及酒店人力资源管理的政策；②熟悉被评估者本人的工作表现，尤其是在本考核周期内的状况；③提供的信息必须公正客观，不具偏见。

（2）确保匿名性。对此，可以通过对评价群体编码的方式来确保评价的匿名性，如间接上级为A，直接上级为B，同事为C，下级为D，客户为E。评估时评估表上只有评估人的类别编码，计分时用每类考评人的平均评分乘以各类评估人的权重。

（3）恰当的评估者权重。由于不同的评估者对被评估者的情况的了解程度不同，以及评价的重要性不同，因此应对不同的评估者赋予不同的权重。

3. 加强绩效考核沟通

现代管理的民主参与理论的提出者（如巴纳德、西蒙和梅奥等人）认为，不论组织性质如何，组织是属于全体成员的，组织中所有成员都有平等的发言权，每个人都有参与组织决策的权利与机会。而在整个参与决策的过程中，沟通扮演了重要的角色。事实上，绩效考核作为酒店绩效管理中的关键环节，如果没有及时、有效的反馈沟通，被评估者就无从知晓酒店、上司对自己的期望与帮助，那么绩效考核就会流于形式，实现酒店目标和员工个人发展就会成为一句空话。因此，在绩效考核结束后，为防止可能产生的偏误，评估者应不断与被评估者进行沟通，严格审查绩效考核结果，并允许被评估者核对评估结果。当被评估者对结果产生疑问时，评估者应认真进行核对，以最大限度减少可能产生的偏误。

（二）规避新路径

应该说，上述方法对于规避酒店绩效考核的主观偏误具有积极作用，但都存在一定的缺陷，信度不高。如对评估者进行培训，虽然对于消除或降低因评估者的主观原因造成的偏误，特别是消除评估者在认识上的种种误区，具有重要作用，但是对如何规避评分尺度过严、过宽或趋中的主观偏误，作用不明显。因此，需要提供新的方法，将原始分转换成标准分，以更加有效地规避由主观因素造成的偏误。

1. 标准分的含义

标准分是相对于原始分而言的。原始分是按照考核标准直接对被评估者评出的分数。标准分是通过原始分转化而得到的一种地位量数。也就是说，某一个原始分的标准分，代表了该原始分在评估者打出的所有原始分中的地位。标准分实质上体现了原始分数的排序，被评估者因为原始分不同，而排在不同的位置上，标准分就是某被评估者原始分所排队位置的分数体现。

2. 标准分的计算公式

标准分是原始分与平均分的离差与标准差的分数，其公式为：

$$Z = \frac{X - \overline{X}}{S}$$

式中，X为原始分值；$\overline{X}$为原始分值的平均数；S为原始分值的标准差。

标准分具有如下性质：①平均值为0，标准差为1；②分数之间等距，可以做加减运算；③原始分转换为标准分是线性转换，不会改变原始分的分布形状，也不会改变原来分数的位置次序。

通过转换后得到的标准分在一般情况下都带有小数，而且会出现负值，实际使用时不太方便，所以还要对标准分进行线性变换。变换公式表示为：

$$T=50+10Z$$

式中，T是由Z转换而来的，它不仅具备Z的所有优点，而且克服了Z的缺点。T不会出现负数，其数值范围为20～80，比较接近百分制的记分习惯，易于计算。

3．标准分的优势

（1）标准分能够反映出评估者的某一个评分在评估者的全体评分中的位置，而单个原始分则不能。例如，评估者给某一个被评估者的原始分数为4分，这无法说明被评估者的绩效如何，因为这与评估者的打分尺度有关，还与其他被评估者的分数有关。如果评估者给某一个被评估者的标准分数为1.5，则通过查正态分布表，查得对应的百分比为0.93319，于是我们知道，该被评估者的绩效超过了93.319%的被评估者的绩效，这就是分数解释的标准化。

（2）不同评估者的原始分不可比，不同评估者的标准分则可比。由于评分的过严、过宽或趋中的倾向不同，各评估者的分数值也就不同。例如，酒店餐饮部张经理给其部门小张的原始评分为4.5分，人力资源部刘经理给小张的原始评分为4分，从原始分来看，餐饮部张经理对小张的评价高于人力资源部刘经理的评价。但如果餐饮部张经理给所有被评估者的平均分是4.7分，而人力资源部刘经理给所有被评估者的平均分是3.5分，则餐饮部张经理对小张的评价处于全体被评估者的平均水平之下、人力资源部刘经理对小张的评价处于全体被评估者的平均水平之上。从标准分的角度来衡量，餐饮部张经理对小张的评分的标准分低于0，而人力资源部刘经理对小张的标准分大于0。由于标准分代表了原始分在整体原始分中的位置，因此是可比的。

（3）不同评估者的原始分不可加，而不同评估者的标准分之间则可加。既然不同评估者的原始分不可比，那么也就不可加。多个评估者的评分，只有在各个评估者的评估值相同、标准差也相同的条件下，才能相加，否则是不科学的。各个评估者原始分的平均值以及标准差一般都不相同，而各个评估者的标准分的平均值以及标准差都基本相同，因此是可加的。

4．案例分析

某酒店员工小刘和小张在一次绩效考核中五个指标的原始分值和合成总分、部门平均差和标准差如表5-9所示。

表5-9　小刘和小张的原始分值和合成总分

对比项	政治思想素质	团队精神	服务态度	工作效率	工作质量	合计
小刘	76	85	73	72	80	386
小张	70	79	88	68	87	392

对比项	政治思想素质	团队精神	服务态度	工作效率	工作质量	合计
部门平均差	73	75	59	65	63	—
部门标准差	6	12	22	16	22	—

根据标准分计算公式，我们可以得出小刘和小张这五个指标的标准分和合成总分。具体如表5-10所示。

表5-10　小刘和小张的标准分和合成总分

对比项	政治思想素质	团队精神	服务态度	工作效率	工作质量	合计
小刘的Z分数	0.5	0.83	0.64	0.44	0.77	3.18
小张的Z分数	−0.5	0.33	1.32	0.19	1.09	2.43
小刘的T分数	55	58.3	56.4	54.4	57.7	281.8
小张的T分数	45	53.3	63.2	51.9	60.9	274.3

分析以上两个表格可知，根据原始分值合成总分，小张比小刘好。若以388为评选优秀的分数线，那么小张就达到优秀的分数线，而小刘就与优秀无缘。根据T分数及其合成分数，小刘比小张好。同样，若以276分作为评选优秀的分数线，那么小刘就达到优秀的分数线，而小张就与优秀无缘了。

根据标准分所具有的优势，我们可以判定，依据T分数合成总分来评估小刘和小张的综合绩效信度更高，更能有效地规避绩效考核中的主观偏误。

任务四　反馈和应用绩效考核结果

一、绩效考核结果的反馈

（一）绩效考核结果反馈的作用

尽管我们要求科学合理地进行绩效考核计划的制定、绩效考核指标的设计和绩效考核方法的选择，但绩效考核的过程还要受到诸如考核者、被考核者、酒店制度等诸多因素的影响，因此，绩效考核的结果不可避免地会产生某些偏差。同时，绩效考核的目的就是要让酒店员工改进绩效。因此，绩效考核结果的反馈就非常必要，通过反馈，能减少绩效考核过程中的盲点，提高绩效考核的有效性，并与员工一起建立关于未来的计划，即确定员工下一步要达到的绩效目标。

（二）绩效考核结果反馈的内容

（1）告知员工绩效考核的结果；

（2）听取员工对绩效考核结果的看法；

（3）探讨该绩效考核结果的成因；

（4）表明酒店对员工的要求和期望，并制定绩效改进和培训计划。

（三）绩效考核结果反馈的原则

由于酒店内存在岗位分工的不同和专业化程度的差异，所以在人力资源部与员工之间存在着信息不对称的情形。为了不断提升员工关注的层级，努力实现组织内评估双方的信息均衡分布，在人力资源部与员工之间进行经常的、及时的绩效考核结果反馈沟通是非常必要的，并应该遵循这样一个重要的原则，即SMART原则。

S——Specific（具体）。面谈交流要直接而具体，不能做泛泛的、抽象的、一般性的评价。无论是赞扬还是批评，都应有具体、客观的结果或事实来支持，使员工明白哪些地方做得好，差距与缺点在哪里，既有说服力又让员工明白人力资源部对自己的关注。

M——Motivate（激励）。面谈是一种双向的沟通，为了获得对方的真实想法，人力资源部应当鼓励员工多说话，充分表达自己的观点。由于思维习惯的定向性，人力资源部反馈者似乎常常扮演发话、下指令的角色，员工则被动地接受，因此当员工迫不及待地表达自己的意见时，人力资源部反馈者不应打断与压制，且对员工好的建议应给予充分肯定。

A——Action（行动）。反馈面谈中涉及的是工作绩效，是工作中的一些事实表现，如员工是怎么做的、采取了哪些行动与措施、效果如何等，而不应讨论员工个人的性格。员工的优点与不足都是在完成工作中体现出来的，且性格特点本身没有优劣好坏之分，不应作为评估绩效的依据。若人力资源部反馈者需要指出关键性的影响绩效的性格特征，也必须是出于真诚关注员工的考虑，且不应将它作为指责的焦点。

R——Reason（原因）。反馈面谈需要指出员工的不足之处，但不需要批评，而应立足于帮助员工改进不足之处，指出绩效未达成的原因。出于人的自卫心理，在反馈中面对批评，员工马上会做出抵抗反应，使得面谈无法深入下去。但人力资源部反馈者如果从了解员工工作中的实际情形和困难入手，分析绩效未达成的种种原因，并试图给以辅助、建议，员工是能接受主管的意见甚至批评的，反馈面谈也不会出现攻守相抗的困境。

T——Trust（信任）。没有信任，就没有交流，缺乏信任的面谈会使双方都感到紧张、烦躁，不敢放开说话，充满冷漠、敌意。而反馈面谈是人力资源部反馈者与员工双方的沟通过程，沟通要想顺利地进行，要想达到理解和达成共识，就必须有一种彼此信任的氛围。人力资源部反馈者应多倾听员工的想法与观点，尊重对方；向员工沟通清楚原则和事实，多站在员工的角度，设身处地为员工着想，勇于当面向员工承认自己的错误与过失，努力赢取员工的理解与信任。

（四）绩效考核结果反馈技巧

1. 时间、场所的选择

避开上下班、开会等让人分心的时间段，与员工事先商讨双方都能接受的时间，远离办公室，选择安静、轻松的小会客厅，双方成一定夹角而坐，给员工一种平等、轻松的感觉。实行什么样的开场白，往往取决于谈话的对象与情景，设计一个缓冲带，但时间不宜太长，可以先谈谈工作以外的其他事，如共同感兴趣的某一场球赛、上下班挤车的情形、孩子的学习等，拉近距离，消除紧张，再进入主题，"好的开始是成功的一半"。

2. 认真倾听员工解释

面谈中人力资源部反馈者常犯的错误是喋喋不休，连指责带命令，这样只会使面谈成为只有一个听众的演讲，而没有信息的交流。调查表明即使人力资源部反馈者听了员工的谈话也至多只记了对方30%的内容，所以人力资源部反馈者应尽量撇开自己的偏见，控制情绪，耐心听取员工讲述，并不时地概括或重复对方的谈话内容，鼓励员工继续讲下去。这样往往能更全面地了解员工绩效的实际情况，帮助分析原因，这也是面谈得以成功的重要基础。

3．多提一些开放性的问题

通过提一些开放性问题，激起员工的兴趣，排除其戒备心理，慢慢调动员工的主动性。称赞员工时多用"你们"、批评时用"我们"，这样的沟通方式容易让人接受，如"你们九月份的客房销售额，酒店董事会非常感兴趣""我们客房销售还不够，只做到了60%"。

4．善于给员工台阶下

面谈中，员工有时已清楚自己做得不好，在人力资源部反馈者给出了具体的事例与记录后，却不好意思直接承认错误，此时人力资源部反馈者就不要进一步追问，而应设法为对方挽回面子，可以这么说："我记得以前这一项你们做得相当棒，这次可能是大意了"，员工会随口说"是啊，是啊"。这样，一方面给员工搭了个"台阶"，使其对主管心存感谢，同时又引导员工承认自己的不足，可谓一举两得。

5．以积极的方式结束面谈

如果面谈中的信任关系出现裂痕，或面谈由于其他意外事情而被打断，应立即结束面谈，不谈分歧，而肯定员工的工作付出，真诚希望对方的工作绩效有所提高，并在随后的工作中抽空去鼓励员工，给以应有的关注。如果面谈顺利实现了信息沟通，主管要尽量采取积极的、令人振奋的方式结束面谈，或紧握员工的手，或拍拍对方的肩，语气亲切而诚恳地说："所有的问题都能解决，真令人高兴"，或"辛苦了，好好干吧"，这可以使面谈更加完美。

（五）员工对绩效考核结果的态度与相应对策

在绩效考核结果的反馈过程中，管理者应注意观察员工对考核结果的反应。一般而言，员工对绩效考核结果会持以下几种态度：赞成考核结果；虽有异议，但愿意接受改进意见；拒绝承认考核结果，并认为自己的不良表现是酒店政策所致；不同意考核结果，并提出反驳的"充分依据"；表面上接受考核结果，但在以后工作中"破罐子破摔"，甚至辞职走人。无论员工是持有积极的态度还是消极的态度，管理者都应认真对待，采取相应的对策（见表5-11）。

表5-11　针对员工对绩效考核结果所持态度的对策

员工所持态度	管理者的对策
赞成考核结果	衷心赞扬员工，感谢员工的合作；继续保持良好的沟通，争取持续的绩效改进
虽有异议，但愿意接受改进意见	
拒绝承认考核结果，并认为自己的不良表现是酒店政策所致	保持冷静，仔细倾听员工的想法，尝试从员工的角度看问题；确认已理解了员工的想法后再决定下一步；切忌"以上压下"
不同意考核结果，并提出反驳的"充分依据"	
表面上接受考核结果，但在以后工作中"破罐子破摔"，甚至辞职走人	尝试与人力资源部、该员工的同事等合作，与该员工进行沟通，想办法使员工将消极情绪表达出来，共同商量对策

二、绩效考核结果的应用

传统的绩效考核思想认为绩效考核的最终目的是薪酬管理，但实际情况是，薪酬管理只是绩效考核结果较为普遍的一种用途。除此之外，绩效考核的结果应在人力资源管理的很多方面得到应用，为人力资源管理的其他功能提供支持。

（一）绩效考核结果与绩效改进

绩效考核结果虽然是对上一个绩效周期内员工绩效的"定论"，但绩效考核的最终目的并不是找出错误和过失。绩效考核之后，对被考核人进行考核结果的反馈是很重要的，因为进行绩效考核的一个主要目的就是：绩效改进。绩效改进计划是绩效反馈后管理者和员工双方对员工绩效达成一致意见后形成的计划，提出了提高和改善员工现有绩效的一系列具体行动和措施。

一份完整的绩效改进计划一般包括四方面的内容：第一部分是关于计划制定者以及计划本身的基本情况，如员工的基本信息、直接上级的基本信息，以及该计划的制定时间、拟实施时间和结束时间等；第二部分是根据绩效考核结果和绩效反馈的结果，确定员工在工作中存在的问题，并对所存在的问题进行具体描述，总结出需要改进的工作方法、工作能力和工作态度等；第三部分也是绩效改进计划中最重要的部分，即对存在的问题提出有针对性的意见，包括具体的改进措施、建议接受的培训安排等；第四部分是确定经过改进后要达到的绩效目标，并在可能的情况下将目标明确为员工在某个绩效考核指标上的具体得分。

绩效改进计划的制定需要管理者和员工之间进行充分的沟通和交流，以获得最佳的效果。表5-12为某酒店绩效改进计划示例。

表5-12　某酒店绩效改进计划

姓名：		所在业务部门：		直接上级：
影响绩效的问题和原因分析：				
绩效改进的目标与措施：				
绩效面谈的主要分歧：				
需要直接上级提供的支持：				
被考评人： 日　　期：		直接上级： 日　　期：		部门总监： 日　　期：

人力资源部意见：
酒店意见：

（二）绩效考核结果与人力资源规划

人力资源规划是指为了达到企业的战略目标与战术目标，科学地预测、分析人力资源的供给和需求状况，制定必要的政策和措施，以确保组织在需要的时间和需要的岗位上获得必需的人力资源的规划。它的内容主要包括两方面：①人力资源总体规划，就是对计划期内人力资源规划结果的总体描述，主要是对人力资源供需的预测和企业平衡供需的总体政策；②人力资源业务规划，是总体规划的分解和具体内容，如人员配置计划、提升计划、培训开发计划、工资激励计划等。

绩效考核是进行人力资源规划的重要基础，通过对员工绩效的考核，能够清查酒店内部的人力资源状况，了解有关员工的经验、能力、知识、技能和培训情况，获得有关人力资源的需求预测和内部供给的信息，为人力资源规划提供依据。

（三）绩效考核结果与员工招聘和录用

酒店的人员招聘与录用工作是一项系统工程，是酒店为了发展需要，吸收合格人才的过程。通过对绩效考核结果的分析，发现那些优秀员工的共同特征，把这些特征作为酒店招聘的标准，使酒店能相对容易地挑选到理想的员工。绩效考核结果也是酒店内部员工选拔与提升的重要依据。同时，还能通过对新员工的绩效考核结果的检测，评估招聘和选拔工作的有效性。

（四）绩效考核结果与员工激励

激励就是激发人内在的行为动机并使之朝着既定目标前进的过程。在酒店管理中，要充分发挥员工的主观能动性和创造性，不断激发、引导员工朝着组织所希望的方向行动，以实现组织目标。酒店的绩效考核是通过一系列量化指标来进行的，在绩效考核的基础上，采取奖勤罚懒、奖优罚劣的手段（惩罚是一种负激励的手段）。科学合理的绩效考核不仅能够帮助酒店确定员工的工资级别，还能够为各种奖励和处罚提供依据，是合理的激励制度的基础。

事实上，酒店建立绩效管理体系，除了要区分出员工绩效的优劣之外，还有一个很重要的功能就是通过分析绩效考核的结果来提升员工的技能和能力。培训的一个主要出发点就是员工绩效不良或者绩效低于标准要求，也就是说，当员工的现有绩效考核结果和企业对他们的期望绩效之间存在差距时，管理者就要考虑是否可以通过培训来改善员工的绩效水平。这时就需要对绩效较差的员工进行分析，如果员工仅仅是缺乏完成工作所必需的技能和知识，那么就需要对他们进行培训。因此，除了可以通过绩效考核衡量员工的绩效业绩外，也可以利用绩效考核的信息来对员工能力进行开发。

模块五
酒店考核

1. 请就酒店内某一岗位，设计绩效考核指标。
2. 针对上题中的岗位，设计一份绩效考核表格。

■ 思考与练习

1. 分析各绩效考核方法在酒店人力资源管理中的优缺点。
2. 绩效考核的结果有哪些用途？
3. 试分析以下案例，并回答相关问题。

西厨房高级行政主厨杰克对贾明说："你下班前15分钟左右到我办公室来一趟好吗？我想把你的半年度工作表现评定给你，不会花很多时间，我知道你想下午3点钟前下班。"

贾明一直在期待着这次谈话，因为他想讨论一下，并为自己的工作情况制定新的标准。此外，他对评定结果也有些担心，因为他认为自己在上半年度的工作表现不是太好。

下午2:45，贾明准时敲响了杰克办公室的门。当贾明走进办公室时，他看见杰克正忙于处理一些宴会的订单。贾明坐下后，杰克说："我已经填好了你的评定表，你看看吧，没问题的话就在上面签上名。我在所有的方面都给你评了优。不过这次大家都得了优。因为最近两个月大家都加班加点把业主公司的会议和其他几个VIP服务做得很不错。所以我没有什么可多说的了，继续好好干吧，我会给你加薪的。"

贾明看过考评表后签了字，他看出杰克确实很忙，所以想想自己还是离开为好。而且，他也不想毁掉一个加工资的大好机会。可是，离开杰克办公室时，他还是感觉到了强烈的失望。

（资料来源：王凤生：《高星级酒店绩效管理实务》，中信出版社，2008）

思考题：

（1）杰克对下属的业绩评定是否合理？
（2）如果你是杰克，将如何处理这次面谈？

■ 知识拓展

酒店绩效考核中的种种误区

当前有很大一部分酒店在开展员工绩效考核这一项烦琐复杂而又技术性极强的工作中存在着很多误区，这些误区的存在使得考核工作应有的客观、公正等诸多特点没有得以充分体现，最终影响了考核的效用。

一、对考核工作的态度

在对员工考核工作的看法上主要存在着以下两方面的错误认识：

（一）考核就是对员工的惩罚

一些酒店人力资源部考核者认为，考核是作为一种对员工的控制手段而存在的，其直接目的就是给员工挑毛病，借以惩罚员工，同时也多少展示一下上司的权威。"这么不努力工作，不扣发你工资才怪……""你表现得太糟糕了，还是另谋高就吧……"在这种错误认识下，酒店人力资源部考核者很容易在考核工作中违背本应遵循的原则，甚至会错误地执行考核结果。员工则会惧怕考核，逃避和拒绝考核，从而给酒店带来不应有的管理矛盾，最终影响酒店的士气和战略发展。

正确的认识应当是，考核是员工追求高需求层次的体现，做好考核工作就是为员工满足高层次需求服务，它是一种激励方式。

美国行为科学家亚伯拉罕·马斯洛认为，人是有需求的，当低层次的需要得以满足之后，就会去追求高层次的需要。在酒店中，员工在追求友谊、归属和尊重的需要之后，必然会追求自我实现的需要，这一高层次的需要具体体现为员工对工作的创造性和成就感的追求，随之而来的，必然是对绩效考核的需要。因为，员工希望知道自己的绩效水平究竟怎样，以此来检验和评价自己的工作能力和潜力。当考核结果显示业绩骄人、成果丰硕时，员工内心会产生巨大的满足感，由此会带来极大的激励作用。因此，酒店应真正树立起"以人为本"的管理理念，视员工考核为满足员工追求高层次需要的手段，把做好考核工作当作实现员工自身与社会价值的有力促进。

与此同时，我们还必须认识到，考核是酒店改造和强化员工行为的一种方法。考核对于酒店来说不是目的，而是改造和转化员工行为、变消极为积极行为的一种有效管理方法。操作条件反射理论作为考核的指导思想之一，特别重视环境对人的行为的影响作用，认为人的行为只是对外部环境刺激所做的反应，只要创造和改造外部环境，人的行为就会随之改变。根据该理论，酒店人力资源部考核者完全可以通过考核的办法来刺激员工，借以达到保持和发挥员工积极行为、减少和消除员工消极行为的目的。具体来说，酒店人力资源部考核者可以通过考核来认定员工的哪些行为是对酒店发展目标有利的，在这种刺激作用下，使员工感到对自己有利，从而在今后的工作中增强这种行为反应的频率，不断提高工作绩效。

（二）考核就是为了考核

一些酒店人力资源部考核者除对以"选拔"干部为目的的考核较为重视以外，对工作中员工的绩效考核并不重视。在他们看来，考核仅仅是人事部门的例行工作罢了，与其他人事工作没有什么必要联系，更与酒店的经济效益与发展不沾边。在这种思想认识下，考核者在考核中往往敷衍了事，不负责任，走过场。某酒店人力资源部在统计员工考核结果时发现有些主管对下属的考核结果都是清一色的"中等"，不好不坏。甚至有的主管委托下属替其填写考核表，之后在考核表上签个字，完全把员工考核当成了差事来应付。

正确的认识应当是，员工考核工作能够为管理人员开展其他业务工作提供决策信息，是指导人力资源管理者做好其他业务工作的基础。比如，依据考核结果提拔优秀员工或惩戒碌碌无为之辈，为增加工作出色者的工资奖金说明理由等。可以说，员工考核工作是否得到酒店人力资源部的重视以及在管理中应用是否广泛，是衡量一家酒店人力资源管理水平高低的重要标志。

二、考核的过程

进行员工考核工作时，必须要有一个标准，只有将员工的实际工作情况与工作标准相比较，才能得出较公正的评价，而且工作标准越明确，评价鉴定才能越准确。从目前的实际情况看，在考核的实施过程中，一些酒店通常存在以下两个方面的问题。

（一）没有考核标准或标准比较简单

不少酒店人力资源部考核者至今还在犯着想当然的错误，他们认为员工都知道自己应该在岗位上做些什么。例如，一家酒店人力资源部对员工的具体要求竟然只有"踏实肯干、积极认真"这样简单的定性描述。这种评语式的考核是开放式的，显然缺乏客观的衡量尺度，定量判断少，定性判断多。掺杂的主观因素过多，导致不能客观公正地评价一个人表现的好坏，从而使考核效果大打折扣。

（二）虽然有考核标准但不科学且缺乏可操作性

有些酒店自行设计的考核表往往评价项目概念混乱，互相覆盖或缺乏具体的界定尺度。比如，某些酒店从"德、能、勤、绩"四个方面来考核员工，仅仅定出了一般性原则，具体这四个方面如何分解，每一个因素又该如何划分等次、如何衡量，却找不到统一的规定和标准。这样不可避免地产生了两种后果：一是各部门自行其是，标准有差异，结果无可比性；二是不制定具体标准，必然会大量地掺杂主观因素。

要想解决以上存在的问题，酒店人力资源部应当明白，考核标准的制定应是酒店人力资源部与员工两方面共同确认的。虽然考核标准是用来衡量酒店内员工工作各个方面好与坏的尺标，但这绝不意味着考核标准仅仅是酒店人力资源部单方面就可以加以确定的事情。与酒店中员工达成共识，是标准最终得以贯彻、实施并赢得一致拥护的前提。

三、考核的具体操作

考核的过程就是比较的过程，是对收集到的员工信息与考核标准进行客观对比的过程。若酒店内部存在以下原因，则可能会使考核结果不准确，产生偏差。

（一）考核者的思维方式不同

由于考核者之间存在着思维方式的不同，在考核时，对同一件事情的看法就会有所不同。究其原因，往往是一些考核者在考核时不自觉地出现偏误，对态度、性格合自己心意的人评价过高，对自己看不惯的人评价偏低。例如，有些考核者推崇艰苦朴素的生活作风，那么追求时尚、个性化的年轻人恐怕就会被认为不踏实、不稳重。那些因为存在一些考核者不喜欢、不欣赏的个性品质的员工，其考核成绩很可能会很糟糕，而这并不是其工作干得不好导致的。

（二）对标准的理解不同

将员工的实际表现与标准做比较时，再公正客观的比较也会带有不同程度的主观因素。考核者对标准的不同的主观理解是考核结果出现偏差的主要原因之一，它会导致标准衡量尺度的宽严不一。有些考核者要求过高，经常表现出对员工的工作感到失望，在考核时，就会低估员工应得的评价。相反，有些考核者认为最好的员工是根本不存在的，最差的员工也是很难找到的，于是往往习惯于将员工都评定为中间等级。

事实上，影响考核出现偏差的因素是多种多样和复杂的。要想将上述所说的偏差对考核结果造成的影响减少到最小程度，可以采取这样一些措施：首先，要对以上可能产生的偏差有一个清楚的认识。因为搞清楚可能出现的偏差会有助于考核时避免这些问题的出现。其次，应选择正确的考核方法。每一种考核方法，无论是量表法、人员比较法还是行为事件法，都各有其优点和不足。在对员工进行考核时，可有所侧重地结合起来加以灵活运用。最后，考核前对考核者进行培训也是十分必要的。在培训中不仅要对考核的必要性进行理论讲解，更重要的是，要对考核的具体内容、标准以及它们之间的关系做出说明。与此同时，还要对员工考核过程中会出现的失误进行详尽的讲评，并可利用案例加以解释。最好能进行模拟考核，以使培训更加有效。

四、考核结束

目前在酒店中，考核依然笼罩着一层神秘的色彩，考核活动既不允许员工本人参加也不让员工了解考核结果，由此失去了考核的真正意义。造成这一现象的主要原因如下：

（一）认为考核工作就是管理者行使职权

一些酒店人力资源部认为，对员工进行考核就是管理者的工作，员工只能接受其结果，是奖是惩只能唯命是从，只有这样才能充分体现出管理的严肃性和权威性。

（二）认为就考核结果与员工进行沟通太麻烦

一些酒店人力资源部认为，就考核结果与员工进行沟通是应该的，但真正沟通起来面临的困难不少，要想达到好的沟通结果还需要具备许多条件，与其这么复杂，还不如减掉省心。特别是万一沟通效果不好，还会引起纠纷，产生紧张和矛盾。

正确的做法应当是：首先，明确参与考核的人与机构。一般情况下，直接主管人员、同事、员工本人、下级甚至顾客都是考核工作的参与者。其次，对考核结果必须展开面谈。这是考核结果出来后极其重要的一个环节。因为考核员工本身并不是目的，只有双方通过全方位的沟通，对考核结果有了一致的认识，并对改进目标与方向达成共识，员工接受了考核结果，并准备朝着改进目标去努力，考核才真正有效。当然，处理好沟通的每一个环节是需要勇气和条件的，这也正是对我们酒店管理人员水平和才干的一次检验。

（资料来源：徐文苑，贺湘辉：《饭店人力资源管理》，清华大学出版社，2015）

世界著名公司的绩效考核准则

一、索尼公司的5P绩效控制

索尼公司是世界上民用和专业视听产品、游戏产品、通信产品和信息技术等领域的先导之一。它在音乐、影视、计算机娱乐以及在线业务方面的成就也使其成为全球领先的个人宽带娱乐公司。索尼在2005年3月31日结束的2004财年中的合并销售额达到669亿美元。2004年7月8日，哈里斯互动调查（Harris Interactive Survey）最佳品牌评选结果在纽约揭晓，索尼连续第五次荣登年度"最佳品牌"评选榜首，这也是过去十年中索尼第七次获此殊荣。2004年7月16日，"亚洲最佳品牌1000强"评选结果首次揭晓，根据投票结果，索尼荣登榜首。

索尼公司在内部的绩效控制方面采用5P评价体系来全面考核员工的业绩。5P包括Person（个人）、Position（职位）、Past（过去）、Present（现在）、Potential（潜力）。具体来说，如果企业的员工（Person）在其相应的部门或岗位（Position）上有业绩，就可以说这名员工的工作绩效是合格的。同时，企业员工是否能得到晋升，管理者要视员工的业绩（Performance）而定，业绩本身由三部分构成：过去（Past）的业绩、现在（Present）的业绩和该名员工在公司中的发展潜力（Potential）。

对此，索尼公司中国副总裁、人力资源部部长张燕梅女士如此说：

公司看的是业绩，股东看的是整个股票的业绩。作为个体的员工，也会对自己的业绩进行自我评估。公平一点讲，应该完全按照业绩来发放薪金和奖金。很多公司强调以人为本，我觉得人固然重要，但是归根结底业绩才是公司运作的核心。业绩管理好了，人就很好管理了。人人都追求公平、公正、公开，如果说业绩管理能够做到公平、公正、公开，每个人在公司都会感到比较舒畅。

所有的东西必须量化，我们给出了很多问题，回答完问题，量化的结果也就得出了。在考核过程中，就可以发现员工的不足与优秀之处。明年的目标也会在考核评估的过程中确定下来。这样我们就能够具体确定明年每个员工的培训方向。另外，对各部门进行评估，就可以掌握各个分公司、各个部门之间的平衡。我们的整个评估体系，就是这样周而复始的。评估完成后，实际上你明年的目标也就设定好了。做完公司的评估以后，我们就知道整个公司在哪些方面需要尽快改善。

对于员工的潜力，公司会对员工3年的业绩进行综合考评。对于员工的评价分为几个独立因素，公司尽可能地做到几个因素互不干扰，员工要获得晋升，要由目前的上司进行提名。过了这关之后，进行书面考核，对员工的常识、观点进行考核。书面考核完成后，公司高层领导对员工进行全面考核。员工要面对5个公司高层陈述自己的想法和建议。公司高层将据此评估，作为将来的领导这名员工有没有优秀的发展思路。通过这样一系列的综合考核评估，我们才能证明一名员工有没有潜力。

潜力和过去表现不一样，要把两者明显区分开来。过去是一方面，但绝不等于发展潜力。在这方面公司要给员工做咨询、职业指导工作，要让他们学会自己对自己进行测评，了解自己，这是人力资源部门一项非常重要的工作。

二、可口可乐公司的战略性绩效考核——平衡计分卡

可口可乐公司成立于1886年，目前总部设在美国佐治亚州亚特兰大，是全球最大的饮料公司，拥有全球48%的市场占有率以及全球前三大饮料的两项，其年收入超过200亿美元。可口可乐公司在200个国家和地区拥有160种饮料品牌，包括汽水、运动饮料、乳类饮品、果汁、茶和咖啡，是全球最大的果汁饮料经营商，在美国排名第一的

可口可乐为其取得超过40%的市场占有率，而雪碧则是成长最快的饮料，其他品牌包括伯克（Barq）的沙士（Root Beer）、水果国度（Fruitopia）以及大浪（Surge）。

平衡计分卡是企业实施战略性人力资源管理的思想和指导方法，要求企业在制定战略发展指标时，综合考虑企业发展过程中的财务指标和一系列非财务指标的平衡，不能只关注企业的财务指标。只有这样才能实现企业各方面的协调发展。

（一）企业的战略目标

除了以企业的财务指标来衡量之外，还要有其他一系列非财务指标来支撑。其中，财务指标主要包括资产负债表和损益表的指标，非财务指标则包含以下几方面内容：

（1）企业以顾客为导向的经营绩效指标。

（2）企业内部人力资源管理部门的绩效指标。

（3）企业内部各个部门合作流程的绩效指标。

（4）企业内部员工学习、创新和企业战略发展的绩效指标。

（二）进行目标分解

企业的战略目标是总体性的，可以把它分解到每一个部门，然后再分解到各个部门内的每一个员工，并依此建立起企业内部各个部门各个员工的绩效考核制度和相应指标，把员工的个人发展和企业的战略发展联系起来。

结合企业实际运行过程中的绩效管理实践，可以看出，使用平衡计分卡能够给企业管理带来许多好处，主要有以下几方面：

（1）平衡计分卡把企业内部员工个人的绩效与企业整体的战略目标紧密联系起来，员工在实现个人发展的同时可以帮助实现企业的战略目标。

（2）企业内部员工可以了解到自己的绩效是与企业的绩效息息相关的，可以增强员工的工作责任感。同时，员工会比较有成就感、方向感，有较强的工作热情。

（3）将企业总体战略目标层层分解到员工个人目标的过程可以增强员工与企业管理者之间的双向有效沟通，可以使员工深入地认识企业。同时，企业的管理者也可以通过平衡计分卡的体系，更加方便、清晰、全面地了解企业的运作状况。

（4）在平衡计分卡体系的帮助下，企业通过绩效考核可以比较明确地发现各个部门、岗位的设置是否合理、工作量是否饱满。同时，平衡计分卡还可以帮助企业管理层梳理企业流程，及时发现企业中存在的各种问题，改善企业的管理水平。

可口可乐公司一直不遗余力地在公司内部员工的绩效考核中推广平衡计分卡的概念。按照公司高层管理者的要求，可口可乐公司的人力资源部门在对员工进行绩效考核时，从财务层面、客户和消费者层面、内部经营流程层面，以及组织学习与成长层面来测量员工在企业总体战略目标下的个人行动绩效。为此，可口可乐公司规定了每个员工在平衡计分卡体系中都要履行的步骤，具体内容如下：

（1）明确企业和部门的发展远景和战略目标。

（2）设定员工个人的长期目标（大致的时间范围为3年）。

（3）认清并描述企业和部门的当前形势。

（4）制定并阐述在企业和部门的当前形势下员工个人将要采取的战略计划和绩效目标。

（5）在平衡计分卡的体系内确定考核参数。

可口可乐公司的管理层在推行平衡计分卡体系的同时，还注重形成一种相应的企业目标和一种连续的落实体系，在此范围内所有主要的参数都要进行测量。在不同的水平上，将把关注的焦点放在与战略行动有关的关键指标测量上，特别是将公司的远景战略目标分解落实到公司内部员工身上时，每个员工应该承担的责任和落实的绩效。

在构造公司的平衡计分卡时，可口可乐公司的高层管理人员还特别强调保持绩效管理各个方面的平衡的重要性。为了达到该目的，可口可乐公司的人力资源管理部门使用的是一种循序渐进的过程。

（1）阐明与企业战略计划及员工个人计划相关的财务措施，然后以这些措施为基础，设定财务目标并且确定为实现这些目标而应该采取的适当行动。

（2）在实施对员工绩效的具体管理时，特别注重顾客意见的反馈，并将其纳入平衡计分卡的绩效考核体系中。

（3）可口可乐的高层管理者始终坚持自己的创新精神，并时刻准备为公司战略目标的实现而对公司体制进行不断的修改和完善，以便使各个部门之间的协作达到新的平衡。这些都是平衡计分卡体系中的参数在企业中的具体体现。

可以说，可口可乐公司已经把平衡计分卡的概念分解到管理者或员工的个人层面上了。在可口可乐公司，很重要的一点就是，只依靠那些能影响到个人的计量因素来评估个人业绩。这样做的目的是，通过测量与员工具体职责相关联的一系列确定目标来考察他的业绩。根据员工在几个指标上的得分而建立奖金制度，这样公司就可以控制或聚焦于各种战略计划上。

三、丰田汽车公司的PDCA考核体系

丰田汽车公司是世界十大汽车工业公司之一，是日本最大的汽车公司，它创立于1937年，现在已经发展成为以汽车生产为主，业务涉及机械、电子、金融等行业的庞大的工业集团。丰田汽车公司有很强的技术开发能力，而且十分注重研究顾客对汽车的需求，因而在它的各个不同历史阶段创造出了不同的名牌产品，而且以快速的产品换型击败欧美竞争对手。早期的皇冠、光冠、花冠汽车名噪一时，近来的雷克萨斯、克雷西达豪华汽车也极负盛名。

丰田公司内部绩效考核的开展离不开其公司理念在员工及管理者中的影响和渗透，了解了这些理念，就可以更进一步体味丰田公司绩效管理的精神根源所在。根据丰田公司高层管理者对公司内部员工的理念要求，丰田公司的基本理念主要内容如下：

（1）遵守国内外的法律及法规精神，通过公开、公正的企业活动争取做得到国际社会的信赖的企业市民。

（2）遵守各国、各地区的文化和风俗习惯，通过扎根于当地社会的企业活动为当地经济建设和社会发展做出贡献。

（3）以提供有利于环保的安全型产品为使命，通过所有的企业活动为创造更美好、更舒适的生存环境和更富裕的社会而不懈努力。

（4）在各个领域不断开发和研究最尖端的科学技术，为满足全球顾客的需求提供

充满魅力的产品和服务。

（5）以劳资相互信赖、共同承担责任为基础，造就出能够最大限度发挥个人创造力和团队力量的企业文化。

（6）通过全球化的创造性经营，努力实现与社会的协调发展。

（7）以开放性的业务往来关系为基础，致力于相互切磋与创新，实现共生共存、长期稳定发展的良好关系。

丰田公司认为，最有效并持续不断的控制不是强制，而是触发个人内在的自发控制。员工的绩效就是管理者的绩效，员工没有绩效，是因为管理者的管理方法不恰当，管理者应当是员工业绩改善和提高的推动者，而不仅仅是员工业绩和能力的评定者。让员工明白以往的工作为什么是有效的或无效的，让员工明白工作执行能力和行为存在哪些不足，如何对以往的工作方法加以改善以提高绩效，才是体现管理者管理才能的本分。绩效考核是管理者对员工进行具体指导的依据，而不是成为扣工资的凭据。

丰田公司认为员工的成功是企业成功的重要前提，将组织目标与员工个人的发展目标紧密结合起来，安排其工作、培训和职业发展，充分体现有计划地造就员工成功的过程，才能让员工更好地为组织服务。丰田公司的一大理念就是造就成功的员工，员工的成功可以为企业带来丰厚的收益，可以帮助企业进一步发展，实现企业制定的战略目标。可以说，员工的成功带来企业的成功。

丰田公司对企业内部员工一视同仁，员工没有高低贵贱之分。公司的管理者认为，任何一名员工对丰田公司来说都是极为重要的——"除了白领以外，我们也需要蓝领工人"。不能只重视从事企业管理的员工，更要重视那些掌握传统手工艺的车间工人，他们是丰田公司得以生存和发展的生命线。因而在平时的企业管理中，善待技术工人、尊重员工的劳动，成为丰田公司的一大准则，只有技术领先，丰田才能领跑。

丰田公司采用PDCA[计划（Plan）、执行（Do）、检查（Check）、处理（Act）]循环管理，最终达到的目标是：

（1）培养企业优良的绩效文化氛围；

（2）立足市场，制胜业绩，并维持螺旋上升；

（3）建立企业高素质、高效率的员工团队；

（4）鼓励并不断激励先进，健全优秀员工职业生涯规划；

（5）不断挑战创新，为企业追求卓越成效；

（6）建立企业生产经营管理与人本管理相联系的循环系统。

在丰田公司的绩效管理中，控制工作占有举足轻重的地位，绩效管理系统的PDCA循环正是涵盖了前馈控制、同期控制、反馈控制三个环节，从零开始，以滚雪球的方式不断循环，一阶段终点即新循环的起点，螺旋上升。在系统中，员工不是处于简单的被管理和被监控的位置，而是被充分调动积极性，参与企业绩效管理系统的建立与运行，系统强调的是员工绩效目标的提高和进步、员工个人及组织的共同发展，不是对历史的考核和算账。通过运行绩效管理系统，让企业和员工在发展过程中明确目标、及时发现问题、分析原因、解决问题、不断前进，提高员工的满意度和成就感，促使企业组织绩效提高。

丰田公司PDCA绩效管理各阶段的主要工作任务如下：

（1）P阶段：进行绩效管理的准备、计划及系统设计。重新回顾公司的经营指导方针、经营理念、现有组织结构、各岗位的岗位任职说明书；评估公司一切与绩效管理有关的制度的合理性；调查全体员工对绩效管理的认识度与态度，以及对公司的满意度；分析目前员工的工作环境与状况；并对有关问题做调查问卷，整理意见。

设计系统的各个细节，并做到系统硬件环境的程序化、表格化，确定循环周期。

统一认识，必要时组织员工培训（介绍系统运行时间安排、意义、程序、范围、表格和需要的工具，确定推行总控部门、具体实施部门、督导者、员工的权利与义务等）。

分析过去，总结经验，通过绩效面谈确定员工的绩效合约，建立目标管理卡。

（2）D阶段：系统实施。部门督导的主要工作：注重聆听，以相互关心的态度开展绩效沟通，解决执行中的问题；建立员工对话记录，把岗位职能、绩效回顾、未达标分析、潜力预测、未来任务与目标设定、员工为完成工作的要求、员工对公司与个人职业发展的看法，以及双方的协商结果与相应措施等记录在案，并整理成书面材料，双方签字后报送人力资源部作为公司经营决策的参考。

员工的主要工作：充分利用领导赋予的权利及自己的综合能力，在团队力量下，学习PDCA绩效循环模式相关知识，并自觉运用到工作中以提高个人工作绩效。

（3）C阶段：绩效评价与控制。诊断纠正绩效管理目标与计划的偏差，运用绩效考核表格对原定绩效目标达成情况进行逐项对照评价。

（4）A阶段：汇总整理及综合评估。利用各部门汇总材料，洞悉企业隐藏的深层问题，对D阶段未解决的问题做出分析，制定纠正措施；进行奖励和处罚，组织员工及负责人开展培训；通过调查汇总情况及时改进组织系统。做出书面及图表分析报告，呈报公司高层，并为公司员工培训、验证招聘结果、建立动态员工薪酬体系、培养接班人、淘汰不合格者提供依据。奖励可以是财务工资奖励，也可以是对员工的升迁或是心理上的激励；惩罚一般先给出警告，不予调资或工作调动，不能享受公司的部分福利等，屡教不改者可以辞退或除名。

（资料来源：宋红超：《世界500强绩效考核准则》，中国经济出版社，2007）

模块六　酒店薪酬设计

学习目标

知识目标：
▶ 了解酒店进行薪酬调查的目的
▶ 熟悉酒店薪酬调查的基本方法
▶ 掌握酒店岗位价值的确定方法
▶ 掌握酒店的各种薪酬制度
▶ 掌握酒店的各种激励性薪酬制度

能力目标：
▶ 具备制定酒店薪酬制度的能力
▶ 具备选择不同薪酬模式的能力
▶ 具备选择酒店激励性薪酬的能力

课件PPT

案例导入

一个酒店老总的困惑

北京一酒店的王总经理最近心里一直沉甸甸的，马上就要过春节了，正是酒店生意最好的时候，在这个节骨眼上，酒店的顶梁柱一个接一个地提出了辞职，就连新招进来的服务人员大多也表示在试用期未满之前就会走人。

到底为什么会出现这样棘手的问题呢？所谓不患寡而患不均，这是一个历史遗留问题。王总经理管理的这家酒店成立于2005年，是由一家大型国有企业的三产改制而成的，酒店员工80%是这家大型国企的老员工，都有事业编制，因此改制后基本上还拿着原来公司的工资。且由于原国有企业效益比较好，所以这些人一直拿着比业内平均水平高得多的薪水。而酒店成立后新进的员工却是按照行业标准拿着比较少的工资。干着同样的活儿，别人拿的薪水却超出自己好大一截，谁会乐意？

其实，针对这些问题，酒店也在想办法。2005年6月，酒店发布了新的薪酬体系方案，出台了"老人老办法，新人新办法"，酒店指望通过逐步到位的薪酬调整，慢慢解决这个问题，实现薪酬调整的"软着陆"。

这次薪酬改革，首先将酒店总体薪酬水平调高了10%左右。与此同时，全酒店实行基本工资加浮动工资的薪酬制度，固定工资由原来的80%下调到了70%。本来以为大家工资都上涨了应该不会有很大的意见，但是没有想到对于这个变化，大家还是照样很不满意。很多员工都打起了"出走"的算盘。

面对如此多的问题，酒店王总经理有点无所适从。

（资料来源：栗书和：《饭店人力资源管理》，旅游教育出版社，2007）

？思考： 是不是这次薪酬体系的调整有问题？要不要继续把新的薪酬体系推行下去呢？酒店该怎样确定自己的薪酬制度？

在酒店业中，基层员工薪酬体系一般采用结构工资制，其收入通常包括：岗位技能工资、岗位津贴、月度考核奖、其他补贴、年终效益奖、加班费、特别奖和福利等。员工薪酬通常由部门主管根据酒店绩效考核办法进行考核，人力资源部劳资员根据考核结果计算出每位员工的薪酬，最后由酒店财务部核发。酒店人力资源部作为员工薪酬制度的制定与实施部门，应当设计好员工的薪酬体系，实施激励性薪酬，实现在有效控制人力成本的基础上，既让员工满意也让酒店满意的目的。

项目一 | 薪酬体系设计

任务一 进行薪酬调查

一、薪酬的概念及构成

（一）薪酬的概念

所谓酒店薪酬，就是指员工从事酒店所需要的劳动而获得的以货币形式和非货币形式所表现的补偿，是酒店支付给员工的劳动报酬。与传统工资不同的是，薪酬还包括了非货币形式的报酬。从本质上说，薪酬其实就是劳动力的价格，是劳动者以自己的劳动力与酒店进行交换的回报。

（二）薪酬的构成

薪酬由三个部分组成：基本薪酬、可变薪酬及间接薪酬。其中，基本薪酬是对员工所处职位或自身所拥有的技能（或能力）的回报；可变薪酬是对员工工作态度、工作绩效的回报；间接薪酬主要是以一种实物方式或延迟支付的方式对员工的回报。

1. 基本薪酬

基本薪酬是指酒店根据员工所承担或完成的工作本身，或者是员工所具备的完成工作的技能或能力向员工支付的稳定性报酬。基本薪酬根据制定方法的不同，可分为职位薪酬制、技能薪酬制和能力薪酬制。

如果酒店是根据员工所承担的工作本身的重要性、难度或者是对酒店的价值来确定员工的基本薪酬的，这种基本薪酬的制定方法就称为职位薪酬制；如果酒店是根据员工所拥有的完成工作的技能或能力的高低来确定基本薪酬的，即称为技能薪酬制或能力薪酬制。

从上述定义可以看出，基本薪酬是对员工所处职位、所拥有的技能或能力的回报。由于这些要素在相当一段时期内具有稳定性，这也意味着基本薪酬具有相当的稳定性，从而可以对员工的日常生活起到保障作用。

2. 可变薪酬

可变薪酬是薪酬系统中浮动的部分，它通常与酒店业绩、部门业绩、员工个人业绩和工作态度密切相关，主要包括奖金、佣金、计件工资、风险工资、股票和股权奖励等类型。可变薪酬对于员工具有很强的激励作用，有利于酒店强化员工个人、部门以至整个酒店的优秀业绩。

3．间接薪酬

间接薪酬是指对员工生活（食、宿、医疗等）的照顾。与基本薪酬相比，间接薪酬常常采取实物支付或者延期支付的方式。间接薪酬是一种保健因素，通过有竞争力的间接薪酬，可以在基本薪酬、可变薪酬不占优势的情况下，吸引一些看重福利的人才。

二、薪酬调查

（一）薪酬调查的概念

薪酬调查，就是指通过各种正常手段来获取相关酒店职务的薪酬水平及相关信息。酒店可对薪酬调查结果进行统计和分析，来确定自身当前的薪酬水平相对于竞争对手在既定劳动力市场上的位置，从而根据自身的战略定位来调整薪酬水平和薪酬结构。

（二）薪酬调查的目的

1．调整薪酬水平

酒店一般根据生活成本、员工绩效或者经营状况来调整自己的薪酬水平，但也可以根据竞争对手薪酬水平的变动来调整本酒店的薪酬水平。

2．估计竞争对手的劳动力成本

酒店可以通过薪酬调查估计竞争对手的劳动力成本，这样才能在竞争激烈的市场上处于优势地位。

3．了解其他酒店薪酬管理的最新发展和变化趋势

酒店可以通过详细了解其他酒店薪酬管理的具体内容，比如工资、福利、员工流动率、加薪频率等，来了解酒店行业最新、最有效的薪酬管理模式，并根据本酒店的实际情况调整薪酬管理制度。

（三）薪酬调查数据的来源

薪酬调查的数据可以通过查询相关薪酬数据获取，也可以通过实地调查获取。实地调查可由酒店自己进行，也可以委托专业的咨询公司进行，或者与咨询公司共同进行。

一般而言，薪酬调查的数据来源于以下途径：政府部门公布的薪酬数据、媒体公布的薪酬调查数据、咨询机构拥有的薪酬数据库以及其他一些机构（如猎头公司、学术研究机构等）拥有的薪酬数据库。后两种数据通常需要购买。

（四）实地薪酬调查的步骤

如果酒店准备自己进行薪酬调查，或者与咨询公司共同完成薪酬调查，通常按如下步骤进行：

1．准备阶段

根据需要审查已有的薪酬调查数据，确定调查的必要性与实施方式。

（1）审查已有的薪酬数据，确定是否有薪酬调查的必要。酒店首先需要了解现有的薪酬数据，分析是否需要进行薪酬调查。如果确实需要调查，那就应确定是由酒店本身还是聘请专门的咨询公司来完成调查，或者购买专业机构的调查报告。在现实

中，大多数酒店都是委托第三方进行薪酬调查的。

（2）选择准备调查的职位与层次。酒店需要决定是对全部职位进行薪酬调查，还是对部分职位进行调查。如果是对部分职位进行调查，那是对酒店哪一部分职位进行调查？在确定被调查的职位后，要对被调查职位组进行清晰的层级划分，并对所调查职位进行明确清楚的描述。

（3）界定调查的范围。调查范围可根据这些职位的人才的流动范围确定。一般来说，调查都是在同行业同地区的酒店中展开，但对于高层职位或者专业性不是很强的职位，则可以扩大调查的地域范围，或者扩大调查的行业范围。

（4）选定所要搜集的薪酬信息内容。即确定调查的内容，是仅仅调查基本薪酬，还是基本薪酬、可变薪酬、福利都包括，甚至是否包括广义上的薪酬内容。

2．实施调查阶段

（1）设计调查问卷。调查问卷一般包括酒店本身的相关信息、相关职位及任职者信息、工资薪酬方面的信息、调薪幅度和措施等内容。调查问卷在设计的时候一定要方便被调查者填写。

（2）实施调查。实施调查首先要做好与酒店经理的沟通工作，以期取得较好的调查结果。调查问卷一般可以向酒店总经理或者人力资源部寄发，也可以直接上门发送，在实际调查过程中最好采用直接上门发送的方法。

（3）分析调查结果。这里主要是分析薪酬数据的可比性。同样的职位名称，但其工作内容很可能不完全一样，关键是通过数据分析判断出在其他企业从事与本企业职位相同的工作的薪酬水平。

◆相关链接

2017年度酒店薪酬调查问卷

填写时间：_____

个人基本情况					
姓名		性别		年龄	
学历		工作年限		英语使用水平	
所在岗位的相关情况					
酒店管理方式	□自行管理　　　□国内公司管理　　　□国际公司管理　　　□其他				
酒店规模	□49人及以下　□50～200人　□201～500人　□501～1000人　□1001人及以上				
酒店档次	□一星　　□二星　　□三星　　□四星　　□五星　　□其他_____				
所在地区					
工作职位		所在部门			
汇报上级		下级人数			
工作内容					

您现在每年的薪酬总收入是_____元/年（税后），非货币化收入占您年收入的百分比为_____					
薪酬组成部分	基本工资（元/年）	绩效工资（元/年）	年终奖金（元/年）	福利待遇	其他
薪酬额度				□ 通信费 □ 交通费 □ 在职培训 □ 免费用车 □ 企业组织活动 □ 其他项目	

您对您目前的薪酬满意吗？　　□满意　□基本满意　□不满意
您所在企业的薪酬在同行业中属于何种水平？　□高收入　□中等收入　□低收入
您所在企业调薪的时间通常是：　　□年初　□年中　□年底　□其他_____
您认为自己所在企业的薪酬制度需要改进的地方是（请说明）： 1._____ 2._____ 3._____
1. 此次采集数据为2017年度的数据。 2. 您的联系方式：手　机：_____　E - mail：_____ 3. 我的联系方式：电　话：×××-5659215　　传　真：×××-5659215 　　　　　　　　　E - mail：×××@sina.com

任务二　确定岗位价值

酒店在进行薪酬体系设计的过程中，不仅要关注酒店薪酬的外部竞争力，还必须保持酒店薪酬的内部一致性。因此在薪酬调查的基础上，酒店要确定酒店的岗位价值，也就是要对酒店各个职位进行评估。

所谓职位评价，是指酒店系统地确定职位之间的相对价值，从而为酒店建立一个职位等级结构的过程。职位评价的目的是通过对每一职位的职责、责任等的相互比较，按照职位对酒店的贡献，公平地确定各职位的薪酬水平。进行职位评价，首先要考虑以下两个问题：一是评价哪些职位；二是选用哪种职位评价方法。

一般来说，职位评价不可能对酒店所有的职位都进行评价。因此，就要选择在职能、等级等方面都有代表性的关键性职位，对其进行评价。而非关键性的职位，则通过与关键性职位的挂钩，进行职位等级和薪酬等级的划分。职位评价方法有很多种，具体可以分为量化评价法和非量化评价法。非量化评价法有排序法、分类法等，量化评价法有要素比较法、要素计点法等。

一、排序法

排序法有简单排序法、交替排序法和配对比较排序法三种。评价工作可以由熟悉所有职位内容的某一个人进行，也可以由这些人组成一个工作委员会来进行。

（一）简单排序法

简单排序法是指按照职位在酒店中的相对价值或重要性大小，简单地将酒店所有职位从高到低或从低到高进行排序。这是最早，也是最简单的一种方法。

（二）交替排序法

交替排序法是指按照职位在酒店中的相对价值或重要性大小，从所有待评价职位中选出一个最高职位，再选出一个最低职位，然后在剩下的待评价职位中，再选出一个最高职位、一个最低职位，如此循环，直到所有的职位排列完为止。

（三）配对比较排序法

配对比较排序法是指按照职位在酒店中的相对价值或重要性大小，将每项职位与其他职位逐一比较，然后根据职位的最终得分排定职位顺序。表6-1分别将列中的职位与行中的职位进行比较，如果行中的职位比列中的职位重要，则在对应方格中标"√"；相反，如果列中的职位比行中的职位重要，则在相应的方格中标"×"。最后，统计行中各职位所得的"√"号个数，根据统计结果对职位进行排序。"√"最多表明该职位最重要，以此类推。则在表6-1中，最重要的职位是A职位，而最不重要的职位是F职位。

表6-1　配对比较排序法举例

	A	B	C	D	E	F	总计
A	—	√	√	√	√	√	5
B	×	—	√	√	√	√	4
C	×	×	—	×	×	√	1
D	×	×	√	—	×	√	2
E	×	×	√	√	—	√	3
F	×	×	×	×	×	—	0

排序法的优点在于简单、快捷，费用较低。但是，其缺点也很明显：首先，由于只是笼统地从整体上对职位的相对价值进行判断，受个人主观意志影响较大。其次，排序结果只是解释了职位之间的相对重要性，而具体差异的大小，则无法解释。最后，排序法仅适用于职位种类较少的酒店，一般来说职位种类不能超过15个。

二、分类法

分类法是指预先设置职位等级，然后将具体的职位放入对应等级的一种评价方法。其具体做法是：

（1）根据酒店内职位类型的多少、职位之间差异的大小以及酒店薪酬理念等因素，决定合适的职位等级数量。

（2）界定各职位等级，编写职位等级定义。由于不同职位等级会包含各种不同类型的职位，因此职位等级定义对职位特征的描述一般都是比较宽泛的。一般包括：职位内容的简单描述、任务的复杂程度、任务的重要程度、对知识和技能的要求以及所实施或接受的监管等。

（3）将酒店内所有职位进行分类，如管理类、营销类、操作类等，再将每个工作类别进行等级划分，并编写相应职位等级标准。例如，技术类的职位级别系统如下：

技术1级：简单操作，无特殊技能要求，无监管下属职责。

技术2级：简单工作，要求初级技工，有监管下属职责。

技术3级：中等复杂工作，要求中级技工，有监管下属职责。

技术4级：复杂性工作，要求高级技工，有监管下属职责。

（4）可以根据各级职位类别的相对价值或重要性程度，分别归入酒店事先确定的工作等级内（见表6-2）。

表6-2　分类法举例

工资等级	各工作等级中的工作类型	等级分类标准举例
6级	总经理	1级：从事简单工作，通常处理程序性问题。非程序性问题的处理一般需要交给其主管人员处理。除直接工作部门的同事和上司外，与外界接触很少。要求从事这一级工作的人员具备基本的技术和能力，并了解自己所从事的工作的办事程序
5级	高级经理	
4级	中级经理	
	技术4级	
3级	主管级	
	技术3级	
	销售2级	
2级	职员2级	
	技术2级	
	销售1级	
1级	职员1级	
	技术1级	

分类法简单、快捷，容易管理。一旦这一等级体系建立起来，就很容易将大量职位纳入该系统。当职位内容发生变化，或出现新的职位时，也很容易将其归入相应类别。这一方法尤其适用于存在大量相似职位的酒店。

这一方法也有其缺点：首先，很难建立起通用的职位等级定义，特别是在职位类型较多、职位差别较大的复杂性酒店中，难度就更大。其次，跟排序法一样，分类法也不能解释不同职位之间的具体差异的大小。

三、要素比较法

要素比较法可以看作对排序法的一种改进。其具体做法是：

（1）选择标准职务。从酒店所有职务中挑选出一些比较有代表性的职务，这些职务在酒店中应该为广大员工所熟悉，先对其进行职务评价。其他所有职务的价值可以与其相比之后加以确定。

（2）选择付酬要素。这些要素一般包括：责任、环境、体力消耗、脑力消耗、教育背景、技能和经验等。

（3）评价同一要素在各个不同代表性职务中的重要程度和等级次序。

（4）评价每一代表性职务中各要素对此职务的重要程度，并据此针对每一职务将其内容要素加以排序。

（5）将每种代表性职务的工资额分配在职务内各个要素上，各要素工资价值之和就是该职务的工资额。在分配各要素工资额的时候，必须要参照上两步的排序，因此这个过程是比较复杂的，难度较大。

（6）其他职务的价值评估。将要评价的职务分解为与标准职务相同的要素，考虑要评价职务的每一要素分别与哪一种代表性职务的同一要素类似或相同，并以标准职务这一要素的工资额作为待评价职务这一要素的工资价值。将待评价职务所有要素的工资价值都找出来之后，把它们加总，成为现待评价职务的工资值。

四、要素计点法

要素计点法根据各职位在预先设置的报酬要素上的得分，来判断它们相对价值的一种量化的职位评价法。其具体做法是：

（1）选取报酬要素并对其进行定义。报酬要素即各职位中所包括的有助于酒店目标实现的要素。常见的报酬要素有以下四种：工作技能、努力程度、工作责任和工作条件。通常情况下，在主要报酬要素选定以后，还会选择其相关子要素。例如，工作技能的子要素主要包括专业知识、技术水平、经验等。

（2）对每一报酬要素进行等级划分。等级划分的依据是酒店中各职位在该报酬要素上的差异程度。差异越大，则报酬要素的等级数量越多。

（3）确定各报酬要素的权重。根据各报酬要素在整个评价体系中的重要程度，确定其所占的百分比。

（4）确定各报酬要素及其内部各等级的点值。首先，要确定整个评价体系的总点数。一般来说，待评价的职位数量越多，总点数就越大。然后，根据各报酬要素所占权重，计算出各报酬要素相应的点数。最后，确定每一报酬要素内部各等级的点值。这一过程可以采取经验判断的方法，但是为了保证评价的客观性，一般采用等比或等差等有规律的方法。

（5）运用报酬要素评价标准体系，评价各待评价职位，并根据评价结果建立职位等级结构。在进行评价时，评价者要考虑被评价的职位在各个报酬要素上所处的等级，然后加总这些等级所对应的点数，就得出该职位所获得的总点数，即最终评价结果。待所有待评价职位的总点数都计算出来以后，根据点数的大小对所有职位进行排列。

相对于非量化的职位评价方法，要素计点法有其明显的优点：①计点法的评价结果更加精确，且能够解释不同职位之间差异的大小，更容易被员工接受；②通过相同的评价体系，可以对不同类型的职位进行比较。正是由于这些优点，这一方法成为运用得最为广泛的职位评价法。

要素计点法的缺点是：成本高，方案的设计和应用需要投入相对较多的时间和资金。

任务三　确定工资水平

酒店不可能对所有的职位进行职位评价和市场薪酬调查。因此，为了方便管理，酒店还要进行薪酬等级的划分。酒店在确定员工工资等级的时候，可以做出三个选择：超出竞争对手的水平；相当于竞争对手的水平；低于竞争对手的水平。

一、超出竞争对手的水平

服务是酒店的重要产品，它十分重视和依赖员工的才能与热情。采取超过竞争对手水平的薪金是为了吸引和保留优秀员工的能力，并希望通过这个途径，提高员工对薪金的满意度，发挥员工的积极性。酒店相信通过高于竞争对手的薪金，能够选择到优秀的员工，通过员工更有效率的工作，酒店能够创造更多的价值。

二、相当于竞争对手的水平

酒店采用相当于竞争对手水平的薪金来吸引称职的员工。除此之外，有的酒店还通过各种优惠政策、福利及奖励吸引优秀员工。

三、低于竞争对手的水平

酒店采用低于竞争对手水平的薪金，虽然降低了劳动力成本，但同时也降低了酒店在劳动力市场上的竞争能力。有的酒店通过其他途径，如工作保障、升职机会、工作环境等因素来抵消薪金水平的不利影响，同时努力地利用特色产品、便利的地理位置与竞争对手竞争。

三种政策都会影响到酒店的招工能力、保留员工的能力、劳动力成本、员工对薪金的满意程度以及酒店的服务质量等。

任务四　选择常规薪酬模式

一、职位工资制

（一）含义

职位工资制是指按照酒店员工不同的工作岗位确定工资等级和工资标准的一种工资制度，是酒店劳动组织与薪酬体系紧密联系的一种工资制度。职位工资制是等级工资制的一种形式，员工的工资主要与其岗位和职务要求挂钩，不考虑超出岗位要求的个人能力。

酒店职位工资制按员工的工作岗位和等级规定工资等级和工资标准，职位工资标准按照各工作岗位的技术复杂程度、劳动强度、劳动条件、责任大小等确定。在这种工资制度中，员工在哪个工作岗位就执行哪个岗位的工资标准，尽管在同一岗位上员工的能力与资历会有所差异，但所执行的都是同一工资标准，也就是所谓的以岗定薪。

（二）职位工资制的形式

1. 一岗一薪制

一岗一薪制指每一个岗位只有唯一的工资标准，凡是同一岗位的员工都执行同一工资标准，岗位内部没有工资差别。其特点是一岗一薪，同岗同薪，标准互补交叉，只有升职才能加薪。

2．一岗数薪制

一岗数薪制指在一个岗位内设置好几个工资标准，以反映岗位内部不同员工之间的劳动差别。岗内级别可以体现员工的技术程度、责任大小、工作复杂程度、劳动强度等因素对于工资的影响。它融合了技术等级与岗位工资的优点，使劳动报酬更为合理。

（三）职位工资制的评价

1．职位工资制的优点

（1）采用同工同酬的方式，较好地实现了内部公平。

（2）将薪酬的增长与职位的晋升联系起来，激励员工更加努力地工作以获得晋升的机会。

（3）按照职位体系进行薪酬管理，操作简单，管理成本低。

2．职位工资制的缺点

（1）可能因为晋升机会小而影响员工的工作积极性。由于将薪酬与职位直接挂钩，没有晋升机会的员工就没有相应的薪酬增加机会，这样必然会影响员工的工作积极性。

（2）相对稳定的制度可能不利于对变化做出迅速反应，也不利于灵活地吸引和留住关键人才。

二、技能工资制

技能工资制是指主要根据技术复杂程度以及劳动熟练程度划分等级和规定相应的工资标准，然后根据酒店员工所达到的技术水平评定技术（工资）等级和标准工资的一种等级工资制度。

技能工资制通常又可以划分为深度技能制和广度技能制。两种薪酬体系对于员工技术发展方向的导向是不一样的。深度技能制鼓励员工成为专家，要求他们在掌握某一类职位所要求的简单技能的同时，还要能够从事一些技能要求较高的工作。广度技能制则鼓励员工成为通才，要求他们在具有某一类职位所要求的技能的同时，还要掌握其上游职位、下游职位或同级其他职位所要求的一般性技能。

（一）技能工资制的内容

技能等级标准包括三项内容：专业知识、工作技能和工作实例，在我国简称为应知、应会和工作实例。

1．应知

应知是指员工为了完成某一等级的工作所应具备的专业理论知识，如酒店服务人员的服务技巧、外语能力等。

2．应会

应会是指员工为了胜任某一等级工作所应具备的能力和经验，如设备操作、工作软件操作等。

3．工作实例

工作实例即根据"应知"和"应会"的要求，开列出不同技术等级所应掌握的典型工作项目或操作实例，对员工进行培训和考核。

技术等级标准有国家标准，部门、行业标准和企业标准三个级别。国家标准着重于对通用技术工种标准的规范，是指导性的标准；部门和行业标准主要是在本部门和行业中的统一标准；企业标准根据本酒店内部的需要制定。等级标准的制定遵循一定的程序进行。

（二）工资标准确定

（1）划分与设置酒店工种。划分与设置酒店工种，就是根据酒店组织结构与经营状况，按照规范化、精简化、行业归口的原则进行工种设置，并对各个工种的性质加以一定的描述和说明。

（2）确定技术等级。确定技术等级，就是根据国家统一颁布的技术等级标准及酒店的实际情况，按照工资等级数目的要求，分别将初、中、高级技术标准细化。在酒店中，工程人员、电脑技术人员、会计师、厨师等都有各自行业权威承认的技术级别。这些相应的技术级别标准都可以成为酒店确定技术等级工资的参照物。

（3）建立酒店内部技术等级考核制度。将酒店经营所需的一些重要技术纳入技术考核，如外语沟通能力、服务技能技巧、电脑技术等，以鼓励员工努力学习各种技术，提高个人能力。

（4）制定技术工资等级标准表和实施细则。

（三）技能考核

对于执行技能等级工资制的员工，要按照技能等级标准进行考核和评定技术工资等级，依据级别领取相应的标准工资，也可以定期根据技术水平的变化，进行考核和晋升工资等级。

（四）技能工资制的评价

1．技能工资制的优点

（1）为专业技术人才提供了专业领域的职业发展通道，有利于留住专业技术人才。同时，还可以避免酒店出现"多了一个平庸的管理者，少了一个优秀的技术专家"的现象。

（2）将员工所获得的薪酬与其所具有的技能联系起来，激励员工努力提升自己的知识和技能水平。

（3）员工知识技能水平的提高，也有利于对变化特别是人员配置方面的变化做出迅速反应，提高酒店灵活性。

2．技能工资制的缺点

（1）技能工资制要求酒店对人力资源特别是培训给予更多的投资。

（2）技能工资制的设计和管理都比较复杂，管理成本高。

三、绩效工资制

绩效工资制是指酒店根据员工所拥有的绩效行为能力支付相应薪酬的一种基本薪

酬制度。绩效行为能力是指达成某种绩效或表现出有利于绩效达成的行为的能力。

（一）绩效工资制的含义

绩效工资制实际上是技能工资制的一种延伸，很多方面跟技能工资制相似。但是相对来说，能力比技能更加抽象，因此对于能力的界定和区分也就更加困难。目前，实际操作中通常将能力划分为三个层次：第一个层次是核心能力，指为了达成酒店目标，其成员所必须具备的核心素质。第二个层次则是将核心能力转化为一些行为特征，这样便于观察。第三个层次则是将这些行为特征进行等级划分和定义。这样，不同职位对于能力的要求就可以转换为相应的行为指标，从而形成一个指标体系。

（二）绩效工资制的特点

（1）从制度上破除了技能工资的潜能性，直观科学地发挥了工资的"按劳分配、多劳多得"的职能。绩效工资制虽不制定技术标准，但各岗位都有明确的任职条件、职责范围、技术要求和操作规程，职工只有通过考试（考核）达到岗位要求时，才能竞争上岗。它对岗不对人，依据酒店经济效益、职工竞争上岗的岗位和岗位劳动成果支付工资，兼顾效益与公平，突出了岗位劳动和技术要素在工资分配中的地位。

（2）减少了平均分配的项目，简化了工资单元，优化了工资结构，有利于发挥工资的调节职能。将原技能工资和各种企业津贴/补贴工资单元并入岗位工资，既解决了岗位工资比重少、力度弱，对岗位流动导向不利的矛盾，又解决了日益突出的岗位与技能分离的问题，进一步强化了工资的激励和调节职能，也加强了工资管理。

（3）引入市场机制，调整了工资关系，使工资分配逐步向市场劳动力价位靠拢，强化了市场机制的基础调节作用。调整岗位分析各子因素的分值，向经营、管理、营销和服务骨干倾斜，降低一般简单、重复劳动的岗位系数，从岗级划分上拉开差距。岗位劳动收入趋向市场劳动力价格水平，发挥了工资的"经济杠杆"作用，有利于稳定经营、管理、营销和服务骨干，促进劳动力资源的优化配置，激励职工提高自身素质。

（4）把职工工资与企业效益捆在一起，使职工和企业成为利益共同体。

四、计时工资制

计时工资制是指按照员工的技术熟练程度、劳动繁重程度和工作时间长短来计算和支付工资的一种分配形式。它由两个因素决定：一是工资标准；二是实际工作时间。

（一）计算公式

计时工资制的计算公式为：

$$工资总额 = 计时工资标准 \times 工作时间$$

（二）具体形式

按照计算的时间单位不同，我国常用计时工资的具体形式有以下三种：

1. 月工资制

月工资制即按月计发工资制度，它是酒店行业中应用最为广泛的基础工资形式。实行月工资标准的员工遇有加班或请假需要加发或者减发工资时，一般按照日工资标准处理，日工资标准以本人月工资标准除以平均每月法定工作天数后求得。

2．日工资制

日工资制就是根据劳动者的日工资标准和实际工作日数来计算工资。日工资标准的计算方法主要有三种：

（1）按照平均每月应出勤天数计算。即用全年天数减去国家法定节假日天数之差除以12个月，得出平均每月应出勤天数（21.75天），然后用职工本人月工资标准除以21.75，得出日工资标准。

（2）按照平均每月日历天数计算。即用全年天数除以12个月得出平均每月日历天数（30.4天），然后用职工本人月工资标准除以30.4，得出日工资标准。

（3）按照当月应出满勤天数计算。即用职工本人月工资标准除以当月日历天数减当月法定节假日天数之差，得出日工资标准。

3．小时工资制

小时工资制即根据员工的小时工资标准和实际工作小时数来计发工资，适用于非全日制工作或需要按小时计付工资的工作。

利用小时工资制，既可以有效地帮助酒店解决短期内结构性人力资源短缺问题，而且又不增加酒店的固定人力资源成本开支，是提高酒店经营效率的好方法。

月工资制、日工资制和小时工资制各有一定的适用范围。月工资制由于计算方便，适应范围较广，在我国酒店得到普遍运用。日工资制则适用于那些生产任务变动频繁，职工流动性大的企业、工种，特别是适用于企业的临时工。小时工资制目前在我国酒店中实行较少，但是随着劳动制度的进一步改革，某些酒店实行了弹性时间工作制，一部分职工的劳动时间不稳定，即需要采用小时工资制。月工资制、日工资制、小时工资制是难以截然分开的，往往结合使用，互为补充，以便于更好地发挥其作用。

项目二 激励性薪酬模式

任务一 实施弹性福利计划

从20世纪70年代开始，西方发达国家的一些企业开始针对员工的不同需求提供不同的福利内容，弹性福利模式逐渐兴起并成了福利管理发展的一个趋势。弹性福利计划就是由员工自行选择福利项目的福利管理模式，它有几种不同的名称，如"自助餐式福利计划""自助食堂计划"等。在实践中通常由酒店提供一份列有各种福利项目的"菜单"，然后由员工依照自己的需求从中选择其需要的项目，组合成属于自己的一套福利"套餐"。这种制度非常强调"员工参与"的过程。当然员工的选择不是完全自由的，有一些项目，例如法定福利就是每位员工的必选项。此外，酒店通常都会根据员工的薪水、年资或家庭背景等因素来设定每一个员工所拥有的福利限额，同时福利清单的每项福利项目都会附一个金额，员工只能在自己的限额内购买喜欢的福利。

一、弹性福利计划的优缺点

（一）优点

弹性福利计划将福利计划从一个固定的福利方案转变为固定的资金投入方案，这样就使得酒店能够根据自身的具体情况来控制福利成本；同时，员工可以根据自己的偏好选择福利项目，福利计划更有灵活性和针对性，员工的需求得到满足，则其工作积极性就会更高。此外，由于弹性福利项目一般都标注了金额，员工对于福利的价值以及酒店为其付出的成本更加了解，员工也会由于对酒店心存感激而更加努力工作。

（二）缺点

其一，在弹性福利计划下，每一位员工的福利组合都不一样，而且还会经常发生变化，对于酒店来说，福利管理的难度加大，管理成本也会上升。其二，由于员工缺乏专业知识和技能，其对福利组合的选择可能不符合现实情况的需要，或不符合长远利益，这样就会影响到员工所享受到的福利水平。其三，会遭遇"逆向选择"问题。因为如果每年都有选择的权利，那么员工会根据自己风险的变化，选择对自己最有利的福利组合。这样，相对于酒店的预算，福利成本可能会高出很多，达不到节约成本的目的。其四，由于员工是自主选择，一些福利项目便很难形成"规模效应"。

二、弹性福利计划的实现形式

从目前的实践来看，弹性福利计划的实现形式主要有以下几种：

（一）附加型弹性福利

附加型弹性福利是指在现有的福利项目之外，酒店再提供一些福利项目供员工自主进行选择，员工在既定的金额范围内，可以选择增加新的福利项目，也可以选择提高原有福利项目的水平。例如，酒店原来的福利方案包括社会保险、住房公积金、补充人寿保险和补充医疗保险等。酒店实行附加型弹性福利计划，则会在原有福利的基础上，再提供补充养老保险、教育资助等福利项目。员工既可以选择增加教育资助等，也可以选择提高其补充医疗保险等的水平。

（二）核心加选择型弹性福利

这种弹性福利计划由两部分组成：核心福利项目和弹性选择福利项目。核心福利项目是酒店规定其所有员工必须选择的基本福利项目，而弹性选择福利项目则包括所有可以自主选择的福利项目。每一自主选择福利项目都附有其购买价格，员工在其限额之内，可以对这些福利项目进行自由组合。

（三）支用账户式弹性福利

在这种弹性福利计划中，员工每年可以从其税前收入中拨出一定数额的款项，形成自己的"支用账户"，并以此账户去购买各种福利项目。由于可以税前列支，因此对员工很有吸引力。当然，为了保证专款专用，一般都规定账户中的金额必须在本年度用完。本年度没有用完的既不能以现金形式支取，也不能留到来年使用。同时，已经确定认购福利的款项也不得挪作他用。

（四）福利"套餐"

在这种弹性福利计划中，酒店提供多种固定的福利组合，每一组合所包含的福利项目不一样，其福利水平也不一样，员工只能自由选择某一福利组合，而不能自己选择福利项目进行组合。

（五）选择型弹性福利

在这种弹性福利计划中，酒店提供几种项目不等、水平不同的福利组合，作为原有福利计划的替代品，供员工自主选择。这些福利组合的价值，有的高于原有福利计划，有的低于原有福利计划。如果员工选择的福利组合价值高于原有福利计划，则可以获得其中的差额，但员工需对所得的差额纳税；如果员工选择的福利组合价值低于原有福利计划，则员工需要补足这一差额。

三、弹性福利计划的设计步骤

设计弹性福利计划，通常需要经过以下几个步骤：

（1）系统地清点酒店目前所有提供的法律的、税制的和自行设立的福利项目。

（2）查明自行设立的福利项目的原因。

（3）对向员工个人和员工整体提供的和自行设立的福利项目进行精确的年度预算，包括绝对数值和所占的百分比（如占工资总额、赢利和行业平均数的比例）。

（4）定期开展员工调查和问询，了解他们对所设立的福利项目的重要性和满意程度的意见。

（5）定期将自己的福利政策与其他存在竞争关系的酒店的政策（依据相关的薪酬和福利调查）进行比较。

四、实施弹性福利计划的注意事项

（1）要符合酒店的支付能力。弹性福利计划在设计的初始阶段，要通盘考虑酒店的整体支付能力，弹性福利在增加员工的选择权的同时，也增加了酒店对福利成本的控制难度。因此，实施弹性福利计划要根据酒店的实际情况确定弹性福利的方案，保障计划的顺利运转。

（2）做好充分的需求调查，调动员工参与的积极性。弹性福利设计的出发点是满足员工的多样化需求，因此在福利项目组合的设计上，要最大限度地征求员工的意见，根据员工的需求变化不断调整和更新福利内容，形成一种良性互动，提高员工对福利设计的关注度，最大限度地发挥福利的作用。

（3）清晰界定不同项目间的关系。例如，要弄清楚一笔奖金和一天的额外休假或者一定量的实物之间的换算关系，并且这种估算要当作酒店的管理成本来计算。只有在估值的时候客观反映福利项目的价值，才不会使很多福利项目无人选择，造成设计上的浪费。

任务二　实施收益分享计划

收益分享计划是20世纪30年代兴起于国外的一种团队激励薪酬计划。收益分享计划是指按照某一事先设计好的公式，员工可以分享酒店因生产率提高、成本节约和质量提高而带来的收益的一种报酬制度。收益分享计划属于奖励计划，它鼓励大多数或者全体员工通过共同努力来达到酒店的生产率目标，并且使员工和酒店能够共同分享由于这种努力所产生的成本节约收益，最终起到了增强员工主人翁意识和忠诚度的作用。

一、收益分享计划的特点

收益分享计划有其自身明显的特点：首先，收益分享计划使用的是某一部门或团队的绩效指标，其激励性更强。由于它与生产率、产品质量和成本节约等指标联系在一起，对于员工来说，相对于利润，这些具体的指标更容易被他们看成是他们可以控制的，员工的工作积极性也就更高。其次，收益分享计划的奖金支付周期更短、更为频繁，能够对员工的绩效进行及时的奖励，更具有强化效应。

二、收益分享计划的实现形式

根据计算公式的不同，收益分享计划的实现形式有斯坎伦计划、拉克计划以及分享生产率计划三种。

（1）斯坎伦计划。其目的是降低酒店的劳动成本而不影响酒店员工的积极性，用劳动成本标准和产品销售价值的比率来计算工资。

（2）拉克计划。它需要运用比斯坎伦计划更复杂的公式进行计算，其中需要计算一个反映总工资中每美元生产的价值的比率。

（3）分享生产率计划。它首先要开发一个标准来鉴别生产一个可接受水平的产出所必要的预期时间，实际工作中，任何来自少于预期时间的节余都将被酒店和员工共同分享。

三、收益分享计划的实施步骤

实施收益分享计划，通常包括以下几个步骤：

（1）确定收益分享计划所要达到的总体目标。可以是一个目标，也可以是一些目标，比如提高生产率、降低成本、改善质量、增强团队凝聚力等。

（2）选择具体的绩效衡量目标。可以是生产性指标（单位产品所耗费的工时数等），也可以是财务性指标（净资产收益率等）。有了考核指标，才能引起员工的足够重视，在分配利润所得时才会公平。

（3）确定收益分享基金的决定公式。各酒店提取比例均不相同，一般而言，员工获得累计利润的46.7%，其余的收益归酒店所有。

（4）决定采用何种方式在员工内部进行分配。可以是一刀切式的，也可以根据个人或酒店绩效考核按比例进行分配。两者各有利弊，主要就是防止"搭便车"现象以及避免影响团队协作。

（5）确保报酬的数量足以引起员工的注意，并且对他们的行为产生激励作用。这既要考虑到酒店的财务水平，又要使总金额足以驱动员工创造更多价值。

（6）决定收益分享奖金的支付方式。通常采取现金的形式，但个别时候也采用普通股票的形式。

（7）决定收益分享奖金的发放频率。为了确定收益分享的数量，酒店通常会每年对财务绩效指标进行计算，而每个季度或每个月都对生产率指标进行衡量。

（8）建立员工参与体系。如建立指导委员会、部门委员会等，以确保双向沟通。

任务三　实施利润分享计划

利润分享计划是指员工根据其工作绩效而获得一部分酒店利润的组织整体激励计划。也就是说，它是按照某一事先设计好的公式，当酒店达到某种绩效指标（通常是酒店利润）时，向员工计发奖金的一种报酬制度。

在实际运用中，利润分享计划在成熟型酒店中显得更为有效。对于收入变化不定的小酒店，利润分享计划可能会因为期望收益难于保证而导致员工不满。另外，如果一家小酒店的利润很低，采用利润分享计划只会使员工的士气更低，难于发挥它应有的激励作用。

一、利润分享计划的内容

利润分享计划一般包括以下三个方面的内容：①员工能够分享的奖金数量。一般来说，酒店会规定在利润达到一定标准时，员工可以分享酒店整个利润或超过标准的部分利润的一定百分比（通常为15%～20%）。②奖金的分配方式。酒店通常会采取平均分配或以职位级别等进行分配。③奖金的支付形式。一般有现金支付、与养老金相联系的延期支付、两者相结合的混合制三种形式。

二、利润分享计划的优缺点

（一）优点

利润分享计划有利于引导员工关注酒店整体发展，团结合作以获取较高的利润，同时，也有利于酒店根据经营状况灵活地控制成本。

（二）缺点

利润分享计划通常与员工的基本薪资挂钩，即利润分享计划没有考虑员工个人的业绩，它仅关注企业的经营目标，从而影响到其作用的发挥。

三、利润分享计划的实现形式

目前酒店一般采用以下两种形式来实现其利润分享计划：

（一）以薪酬为基础

资金数额的分配利率是根据每个员工个人的薪酬额与当年参加计划的员工的总薪酬的比例决定的。

例：员工A当年薪酬为40000元，参加计划的所有员工的当年总额为400000元。如果当年利润分享计划总额为50000元，那么员工A就可分到：

$$50000 \times （40000 \div 400000）＝5000（元）$$

（二）以薪酬和工作长短为基础

以薪酬和工作年限额为基础的方法一般以每个员工所得的点数为基础进行分配，根据该员工该项点数占当年所有人总点数的比例来确定分配额。

例：1000元为1个点，工作一年为1个点，则一个工作5年，且年薪50000元的员工的点数为：

$$50000 \div 1000＋5＝55（点）$$

若当年计划总额为200万元，参加计划的员工点数总额为10000点，则该员工可分到：

$$2000000 \times （55 \div 10000）＝11000（元）$$

四、实施利润分享计划的注意事项

（1）酒店年利润及其稳定性。

（2）酒店对资金的需求，如需用于营运的资金、备用的资金、扩大业务的资金等。

（3）酒店投资者的回报。

（4）是否存在其他资金因素。

（5）计划目标。

任务四　实施员工持股计划

员工持股计划属于一种特殊的报酬计划，是指为了吸引、保留和激励酒店员工，通过让员工持有股票，使员工享有剩余索取权的利益分享机制和拥有经营决策权的参与机制。员工持股计划本质上是一种福利计划，适用于酒店所有员工，由酒店根据工资级别或工作年限等因素分配本酒店股票。

20世纪50年代以来，员工持股计划开始逐渐流行。虽然员工并不能看到自己努力工作与酒店股票价格上涨之间的联系，从而不可能为了使股票价格上涨而更加努力工作，但是员工持股可以在心理上使员工真正感受到自己所有者的身份，从而积极地参与酒店决策，也更加努力地工作；在经济上，股票升值也会增加员工的收益。在国外的一些组织特别是高科技组织，员工持股计划获得了极大的成功。美国相关调查显示，实行员工持股计划的组织与同类组织相比，劳动生产率高1/3，平均利润率高50%，平均工资高25%～60%。

一、员工持股计划的优缺点

（一）优点

全员持股可以使员工与酒店结成利益共同体，达到风险共担、责任共负、效益共创、利益共享的目的。不同层面的员工都会自觉或不自觉地将自己的利益与酒店的利益牢牢地捆在一起，酒店经营的好坏不仅直接影响到员工的工资收入，还直接影响到其分红收益，企业与员工形成了"产权—责任—利益"的纽带关系，员工感到不仅在为酒店劳动，也是在为自己劳动，员工对酒店的经营、财产安全更加关心，工作更有积极性，也更加爱护酒店，自觉为提高酒店的经济效益出谋划策、多做贡献。这样，就有效调动了员工劳动的积极性，增强了酒店的凝聚力和向心力。

（二）缺点

从已发表的研究报告来看，员工持股计划并没有使酒店的经营有显著的提高。并且，一些法律上的案例也指出，经理人员可能将员工持股计划作为增加自己控制权的工具，并且会为了自身利益而进行交易，损害员工持股计划及其所代表的员工的利益。

二、员工持股计划的实现方式

从目前的通常做法看，员工持股计划一般可分为非杠杆型的员工持股计划与杠杆型的员工持股计划。

（一）非杠杆型的员工持股计划

非杠杆型的员工持股计划是指由酒店每年向该计划贡献一定数额的酒店股票或用于购买股票的现金。这个数额一般为参与者工资总额的25%，当这种类型的计划与现金购买退休金计划相结合时，贡献的数额比例可达到工资总额的40%。

这种类型计划的要点是：

（1）由酒店每年向该计划提供股票或用于购买股票的现金，员工不需做任何支出。

（2）由员工持股信托基金会持有员工的股票，并定期向员工通报股票数额及其价值。

（3）当员工退休或因故离开酒店时，将根据一定年限的要求相应取得股票或现金。

（二）杠杆型的员工持股计划

杠杆型的员工持股计划主要是利用信贷杠杆来实现的。这种做法涉及员工持股信托基金会、酒店、酒店股东和贷款银行四个方面：首先，成立一个员工持股计划信托基金会；然后，由酒店担保，由该基金会出面，以实行员工持股计划为名向银行贷款购买酒店股东手中的部分股票，购入的股票由信托基金会掌握，并利用因此分得的酒店利润及由酒店其他福利计划（如员工养老金计划等）转来的资金归还银行贷款的利息和本金；随着贷款的归还，按事先确定的比例将股票逐步转入员工账户，贷款全部还清后，股票即全部归员工所有。

这种类型计划的要点是：

（1）银行贷款给酒店，再由酒店借款给员工持股信托基金会，或者由酒店做担保，由银行直接贷款给员工持股信托基金会。

（2）信托基金会用所借款项从酒店或现有的股票持有者手中购买股票。

（3）酒店每年向信托基金会提供一定的免税的贡献份额。

（4）信托基金会每年用从酒店取得的利润和其他资金来归还银行贷款。

（5）当员工退休或离开酒店时，按照一定条件取得股票或现金。

三、实施员工持股计划的注意事项

（一）恰当确定员工持股比例

内部员工持股原则上通过两种方式设置：一是增资扩股方式；二是产权转让方式。

员工持股比例与规模可根据酒店规模、经营情况和员工购买能力自行确定。一般来说，中小型酒店的员工持股比例可在51%以上，大中型酒店的员工持股比例可在35%～50%。有关此规定，各地有所差别。

一般员工和高级管理人员、技术人员之间比例的确定，应体现风险收益机制，拉开不同档次。

（二）认真确认认购主体资格

持股人或认购者资格由酒店自行决定，但必须是本酒店的员工，非本酒店员工不得以任何方式参股。员工认购股份遵循自愿、风险共担和利益共享的原则。一般按员工个人岗位、职称、工龄贡献等确定员工认购数额。董事长、总经理等高级管理人员的认购数额原则上应同酒店绩效挂钩。

任务五　实施股票期权计划

股票期权计划是指酒店资产所有者对经营者实行的一种长期激励的报酬制度，它赋予酒店高级管理人员一个权利，即可在预先规定的时间内以预先约定的价格购买一定数量酒店股票。其中，预先规定的时间称为期权到期日，预先约定的价格称为期权的执行价格。

股票期权制强调的是一种权利而不是义务，如果酒店的经营状况良好，股价上涨，拥有该权利的酒店高级管理人员可取得股票，从而获得股票市场价格与执行价格间的差额收益；如果股价下跌，持权人可以不行使权利。股票期权的激励机制主要是基于一种良性循环：授予股票期权→持有者努力工作→业绩提高→股票价格上扬→持有者行使期权获利→持有者更加努力工作。通过该循环使股票期权持有者与股东的目标函数趋于一致，股票期权计划是一种能有效解决两权分离下的代理问题的长期激励机制。

股票期权计划在国外已经比较完善，在我国实行股票期权计划的企业还不是很多，在酒店行业实行的就更少。作为一种从西方引入的长期激励机制，股票期权计划在我国的运用存在以下障碍。

一、股票期权的来源

目前我国上市酒店的股权激励制度还处于相当初级的阶段，在法制创新、法律、法规和监管方面都需要实现突破。最明显的在于法律方面的制约，因为以酒店名义购买股票奖励相关人员属于股份回购的范畴，而按照《中华人民共和国公司法》的相关规定，酒店只有在合并或注销股份的时候才能进行股份回购。一些地方实行的所谓"期权持股"，实际上是一种股权与期权的变通方式，以回避法规问题。此外，股票期权机制的实施不仅要满足《中华人民共和国公司法》《中华人民共和国证券法》规定的有关条件，它还需要税务、证券监管部门的配合，现在税法对执行股票期权的所得如何征税尚无明确规定。

二、最佳持股比例难以确定

若将股票期权的比例设计得很小，其激励作用将很快消失。但也非经理人持股比例越高越好，因为当经理人所持酒店股份达到一定份额时，其就有可能有能力保护自己不受酒店内部的监督控制。因此，股票期权的比例不应有一个固定的界限，而应以酒店利润与企业发展为基础设计，使代理成本最低的同时又能实现股东财富最大化。

三、证券市场不完善，操作欠规范

根据股票期权的性质，经理人的收益取决于行权日股票市场价格与执行价格之差，经理人的收益是在市场中实现的，有较大的不确定性，要求股票价格有助于正确地衡量经营业绩。美国Fama教授提出的有效率市场假设是一种有关证券市场定价机制的理论，有效率市场价格完全反映了可获得信息的市场，有效率的资本市场是保护投资者的主要手段，也是合理配置资源的有效机制。在有效率市场条件下，股票价格能完全反映经营者当前的努力。但我国证券市场实质上是一种小资本市场，股票定价处于非理性状态，而非理性股票价格无助于正确衡量经理人业绩，也不利于以市场为基础的股票期权激励制度发挥其应有的激励作用。

尽管如此，股票期权激励机制由于能较好地将股东和经理人进行利益捆绑，有利于酒店长期发展，只要进一步完善资本市场，加快建设经理市场，健全有关的法律、法规以及配套的规章制度，尽快为股票期权的顺利实施创造良好的运行环境，股票期权激励制度在我国酒店业中将得到越来越广泛的应用。

能力训练

1. 请为当地酒店做一个薪酬情况的调查。
2. 请你到一家酒店了解一下该酒店的工资待遇，并根据你了解的信息编制一篇有关该酒店薪酬制度的调研报告。

思考与练习

1. 什么是薪酬调查？薪酬调查是如何进行的？
2. 进行岗位价值确定的方法有哪些？
3. 什么是职位工资制？职位工资制有什么优点？
4. 什么是弹性福利计划？弹性福利计划包含哪些类型？
5. 收益分享计划的实施步骤是什么？
6. 试分析以下案例，并回答相关问题。

某国际连锁酒店薪酬制度

第一章 总 则

第一条 适用范围。本制度适用于酒店的合同制员工。

第二条 目的。建立与酒店发展相适应的薪酬体系并逐步完善，促进酒店持续发展。

第三条 原则：

（一）职、权、责、利相结合。

（二）内部公平性与外部公平性兼顾。

（三）按劳分配、效率优先、兼顾公平及可持续发展。

（四）采取"以岗定薪、以能定级、以绩定奖"的分配形式，合理拉开收入差距。

第四条 依据。薪酬分配的依据是：岗位重要性、业绩贡献、能力、工作态度和合作精神。

第五条 总体水平。酒店根据营业绩效及行业薪酬水平适时调整薪酬水平。

第二章 薪酬体系

第六条 酒店公司薪酬体系适用对象分为两种不同类型：

（一）结构工资制：适用对象为除使用协议工资制外的合同制员工。

（二）协议工资制：适用对象为通过工资协商确定薪酬的员工。

第三章 结构工资制

第七条 收入构成。结构工资制收入＝岗位技能工资＋岗位津贴＋月度考核奖＋其他补贴＋年终效益奖＋加班费＋特别奖＋福利。

第八条 岗位技能工资。

（一）岗位技能工资体现岗位的重要性和员工技能的高低，按照岗位评价结果确定岗位技能工资职级，并根据该岗位对技能要求高低确定相应的岗位技能工资档级。

（二）确定岗位技能工资的原则：

1. 以岗定薪，薪随岗变，实现薪酬与岗位价值挂钩；

2. 以岗位价值为主、技能因素为辅，岗位与技能相结合；

3. 针对不同的职系设置晋级通道，鼓励不同专业人员专精所长。

（三）岗位职级、技能档级确定办法。岗位职级的确定依据为岗位重要性程度。从责任、资质要求、劳动强度、工作环境四个方面对各岗位进行重要性评价，根据岗位重要性评价的结果（等级）将各个岗位对应到《员工岗位技能工资等级表》相应职级、薪级中。

第九条 月度考核奖标准。

月度考核奖标准表　　　　　　　　　　　　　　　单位：元/月

薪级	一级	二级	三级	四级	五级	六级
月度考核奖	3000	2500	2000	1600	1000	800

月度考核奖根据个人月度考核情况发放。

第十条 薪酬发放方式

（一）三～六级员工实行发放（12＋X）月工资方式，根据酒店业绩合同完成情况酌情发放年终效益奖，年终效益奖最高不超过3个月工资。

（二）一、二级员工年收入＝月收入×12＋年终效益奖。一、二级员工的年终效益奖，根据酒店分公司业绩合同完成情况由集团公司核定，具体分配方案由分公司经营班子确定，报集团公司人力资源部备案。

第十一条 计时计件工的工资按市场行情及酒店经营中的实际需要发放。

第十二条 实习生工资标准。为加强与各院校合作，确保实习生生源，酒店所聘用的院校实习生工资原则按以下规定发放，各酒店分公司可根据实际情况适当调整。应届毕业生在酒店分公司全日实习期间可抵相应时间的试用期，实习期不满1个月的不计。

实习期	实习工资（元/月）
第1~3个月	≥1800
第4~6个月	≥2000
第7个月起	≥2100

第四章　相关薪酬项目及福利

第十三条 职称补贴。具有专业技术职称资格证书的专业技术人员，遵循专业对口原则，由用人单位聘任，可享受相应的专业技术职称补贴，标准如下（年薪制和协议工资制人员不享受）：

职称补贴标准表　　　　　　　　　　　　　　　　　单位：元/月

职称等级	高级职称	中级职称	初级职称
补贴标准	400	200	100

第十四条 其他补贴。酒店可根据实际需要在工资总额中发放其他补贴，主要为英语补贴、培训员补贴、寝室长补贴等，发放标准由酒店自行制定。

大夜班补贴。大夜班（指夜间11:30至第二天早上8:00期间）员工享受补贴，标准为10元/夜班。新员工在试用期间经考核合格可独立上岗的，可享受夜班补贴。

第十五条 加班费。加班费是员工按酒店工作需要在规定工作时间之外继续工作所取得的报酬。加班应提前办理相应的审批手续。

第十六条 特别奖。特别奖是对为酒店做出特殊或突出贡献的员工的奖励。特别奖包括（但不限于）总经理奖励基金，具体评定和发放办法由各单位自定，发放总额不得超出集团公司有关规定且不得擅自占用员工工资额度。

第十七条 福利。员工的福利由基本福利和其他福利两部分组成。基本福利是集团公司给予员工的基本保障，集团公司合同制员工均可享受，包括"五险二金"：养老保险、医疗保险、失业保险、生育保险、工伤保险、住房公积金、年金。其他福利是除基本福利外的所有福利。新入职员工的基本福利按集团公司有关规定享受。

第五章　结构工资制岗位技能工资定级与调整

第十八条 初始岗位技能工资定级定档办法。

（一）新员工初始岗位技能工资按岗位重要性和员工技能确定薪级，具体见下表：

起始档	六档起	七档起	八档起
岗位	房务部前厅区域、市场销售部各岗位员工，安保部消控岗位员工	餐饮部、安保部、工程部、人力资源部、财务部各岗位员工	房务部客房区域、洗衣中心各岗位员工，各部门文员、仓管员、收货（验收）员、采购员

（二）有上级部门安置文件的人员初始定档办法：根据新到岗员工所在岗位对应的岗位职级确定初始岗位技能工资薪级，在八档基础上按工龄每满3年升一档原则确定档级，不足3年的部分不计。

第十九条 岗位技能工资调整分整体调整与个别调整。

（一）整体调整是调整所有人员工资水平。

（二）个别调整则根据员工个人考核结果和岗位变动情况来决定。

1. 考核调整。

2. 岗位变动调整。员工岗位发生变动，若新岗位级别高于现有岗位级别，以员工现有岗位技能工资与新岗位技能工资按就近就高原则确定新的岗位技能工资档级。若新岗位级别低于现有岗位级别，以员工现有岗位技能工资与新岗位技能工资按就近就低原则确定新的岗位技能工资档级。

第六章　结构工资制试用期员工薪酬

第二十条 工资。3~6级新员工试用期间月工资按以下标准发放：

6级	5级	4级	3级
2000元/月	2300元/月	3200元/月	3700元/月

第二十一条 其他待遇。新员工试用期间享有休息日、社会统筹等项目，不享受本制度第十三条规定之补贴项目，试用期结束经考核转正之后按规定享受。

第七章　协议工资制

第二十二条 协议工资制适用范围：

（一）根据薪酬谈判或劳动合同谈判结果，无法或不宜套用年薪制和结构工资制的员工适用协议工资制。

（二）协议工资制一般在聘用市场上稀缺的人力资源或酒店公司急需的关键岗位人员时使用。

第二十三条 协议工资制操作原则：

（一）协商原则，即以市场价格为基础，由双方协商确定。

（二）保密原则，即对协议工资制员工及其工资严格保密。

（三）审慎原则，即协议工资制员工的招用宁缺毋滥。

第二十四条 协议工资制员工以外部招聘为主，薪酬、福利、休假及其他相关待遇事项均应在劳动合同中明确。

第二十五条 协议工资制员工的薪酬一般按劳动合同期限或劳动合同约定定期谈

判（协商）调整。

第八章　其　　他

第二十六条　当升职与岗位技能工资调档同时发生时，按调档后的标准核定升职后的岗位技能工资标准。

第二十七条　岗位调动员工的薪酬按交接报到单上的薪酬（工资）发放时间分段核发。

第二十八条　下列项目须从薪酬中扣除：个人所得税、缺勤扣除额、借款及利息、"五险二金"个人负担部分以及其他应扣除项目。

第二十九条　每月薪酬发放日为当月15日，如遇节假日或休息日应提前至最近的工作日发放。

第三十条　员工晋升当月薪酬发放办法。晋升时间在当月15日（含）以前的，当月按晋升后职级标准核发；晋升时间在当月15日（不含）以后的，当月分段核发，前半月按晋升前职级标准核发，后半月按晋升后职级标准核发。岗位技能工资（基本年薪）调整时亦遵循本条规定。

第九章　附　　则

第三十一条　本制度由人力资源部负责解释。

第三十二条　本制度自2017年1月1日起执行。

思考题：请结合该酒店工资制度，为你所在地一家三星级或以上星级酒店设计一个符合该酒店实际的工资制度。

学习目标

知识目标：
▶ 熟悉酒店劳动合同的基本内容
▶ 掌握酒店劳动合同订立、变更、解除的相关知识
▶ 掌握酒店对员工进行劳动保护的相关知识

能力目标：
▶ 具备制定酒店合同的能力
▶ 具备解决酒店劳动争议的能力

案例导入

员工要签合同　"逼"得酒店关门

现场：员工讨薪　酒店关门

昨天下午3点多，记者赶到梦都大街136号的红奥大酒店，在"铁将军"把门的酒店门口，聚集了大约30名年轻人。

"我们是酒店的员工，现在老板拖欠了一个半月的工资不发，还把门一关避而不见了！"一女员工说。该员工姓徐，是酒店的前厅主管，现在他们包括厨师和服务员在内近40人，都不知道老板躲到了什么地方。

"8月19日上午，我们还是正常上班的，衣服都换了，老板娘把我们都赶出来，门一关人就走了。"员工们说，本来是每月20日发工资，偏偏在这个时候关门，他们从7月份至今的工资都没拿到。

由于老板一直没露面，昨天，建邺区劳动局以及派出所民警赶到现场处理。

员工：酒店迟迟不签合同

"我们就是因为劳动合同的事和老板产生矛盾的。"徐小姐拿出一份空白格式合同称，这就是老板当初要和他们签订的合同。记者看到，在合同上关于劳动报酬一项，有两个选项，员工称："我们要求按第一条月薪制，加班工资按国家标准支付，可是老板却非要按照基本工资加绩效工资来。"员工们称，"酒店业五一、十一等节假日都是要加班的，如果按照绩效工资来，岂不是任由老板来定标准？"

厨师陈先生说，《劳动合同法》今年实施后，他们都很关注，他们多次提出签合同，老板一直不愿意，他们已向劳动局投诉，目前尚未处理完，老板却突然关了店门。

据徐小姐称，昨天上午，酒店的一位会计找到住在宿舍里的女服务员，答应先支付7月份的工资，但同时必须要签一份自动辞职协议，女服务员很多才十六七岁，懵懵懂懂就签了。

"以前老板还跟我们说过，就是交保险了，也要满15年才能拿到钱，对我们不适用。"员工们对此都很气愤。

员工们还出示了一条酒店方发来的短信，上面写道："某某，你非我酒店员工！请于2008年8月21日18时前搬离我酒店宿舍，否则后果自负，南京红奥酒店！"

劳动部门：已经开始调查取证

建邺区劳动监察大队的工作人员在现场做调查工作，一位姓张的工作人员说，8月5日就接到了该酒店员工的投诉，他们已经下发通知，要求酒店方携带相关材料到劳动部门接受调查。

可是取证还没结束，红奥酒店就突然关门了。张先生表示："如果他们不遵守法律，那么就应该从签订合同的第二个月起，酒店不签合同就要支付员工双倍工资，而且保险还得补交。"

酒店老板：关门是怕员工胡闹

昨晚，记者联系了红奥酒店的负责人付贵，他称自己也是一肚子苦水。据他称，之所以采用基本工资加绩效工资的支付方式，是因为酒店没有效益肯定就没钱发工资，而且要对员工形成一定的约束力。

"其实是我首先提出签合同的，可是他们不愿意签，还要求我把保险费直接发现金给他们，这是违法的。"付贵说，闹事的主要是厨师，他们的要求得不到满足，就在员工餐里吐口水，还在客人面前说坏话，"我暂时关门，其实就是怕他们到店里瞎闹。"

（资料来源：《现代快报》，2008年8月22日）

? 思考：酒店不与员工签订劳动合同合法吗？酒店人力资源部应该怎样做才算合法用工？

结合本案例请思考：酒店不与员工签订劳动合同合法吗？酒店人力资源部应该怎样做才算合法用工？

酒店员工劳动管理由人力资源部负责，主要包括劳动合同与劳动保护管理。酒店应严格执行新的《中华人民共和国劳动合同法》（以下简称《劳动合同法》），自用工之日起一个月内与员工订立书面劳动合同。同时，酒店还应为员工办理工伤、医疗等社会保险。只有这样，酒店才能与员工建立良性和谐的劳动关系。

项目一 ┃ 劳动合同管理

根据最新《劳动合同法》规定，用人单位自用工之日起超过一个月不满一年未与劳动者订立书面劳动合同的，应当向劳动者每月支付两倍的工资；用人单位自用工之日起满一年仍然未与劳动者订立书面劳动合同的，除按照以上规定支付两倍的工资外，还应当视为用人单位与劳动者已订立无固定期限劳动合同。可见，如果酒店未依法与员工订立书面劳动合同，将承担相应的法律责任。

任务一　订立劳动合同

酒店劳动合同是确立劳动关系的法律文书，也是劳动者与酒店之间形成劳动关系的基本形式。劳动合同的双方当事人依法订立和履行劳动合同，是促进劳动关系有序运行，以及预防、处理劳动争议的前提条件。劳动合同管理是酒店人力资源管理的重要内容。一般来说，酒店与员工订立劳动合同的操作要点如下：

一、熟悉新《劳动合同法》相关内容

酒店人力资源部在与员工订立书面劳动合同之前，首先应当熟悉最新《劳动合同法》的相关内容。

（一）什么是酒店劳动合同

酒店劳动合同又称劳动契约、劳动协议，是指酒店同劳动者之间建立劳动关系，明确双方权利和义务的协议。我国最新《劳动合同法》规定："用人单位自用工之日起即与劳动者建立劳动关系。""建立劳动关系，应当订立书面劳动合同。已建立劳动关系，未同时订立书面劳动合同的，应当自用工之日起一个月内订立书面劳动合同。用人单位与劳动者在用工前订立劳动合同的，劳动关系自用工之日起建立。"劳动合同主要包括口头合同和书面合同两种形式。

劳动合同一经双方当事人签订，即确立了劳动者与酒店之间的劳动法律关系，双方当事人之间的有关劳动权利和义务以书面合同的形式确定下来，使之特定化、具体化。劳动者依据劳动合同在酒店内担任一定职务或工种的工作，完成规定的生产（工作）任务，遵守劳动法律和职业道德；酒店则依据劳动合同的约定，按照劳动者劳动的数量和质量支付劳动报酬，对劳动者享有的各项劳动权利提供保障，督促劳动者履行各项劳动义务。

（二）劳动合同的期限

最新《劳动合同法》规定："劳动合同分为固定期限劳动合同、无固定期限劳动合同和以完成一定工作任务为期限的劳动合同。"

固定期限劳动合同，是指用人单位与劳动者约定合同终止时间的劳动合同。用人单位与劳动者协商一致，可以订立固定期限劳动合同。

无固定期限劳动合同，是指用人单位与劳动者约定无确定终止时间的劳动合同。用人单位与劳动者协商一致，可以订立无固定期限劳动合同。有下列情形之一，劳动者提出或者同意续订、订立劳动合同的，除劳动者提出订立固定期限劳动合同外，用人单位应当订立无固定期限劳动合同：

（1）劳动者在该用人单位连续工作满10年的；

（2）用人单位初次实行劳动合同制度或者国有企业改制重新订立劳动合同时，劳动者在该用人单位连续工作满10年且距法定退休年龄不足10年的；

（3）连续订立2次固定期限劳动合同，且劳动者没有《劳动合同法》第39条和第40条第1、2项规定的情形，续订劳动合同的。

用人单位自用工之日起满一年不与劳动者订立书面劳动合同的，视为用人单位与劳动者已订立无固定期限劳动合同。

（三）劳动合同的具体条款

酒店劳动合同应当具备以下条款：

（1）酒店的名称、住所和法定代表人或者主要负责人。

（2）劳动者的姓名、住址和居民身份证或者其他有效身份证件号码。

（3）劳动合同期限。

（4）工作内容和工作地点。

（5）工作时间和休息休假。

（6）劳动报酬。

（7）社会保险。

（8）劳动保护、劳动条件和职业危害防护。

（9）法律、法规规定应当纳入劳动合同的其他事项。

酒店与劳动者还可以约定试用期、培训、保守秘密、补充保险和福利待遇等其他事项。

另外，根据最新《劳动合同法》规定：劳动合同对劳动报酬和劳动条件等标准约定不明确，引发争议的，用人单位与劳动者可以重新协商；协商不成的，适用集体合同规定；没有集体合同或者集体合同未规定劳动报酬的，实行同工同酬；没有集体合同或者集体合同未规定劳动条件等标准的，适用国家有关规定。

（四）明了员工试用期期限

对于试用期问题，最新《劳动合同法》做了如下规定：

（1）劳动合同期限3个月以上不满1年的，试用期不得超过1个月；劳动合同期限1年以上不满3年的，试用期不得超过2个月；3年以上固定期限和无固定期限的劳动合同，试用期不得超过6个月。

（2）同一用人单位与同一劳动者只能约定一次试用期。

（3）以完成一定工作任务为期限的劳动合同或者劳动合同期限不满3个月的，不得约定试用期。

（4）试用期包含在劳动合同期限内。劳动合同仅约定试用期的，试用期不成立，该期限为劳动合同期限。

（5）劳动者在试用期的工资不得低于本单位相同岗位最低档工资或者劳动合同约定工资的80%，并不得低于用人单位所在地的最低工资标准。

（6）在试用期中，除劳动者有《劳动合同法》第39条和第40条第1、2项规定的情形外，用人单位不得解除劳动合同。用人单位在试用期解除劳动合同的，应当向劳动者说明理由。

二、明确劳动合同订立原则

劳动合同订立的原则，是指酒店与劳动者在订立劳动合同的整个过程中必须遵循的基本法律准则。它是劳动合同订立的指导方针和总的精神，是劳动合同的本质反映，贯穿于劳动合同订立的全过程。我国最新《劳动合同法》规定："订立劳动合同，应当遵循合法、公平、平等自愿、协商一致、诚实信用的原则。"

（一）平等自愿的原则

平等，是指订立劳动合同的双方当事人具有相同的法律地位。在订立劳动合同时，双方当事人都是以劳动关系的主体资格出现的，是平等主体之间的关系，双方都要以法律为依据，进行充分协商。协商时，双方都有平等的利益要求的权利，不存在命令与服从关系。平等原则赋予了双方当事人公平地表达自己意愿的机会，有利于维护双方的合法权益。

自愿，是指订立劳动合同完全是出自于双方当事人自己的真实意见，是双方当事人意愿一致的表示，是各自充分表达了意见，经过平等协商而达成的协议。自愿的含义包括：劳动合同的订立必须由双方当事人依照自己的意愿独立自主决定，他人不得强制命令，当事人一方不得哄欺对方，也不能采取其他诱导方式使一方当事人违背自己的真实意愿而接受对方的条件；劳动合同的期限、内容的确定，必须完全与双方当事人的真实意志相符合。

在平等自愿原则中，平等是自愿的基础和前提，自愿是平等的必然体现，不平等就难以真正实现自愿。

（二）协商一致的原则

所谓协商一致，是指劳动合同的全部内容在法律、法规允许的范围内由双方当事人共同讨论、协商，取得完全一致的意见后确定。若订立劳动合同时，双方当事人虽然经过充分协商，但分歧仍很大，没有达成一致的意思表示，合同就不能成立。协商一致表明，劳动合同的全部内容都符合当事人的意愿，能为双方当事人所接受。协商一致的原则是维护双方当事人合法权益的基本要求。

（三）不得违反法律、行政法规的原则

不得违反法律、行政法规的原则，即劳动合同的合法原则，是劳动合同有效并受国家法律保护的前提条件。合法原则的基本要求是：

（1）订立劳动合同的目的必须合法。即双方当事人订立劳动合同的宗旨和实现法律后果的意图不违反法律、法规的规定。对于劳动者来说，订立劳动合同是为了实现劳动就业，获得劳动报酬，以维持生活和生存。对于酒店来说，订立劳动合同是为了使用劳动力来组织社会生产劳动，发展经济。当事人不得以订立合同的合法形式掩盖不法意图的内容，以达到不良目的。

（2）订立合同的主体必须合法。即订立劳动合同的双方当事人必须具备订立劳动合同的主体资格。对于酒店来说，必须具备法人资格；个体工商户必须具备民事主体的权利能力和行为能力。对于劳动者来说，必须具备法定的劳动年龄，具备劳动权利能力和劳动行为能力。任何一方如果不具备订立劳动合同的主体资格，所订立的劳动合同就属于违法合同。

（3）订立劳动合同的内容必须合法。即双方当事人在劳动合同中设立的权利、义务必须符合国家法律、法规和政策的规定。如国家法律、行政法规规定劳动者每日工作时间不超过8小时，劳动合同中约定的劳动者每日工作时间就不能高于8小时。

（4）订立劳动合同的程序、形式必须合法。程序合法是指劳动合同的订立要按照国家法律、行政法规规定的步骤和方式进行。形式合法是指劳动合同必须依照法律、法规规定的书面形式订立。如果当事人以口头形式签订劳动合同，则属形式上的违法合同。

（5）订立劳动合同的行为必须合法。即订立劳动合同的双方当事人必须用自己的实际行动体现劳动合同的合法性。订立劳动合同不是简单地签署一项书面协议，它涉及各个方面的法律、法规和政策。

三、与员工订立劳动合同

根据酒店人力资源部的操作规程，酒店在熟悉劳动合同法相关内容，明确订立劳动合同的原则后，就可着手与员工订立劳动合同。一般来说，酒店人力资源部与员工订立劳动合同的程序主要分为以下几个步骤：

（1）择优录用。酒店在对劳动者进行招聘考核后，择优录用为本酒店人员，应当向本人发出录用通知。

（2）酒店提出劳动合同草案。酒店在决定录用或聘用有关劳动者后，要拟定并向劳动者提交劳动合同草案。所谓草案，是指由酒店单方面提出、供酒店和劳动者协商使用的合同文书草本。酒店对提出的草案，有义务向劳动者说明各条款的具体内容和法律依据；劳动者有权对自己不清楚的条款要求酒店做出解释。

（3）一般的情况下，酒店在提出劳动合同草案的同时，应当向劳动者介绍酒店内部劳动规章制度。由于劳动者和酒店之间的劳动合同一旦签订，彼此间的劳动关系即正式确立，劳动者对酒店内部的规章制度也就必须完全遵守和执行。因此，酒店内部的规章制度也可以看作是劳动合同的附件内容，酒店有义务向劳动者详细介绍单位内部的劳动规章制度。

（4）双方协商劳动合同内容。在酒店提供劳动合同草案和向劳动者介绍内部劳动规章制度的基础上，劳动者和酒店主要就合同草案的条款逐一进行磋商；并就需要补充的条款进行认真协商和研究。一般来说，需要补充的条款主要由劳动者一方提出。

（5）签订劳动合同。双方经过反复协商，在充分表达自己真实意愿的基础上，完成要约和承诺的全过程，即最终达成一致的协议，依照法定程序，由酒店的法定代表人或其书面委托代理人与劳动者本人签字（盖章）生效。当事人签字（盖章）是劳动合同成立的必要条件。但在实践中，有的酒店和个人在签订劳动合同手续上不按法律规定的要求做，比如由部门或人事劳动部门代替劳动者个人签字，或者由其家属、亲友签字等，以为这样做省事、方便。殊不知，这一时的省事、方便，会导致整个劳动合同的无效。

（6）劳动合同鉴证。劳动合同鉴证是劳动保障行政部门依法审查、证明劳动合同的真实性、合法性和可行性的一项行政监督、服务措施。劳动合同鉴证是劳动合同的一项特殊程序，实行自愿原则。劳动合同双方当事人需要鉴证劳动合同的，应向其劳动合同签订地或履行地的劳动保障部门的劳动争议仲裁委员会提出申请，并提供劳动合同书（3份）、证明法人合法资格的有效证件、劳动者身份证明和鉴证机关认为需要的其他材料。劳动合同鉴证机关依据国家有关法律、法规和政策，对签订的劳动合同进行审查、鉴定，并出具证明，以保证其法律效力，并督促双方严格履行劳动合同，随时提供法律咨询服务。实践证明，在当前人们缺乏劳动合同意识和法制观念淡薄的情况下，劳动合同鉴证是促使人们依法签订劳动合同、严格遵循劳动合同、防止和减少劳动争议的较好措施。

此外，在劳动力市场运行过程中，订立劳动合同一方面要遵循国家法规规定的程序，另一方面要符合市场运行的规律。具体表现为酒店和劳动者既要有充分的自主权，又要在合法的基础上完成要约和承诺的全过程。

四、酒店与员工订立劳动合同的注意事项

（一）双方的基本情况部分

对员工应要求写明具体详尽的基本情况。特别应写明：身份证号码、手机或是电话号码、详尽的家庭地址、现住址、通信地址。在劳动合同的最后部分应注明，员工所提供的通信地址视为酒店所有相关文件的邮寄地址，文件一经寄出就认定为酒店送达。

（二）"劳动期限"部分

1. 根据不同性质的合同设计不同的合同约定

应根据不同性质的合同设计不同的合同约定，例如，固定期限的合同，应约定是几年，然后是从×××年××月××日起到×××年××月××日止；无固定期限的合同，应写明是从×××年××月××日起到合同解除或是终止情形出现止；以完成一定工作任务为期限的合同，应明确何为工作任务的完成。

2. 对"试用期"的约定

（1）约定试用期应符合法律的规定，如不可单独约定没有合同期限的试用期、只可约定一次试用期等。

（2）如需要延长试用期，应考虑延长的试用期总期限是否违反了法律所规定的按照合同期限来约定试用期的限制，如没有，可以延长，但需要经过员工的同意，并在试用期没有届满前，同时与员工签订试用期延长的协议（或是由员工出具延长试用期同意的证明）。

（3）应考虑有试用期和无试用期的两种情况。是否具有试用期由双方协商决定，不是必备条款。

（三）工作内容和工作地点的约定

（1）应明确写明具体的工作内容，包括工作岗位、工作职责，如在酒店具体哪个部门任何职务或岗位。

（2）约定清楚具体的工作地点。

（3）约定因酒店经营情况或是其他客观情况的变化，可以调动员工的工作岗位，除此之外，应经过双方协商一致方可以变更。

（4）约定若因员工自身原因不能胜任工作、患病、非因工受伤而需要调换工作岗位，员工的工作能力、价值降低，那么酒店可以降低劳动报酬，除此之外不得随意调动工作岗位或是降低劳动报酬。

（四）工资待遇

应写明在试用期间和合同期间的工资待遇均不得低于当地最低工资标准。加班工资和其他津贴另行计算。

（五）有关"社会保险待遇"部分

这部分是最容易出现问题和最敏感的部分。社保费用需要员工和酒店双方均支出，很多酒店违规操作，不为员工购买社保，或是由于员工自身的原因不愿意支付费用，所以在这种情况下导致了没有为员工购买社保的结果。

（1）写明支付给员工的工资中包含了社保费用。

（2）写明：酒店要求为员工购买社保，如因为员工的原因，无法购买社保，一切责任由员工承担。若员工坚持不购买社保，酒店应要求员工做出保证，如："本人不愿意购买社保，一切责任由本人承担，且本人不得因此而提出解除与酒店的劳动合同关系，酒店也不因此需要支付经济补偿金。"

（六）有关商业秘密、竞业限制、培训等内容。

此部分内容应另行约定，订立书面协议书。

（七）"解除合同"部分

（1）有关协商解除。关键是一定要明确解除合同是酒店提出还是员工提出的，因为谁先提出结果完全不一样。应在具体办理协商解除时，写明："（酒店或是员工）提出提前解除双方的劳动合同，（员工或是酒店）表示同意，现双方达成一致意见。"

（2）酒店预告解除需要提前30日通知员工或是支付一个月的代通知金。建议除非确实需要一个月的时间来办理交接工作，否则应使用代通知金，其利大于弊。

（3）解除劳动合同时应注意不但内容要合法，而且形式也要合法。如酒店应提前30日书面通知员工，且确保相关文件送达，员工应在签收时签字确认，或是通过合法途径送达，如邮寄、公告等。

（八）"终止合同"的约定

合同期限届满，在原有或高于原有劳动报酬的前提下，酒店同意续订合同而员工不同意的，酒店不需要支付经济补偿金。据此，如合同期限届满，员工不同意续订合同，酒店应写明：如上述情况，要求员工签名确认。

（九）其他约定

（1）约定用人单位如实告知义务。如酒店已如实向员工告知工作内容、工作条件、工作地点、职业危害、安全生产状况、劳动报酬等情况，用人单位不存在欺诈行为。

（2）约定劳动者已全部阅读了用人单位的规章制度和员工手册，并愿意遵守执行。合同中可以具体列明哪些规章制度；用人单位在企业内公开发布的各项规章制度对双方均具有约束力，除非该制度违反了国家法律法规或与本合同相冲突，否则视为本合同的有效附件。

（3）如前所述，邮件送达劳动者所提供的通信地址视为送达。

任务二　变更劳动合同

一般情况下，劳动合同订立后，双方当事人必须认真履行，任何一方不得擅自变更劳动合同。但是，在履行劳动合同的过程中，由于酒店经营状况的变化，或者职工劳动、生活情况的变化，也可以变更劳动合同。

一、劳动合同变更的含义

劳动合同的变更，是指劳动合同双方当事人就已订立的劳动合同条款达成修改、补充协议的法律行为。它是原来已存在的劳动权利义务的发展，由原有劳动合同关系所派生。劳动合同的变更，包括协议变更和法定变更两种情况。协议变更是指双方当事人必须协商一致，达成协议；法定变更是在法律规定的原因出现时，当事人一方可依法提出变更劳动合同（变更的内容也需要当事人双方协商一致）。无论是协议变更还是法定变更，只限于对劳动合同的某些内容的变更，不能对劳动合同的当事人进行变更。

二、劳动合同变更的原则

（1）变更劳动合同必须遵循平等自愿、协商一致原则，这是一条基本的原则。

（2）要及时、准确地变更劳动合同相应的内容。如果应该变更的劳动合同内容没有变更，由于原订各项条款继续生效，往往使劳动合同不适于变化了的情况，从而引起不必要的争议。

（3）要保证变更后的劳动合同的合法性。一是变更后的劳动合同内容必须符合国家法律、法规和政策的有关规定；二是变更劳动合同的程序必须符合法律规定，双方当事人应签订一份劳动合同变更协议。

三、劳动合同变更的条件

劳动合同的变更必须符合法定的条件，并经双方协商一致。否则，所变更的内容无效，得不到国家法律的保护，并视为违反劳动合同的行为而承担相应的责任。根据现行规定，变更劳动合同一般需具备以下两个条件：

（一）必须有正当理由

所谓正当理由，主要是指出于工作或生产需要而出现某种情况的变化，或者劳动法规明确规定、劳动合同原约定的情况已经发生变化。通常在下列情况下，当事人可以提出变更劳动合同的相关条款：

（1）订立劳动合同时所依据的法律、法规已经修改，致使原来订立的劳动合同无法全面履行。在这种情况下，无须经双方协商同意，新的劳动法规或改革方案生效之日起，原劳动合同中的相关内容自行失效。

（2）酒店经上级主管部门批准转产，原签订的劳动合同也仍然有效，只是由于生产方向的变化，原来订立的劳动合同中的某些条款与发展变化的情况不相适应，需要做出相应的修改。

（3）上级主管机关决定改变酒店的生产任务，致使原来订立的劳动合同中有关产量、质量、生产条件等都发生了一定的变化，需要做出相应的修改，否则原劳动合同无法履行。

（4）酒店严重亏损或发生不可抗力的情况，确实无法履行劳动合同的规定。

（二）必须经劳动合同双方当事人协商一致

变更劳动合同是双方当事人的法律行为，必须经双方当事人平等自愿、协商一致，依法对劳动合同的部分内容做某些修改而达成新的协议，任何一方不得单方面变更劳动合同。

四、劳动合同变更的程序和法律后果

（一）劳动合同变更的程序

劳动合同变更一般要经过提议、协商、签订三个阶段。

（1）及时向对方提出变更劳动合同的要求。提出变更劳动合同的主体可以是酒店，也可以是职工，无论哪一方要求变更劳动合同，都应当及时向对方提出变更劳动合同的要求，说明变更劳动合同的理由、内容、条件等。

（2）按期向对方做出答复。当事人一方得知对方变更劳动合同的要求后，应在对方规定的期限内做出答复，不得对对方提出的变更劳动合同的要求置之不理。

（3）双方达成书面协议。当事人双方就变更劳动合同的内容经过协商，取得一致意见，应当达成变更劳动合同的书面协议，书面协议应指明对哪些条款做出变更，并应明确变更后劳动合同的生效日期，书面协议经双方当事人签字盖章生效，并报酒店主管部门或者上级劳动行政部门备案。如协商过程中发生争执，任何一方都可以向当地劳动争议仲裁机构申请仲裁。

（二）劳动合同变更后的法律效力

变更后的劳动合同，对双方当事人均具有法律约束力。变更劳动合同以后，若因变更行为给一方带来经济损失的，一般由要求变更劳动合同的一方或导致对方遭受经济损失的一方承担经济赔偿责任，但不承担违反劳动合同的责任。由于变更劳动合同的原因比较复杂，应当根据具体情况正确确定赔偿责任的一方，如果非法或单方面擅自变更劳动合同而致一方受到经济损失的，就要承担违反劳动合同的责任。

任务三　解除劳动合同

劳动合同的解除是指劳动合同生效以后，尚未全部履行以前，由于某种原因导致劳动合同一方或双方当事人提前消灭劳动关系的法律行为。劳动合同解除可以分为双方协商解除劳动合同和单方依法解除劳动合同。双方协商解除劳动合同是指由双方当事人在不违反法律规定的前提下，依据各自的具体情况在合同中约定解除合同的条件，当该条件出现时，双方即可依据约定条件解除劳动合同。单方依法解除是指合同的当事人单方面依据法律规定解除劳动合同。

解除劳动合同涉及劳动关系双方当事人的权利、义务，关系到企业生产工作秩序

的正常进行，劳动合同的当事人必须慎重对待。

一、酒店依法解除劳动合同的情形

（一）酒店单方面解除劳动合同的情形

根据最新《劳动合同法》的规定，劳动者有以下情形之一的，用人单位可以单方面解除劳动合同：

（1）在试用期间被证明不符合录用条件的；

（2）严重违反用人单位的规章制度的；

（3）严重失职，营私舞弊，给用人单位造成重大损害的；

（4）劳动者同时与其他用人单位建立劳动关系，对完成本单位的工作任务造成严重影响，或者经用人单位提出，拒不改正的；

（5）因《劳动合同法》第26条第1款第1项规定的情形致使劳动合同无效的；

（6）被依法追究刑事责任的。

（二）酒店有条件解除与劳动者劳动合同的情形

根据最新《劳动合同法》的规定，有下列情形之一的，用人单位提前30日以书面形式通知劳动者本人或者额外支付劳动者一个月工资后，可以解除劳动合同：

（1）劳动者患病或者非因工负伤，在规定的医疗期满后不能从事原工作，也不能从事由用人单位另行安排的工作的；

（2）劳动者不能胜任工作，经过培训或者调整工作岗位，仍不能胜任工作的；

（3）劳动合同订立时所依据的客观情况发生重大变化，致使劳动合同无法履行，经用人单位与劳动者协商，未能就变更劳动合同内容达成协议的。

此外，《劳动合同法》规定："用人单位单方解除劳动合同，应当事先将理由通知工会。用人单位违反法律、行政法规规定或者劳动合同约定的，工会有权要求用人单位纠正。用人单位应当研究工会的意见，并将处理结果书面通知工会。"

（三）酒店不得解除劳动合同的条件

根据《劳动合同法》规定，劳动者有下列情形之一的，用人单位不得解除劳动合同：

（1）从事接触职业病危害作业的劳动者未进行离岗前职业健康检查，或者疑似职业病病人在诊断或者医学观察期间的；

（2）在本单位患职业病或者因工负伤并被确认丧失或者部分丧失劳动能力的；

（3）患病或者非因工负伤，在规定的医疗期内的；

（4）女职工在孕期、产期、哺乳期的；

（5）在本单位连续工作满15年，且距法定退休年龄不足5年的；

（6）法律、行政法规规定的其他情形。

酒店解除劳动合同时，在不得解除劳动合同的条件与解除劳动合同的条件相冲突时，应服从不得解除的条件。对酒店解除劳动合同，工会认为不适当的，有权提出意见。如果酒店违反法律、法规或者劳动合同，工会有权要求重新处理；劳动者申请仲裁或者提起诉讼的，工会应当依法给予支持和帮助。

二、劳动者依法解除劳动合同的情形

（一）劳动者提前30日以书面形式通知用人单位解除劳动合同的情形

《劳动合同法》规定：劳动者提前30日以书面形式通知用人单位，可以解除劳动合同。劳动者在试用期内提前3日通知用人单位，可以解除劳动合同。劳动者采取此种方式解除劳动合同，不需要考虑单位是否存在过错，也不需要征得用人单位的同意。在提前30日以书面形式通知后，劳动者向酒店提出办理解除劳动合同手续的，用人单位应当予以办理。

（二）劳动者随时通知用人单位解除劳动合同的情形

《劳动合同法》规定，有以下情形之一的，劳动者可以随时通知酒店解除劳动合同：

（1）未按照劳动合同约定提供劳动保护或者劳动条件的；

（2）未及时足额支付劳动报酬的；

（3）未依法为劳动者缴纳社会保险费的；

（4）用人单位的规章制度违反法律、法规的规定，损害劳动者权益的；

（5）以欺诈、胁迫的手段或者乘人之危，使对方在违背真实意思的情况下订立或者变更劳动合同致使劳动合同无效的；

（6）法律、行政法规规定劳动者可以解除劳动合同的其他情形。

酒店以暴力、威胁或者非法限制人身自由的手段强迫劳动者劳动的，或者酒店违章指挥、强令冒险作业危及劳动者人身安全的，劳动者可以立即解除劳动合同，不需事先告知酒店。

酒店未按照劳动合同的约定支付劳动报酬或者提供劳动条件的。劳动合同的解除不是剥夺劳动者的劳动权利，劳动者仍然可以和社会上的任何一个单位重新建立劳动关系，国家和社会也有责任创造条件帮助劳动者再次实现其劳动权利。

三、酒店与劳动者解除劳动合同的程序

（1）让员工填写员工离职通知单。无论员工辞职或被解除劳动合同，人力资源部都应让辞职员工填写"员工离职通知单"。

（2）进行离职面谈。离职面谈的目的在于收集及统计员工离职的原因及其他有关资料，以便酒店改善有关措施和制度。离职面谈由人力资源部或部门主管/经理主持，面谈后请员工自愿填写"员工离职意见书"。该意见书的内容由人力资源部处理并判断其准确性、合理性后交有关人员，目的在于提高酒店的管理水平及完善用人制度。

（3）离职报告审批。进行离职面谈后，人力资源部工作人员将"员工离职通知单"交由其所在部门经理和人力资源部经理签字后，拟定员工离职报告，报酒店总经理审批。

（4）结算工资。员工离职时，酒店人力资源部应要求离职员工离开酒店前必须将所有酒店物品退还给酒店，并完成"员工离开酒店退还酒店物品报告表"。该报告表必须由直属上司、人力资源部、财务部签署证明已退还所有物品后，人力资源部才能为离职员工结算工资。

结算工资包括以下项目：该员工上班最后一天及以前工资与补贴；由于其他原因产生的需补/扣之代金额（如保险金等）；扣除向酒店借款及赔偿金额。

一般而言，离职员工的工资按离职员工离职当月实际出勤日数计发。

四、劳动合同解除后的经济补偿

（一）酒店需要支付经济补偿金的情形

根据最新《劳动合同法》规定，有下列情形之一的，用人单位应当向劳动者支付经济补偿：

（1）劳动者依照《劳动合同法》第38条规定解除劳动合同的：①未按照劳动合同约定提供劳动保护或者劳动条件的；②未及时足额支付劳动报酬的；③未依法为劳动者缴纳社会保险费的；④用人单位的规章制度违反法律、法规的规定，损害劳动者权益的；⑤以欺诈、胁迫的手段或者乘人之危，使对方在违背真实意思的情况下订立或者变更劳动合同致使劳动合同无效的；⑥法律、行政法规规定劳动者可以解除劳动合同的其他情形。

（2）用人单位向劳动者提出解除劳动合同并与劳动者协商一致解除劳动合同的。

（3）用人单位依照《劳动合同法》第40条规定解除劳动合同的。有下列情形之一的，用人单位提前30日以书面形式通知劳动者本人或者额外支付劳动者一个月工资后，可以解除劳动合同：①劳动者患病或者非因工负伤，在规定的医疗期满后不能从事原工作，也不能从事由用人单位另行安排的工作的；②劳动者不能胜任工作，经过培训或者调整工作岗位，仍不能胜任工作的；③劳动合同订立时所依据的客观情况发生重大变化，致使劳动合同无法履行，经用人单位与劳动者协商，未能就变更劳动合同内容达成协议的。

（4）用人单位依照企业破产法规定进行重整，裁减人员的。

（5）除用人单位维持或者提高劳动合同约定条件续订劳动合同，劳动者不同意续订的情形外，因劳动合同期满，劳动合同终止的。

（6）用人单位被依法宣告破产的，或被吊销营业执照、责令关闭、撤销或者用人单位决定提前解散的。

（7）法律、行政法规规定的其他情形。

（二）酒店无须支付经济补偿金的情形

根据最新《劳动合同法》规定，有下列情形之一的，用人单位无须支付经济补偿金：

（1）劳动者提前30日以书面形式，在试用期内提前7日，向用人单位提出解除劳动合同并与用人单位协商一致解除劳动合同的。

（2）用人单位可以单方面解除劳动合同的情形：①在试用期间被证明不符合录用条件的；②严重违反用人单位的规章制度的；③严重失职，营私舞弊，给用人单位造成重大损害的；④劳动者同时与其他用人单位建立劳动关系，对完成本单位的工作任务造成严重影响，或者经用人单位提出，拒不改正的；⑤因《劳动合同法》第26条第1款第1项规定的情形致使劳动合同无效的；⑥被依法追究刑事责任的。

（3）劳动者开始享受基本养老保险待遇的。

（4）劳动者死亡，或被法院宣告死亡或失踪的。

（三）经济补偿标准

根据最新《劳动合同法》规定，经济补偿按劳动者在本单位工作的年限，每满一年支付一个月工资的标准向劳动者支付。6个月以上不满1年的，按1年计算；不满6个月的，向劳动者支付半个月工资的经济补偿。

劳动者月工资高于用人单位所在直辖市、设区的市级人民政府公布的本地区上年度职工月平均工资3倍的，向其支付经济补偿的标准按职工月平均工资3倍的数额支付，向其支付经济补偿的年限最高不超过12年。

这里的月工资是指劳动者在劳动合同解除或者终止前12个月的平均工资。

项目二 │ 劳动保护

员工劳动保护职能通常由酒店人力资源部来行使，主要涉及员工工伤及日常疾病等。对于员工工伤及日常疾病，酒店人力资源部主要通过到保险公司给员工办理工伤保险和医疗保险来解决。一些酒店不愿意到当地劳动保障部门给员工办理社会保障卡（五险合一的卡，即医疗保险、工伤保险、养老保险、失业保险和生育保险五种保险合在一张卡上），原因在于两个方面：一是酒店员工流动性比较强；二是给员工办理社会保障卡会大大增加酒店的人力成本。

任务一 订立劳动合同

工伤又称职业伤害，是指酒店员工在生产劳动中所发生的或与之相关的人身伤害。工伤所造成的直接后果是伤害到员工生命健康，并由此造成员工及家庭成员的精神痛苦和经济损失，也就是说劳动者的生命健康权、生存权和劳动权利受到影响、损害甚至被剥夺了。劳动者在酒店工作、劳动，必然形成劳动者和酒店之间相互的劳动关系，在劳动过程中，酒店除支付劳动者工资待遇外，如果不幸发生了事故，造成劳动者的伤残、死亡或患职业病，此时，劳动者可以按照国家宪法和劳动法所给予的根本权利享受工伤保险。

一、工伤认定的范围

（一）职工有下列情形之一的，应当认定为工伤

（1）在工作时间和工作场所内，因工作原因受到事故伤害的；

（2）工作时间前后在工作场所内，从事与工作有关的预备性或者收尾性工作受到事故伤害的；

（3）在工作时间和工作场所内，因履行工作职责受到暴力等意外伤害的；

（4）患职业病的；

（5）因公外出期间，由于工作原因受到伤害或者发生事故下落不明的；

（6）在上下班途中，受到非本人主要责任的交通事故或者城市轨道交通、客运轮渡、火车事故伤害的；

（7）法律、行政法规规定应当认定为工伤的其他情形。

（二）职工有下列情形之一的，视同工伤

（1）在工作时间和工作岗位，突发疾病死亡或者在48小时之内经抢救无效死亡的；

（2）在抢险救灾等维护国家利益、公共利益活动中受到伤害的；

（3）职工原在军队服役，因战、因公负伤致残，已取得革命伤残军人证，到酒店后旧伤复发的。

职工有第1、2项情形的，按照条例的有关规定享受工伤保险待遇；职工有第3项情形的，按照条例的有关规定享受除一次性伤残补助金以外的工伤保险待遇。

（三）职工有下列情形之一的，不得认定为工伤或者视同工伤

（1）故意犯罪的；

（2）醉酒或者吸毒的；

（3）自残或者自杀的。

二、工伤等级

劳动鉴定机构依据国家制定的《劳动能力鉴定 职工工伤与职业病致残等级》（GB/T 16180—2014）评定伤残等级。伤残等级分十级，具体级别划分及依据如表7-1所示。

表7-1 职工工伤与职业病致残程度分级表

级别	级别划分标准
一级	器官缺失或功能完全丧失，其他器官不能代偿，存在特殊医疗依赖，或完全或大部分或部分生活自理障碍
二级	器官严重缺损或畸形，有严重功能障碍或并发症，存在特殊医疗依赖，或大部分或部分生活自理障碍
三级	器官严重缺损或畸形，有严重功能障碍或并发症，存在特殊医疗依赖，或部分生活自理障碍
四级	器官严重缺损或畸形，有严重功能障碍或并发症，存在特殊医疗依赖，或部分生活自理障碍或无生活自理障碍
五级	器官大部分缺损或明显畸形，有较重功能障碍或并发症，存在一般医疗依赖，无生活自理障碍
六级	器官大部分缺损或明显畸形，有中等功能障碍或并发症，存在一般医疗依赖，无生活自理障碍
七级	器官大部分缺损或畸形，有轻度功能障碍或并发症，存在一般医疗依赖，无生活自理障碍
八级	器官部分缺损，形态异常，轻度功能障碍，存在一般医疗依赖，无生活自理障碍
九级	器官部分缺损，形态异常，轻度功能障碍，无医疗依赖或者存在一般医疗依赖，无生活自理障碍
十级	器官部分缺损，形态异常，无功能障碍，无医疗依赖或者存在一般医疗依赖，无生活自理障碍

三、工伤处理程序

依照2010年修订的《工伤保险条例》与单位所在地的规定，工伤的处理程序一般分为三个步骤：

（一）提出工伤认定

职工发生事故伤害或者按照职业病防治法规定被诊断、鉴定为职业病，酒店应当自事故伤害发生之日或者被诊断、鉴定为职业病之日起30日内，向统筹地区社会保险行政部门提出书面工伤认定申请。遇有特殊情况，经报社会保险行政部门同意，申请时限可以适当延长。

酒店未按前款规定提出工伤认定申请的，该员工或者其近亲属、工会组织在事故伤害发生之日或者被诊断、鉴定为职业病之日起一年内，可以直接向酒店所在地社会保险行政部门提出工伤认定申请。

酒店未在规定的时限内提交工伤认定申请，在此期间发生符合规定的工伤待遇等有关费用由该酒店负担。

（二）提交材料

提出工伤认定申请应当提交下列材料：①工伤认定申请表；②与用人单位存在劳动关系（包括事实劳动关系）的证明材料；③医疗诊断证明或者职业病诊断证明书（或者职业病诊断鉴定书）。工伤认定申请表应当包括事故发生的时间、地点、原因以及职工伤害程度等基本情况。

工伤认定申请人提供材料不完整的，社会保险行政部门应当一次性书面告知工伤认定申请人需要补正的全部材料。申请人按照书面告知要求补正材料后，社会保险行政部门应当受理。

（三）协助劳动部门调查与鉴定

社会保险行政部门受理工伤认定申请后，根据审核需要可以对事故伤害进行调查核实，酒店、员工、工会组织、医疗机构以及有关部门有协助工伤调查和提供证据的义务。职业病诊断和诊断争议的鉴定，依照职业病防治法的有关规定执行。对依法取得职业病诊断证明书或者职业病诊断鉴定书的，劳动保障行政部门不再进行调查核实。职工或者其近亲属认为是工伤，酒店不认为是工伤的，由酒店承担举证责任。

《工伤保险条例》规定："社会保险行政部门应当自受理工伤认定申请之日起60日内作出工伤认定的决定，并书面通知申请工伤认定的职工或者其近亲属和该职工所在单位。社会保险行政部门对受理的事实清楚、权利义务明确的工伤认定申请，应当在15日内作出工伤认定的决定。作出工伤认定决定需要以司法机关或者有关行政主管部门的结论为根据的，在司法机关或者有关行政主管部门尚未作出结论期间，作出工伤认定决定的时限中止。社会保险行政部门工作人员与工伤认定申请人有利害关系的，应当回避。"

四、工伤赔付标准

根据不同的伤残等级和有关规定，工伤赔付标准具体如表7-2所示。

表7-2　工伤赔付标准

伤残等级	赔付标准
一级	1. 从工伤保险基金按伤残等级支付一次性伤残补助金，标准为：一级伤残为27个月的本人工资，二级伤残为25个月的本人工资，三级伤残为23个月的本人工资，四级伤残为21个月的本人工资。
二级	2. 从工伤保险基金按月支付伤残津贴，标准为：一级伤残为本人工资的90%，二级伤残为本人工资的85%，三级伤残为本人工资的80%，四级伤残为本人工资的75%。伤残津贴实际金额低于当地最低工资标准的，由工伤保险基金补足差额。
三级	3. 工伤职工达到退休年龄并办理退休手续后，停发伤残津贴，按照国家规定享受基本养老保险待遇，基本养老保险待遇低于伤残津贴的由工伤保险基金补足差额。
四级	职工因工致残被鉴定为一级至四级伤残的，由用人单位和职工个人以伤残津贴为基数，缴纳基本医疗保险费
五级	1. 从工伤保险基金按伤残等级支付一次性伤残补助金，标准为：五级伤残为18个月的本人工资，六级伤残为16个月的本人工资。
六级	2. 保留与用人单位的劳动关系，由用人单位安排适当工作。难以安排工作的，由用人单位按月发给伤残津贴，标准为：五级伤残为本人工资的70%，六级伤残为本人工资的60%，并由用人单位按照规定为其缴纳应缴纳的各项社会保险费。伤残津贴实际金额低于当地最低工资标准的，由用人单位补足差额。
	经工伤职工本人提出，该职工可以与用人单位解除或者终止劳动关系，由工伤保险基金支付一次性工伤医疗补助金，由用人单位支付一次性伤残就业补助金。一次性工伤医疗补助金和一次性伤残就业补助金的具体标准由省、自治区、直辖市人民政府规定
七级	1. 从工伤保险基金按伤残等级支付一次性伤残补助金，标准为：七级伤残为13个月的本人工资，八级伤残为11个月的本人工资，九级伤残为9个月的本人工资，十级伤残为7个月的本人工资。
八级	
九级	2. 劳动、聘用合同期满终止，或者职工本人提出解除劳动、聘用合同的，由工伤保险基金支付一次性工伤医疗补助金，由用人单位支付一次性伤残就业补助金。一次性工伤医疗补助金和一次性伤残就业补助金的具体标准由省、自治区、直辖市人民政府规定
十级	
因工死亡	职工因工死亡，其近亲属按照下列规定从工伤保险基金领取丧葬补助金、供养亲属抚恤金和一次性工亡补助金： 1. 丧葬补助金为6个月的统筹地区上年度职工月平均工资。 2. 供养亲属抚恤金按照职工本人工资的一定比例发给由因工死亡职工生前提供主要生活来源、无劳动能力的亲属。标准为：配偶每月40%，其他亲属每人每月30%，孤寡老人或者孤儿每人每月在上述标准的基础上增加10%。核定的各供养亲属的抚恤金之和不应高于因工死亡职工生前的工资。供养亲属的具体范围由国务院社会保险行政部门规定。 3. 一次性工亡补助金标准为上一年度全国城镇居民人均可支配收入的20倍。 伤残职工在停工留薪期内因工伤导致死亡的，其近亲属享受本条第一款规定的待遇。 一级至四级伤残职工在停工留薪期满后死亡的，其近亲属可以享受本条第一款第一、二项规定的待遇

注：本人工资，是指工伤职工因工作遭受事故伤害或者患职业病前12个月平均月缴费工资。本人工资高于统筹地区职工平均工资300%的，按照统筹地区职工平均工资的300%计算；本人工资低于统筹地区职工平均工资60%的，按照统筹地区职工平均工资的60%计算。

任务二　交纳社会保险

现在，越来越多的酒店与员工签订劳动合同时按照《劳动合同法》规定给员工办理基本社会保险，以提高酒店吸引力。酒店给员工办理的基本社会保险通常称为"五险一金"。其中，"五险"指的是养老保险、医疗保险、失业保险、工伤保险和生育保险，"一金"指的是住房公积金。养老保险、医疗保险和失业保险这三种险由酒店和个人共同缴纳保费，工伤保险和生育保险完全是由酒店承担，个人不需要缴纳。这里要注意的是"五险"是法定的，而"一金"不是法定的。

一、社会保险的定义

社会保险（社保）是以国家为主体，对有工资收入的劳动者在暂时或者永久丧失劳动能力，或虽有能力而无工作亦即丧失生活来源的情况下，通过立法手段，运用社会力量给这些劳动者以一定程度的收入损失补偿，使之能继续达到基本生活水平，从而保证劳动力再生产和扩大再生产的正常运行，保证国内社会安定的一种制度。

二、社会保险的特征

社会保险作为社会对劳动者在特殊情况下分配消费品的一种形式，是政府管理经济的行为。它具有明显的强制性、互济性和非营利性的特征。

（一）强制性

所谓强制性，是指社会保险是通过国家立法和政府的行政手段建立并强制实施的。这是社会保险与商业保险的根本区别。商业保险实行自愿原则，而社会保险实行强制原则，社会特定的主体必须按国家法律、法规的规定参加社会保险；社会保险项目和基本保险的缴费标准、保险金的支付标准是依法确定的。这种强制性原则，在任何一个商业保险中都无法实现，只有通过国家立法和政府行政的手段才能实现。

（二）互济性

所谓互济性，是指社会保险是按照社会共担风险的原则进行组织的，费用分别由国家、酒店和劳动者个人共同负担，遇到风险的劳动者从没有遇到风险的劳动者那里获得一部分帮助。商业保险也具有互济性，在这一点上，社会保险和商业保险没有本质的区别，酒店和劳动者交纳的养老保险费用，弥补已经年老退休的劳动者丧失收入来源的损失，而现在劳动者未来养老的费用由未来的劳动者提供，这是一种典型的"代际互济"。所不同的是，社会保险由于采取强制性手段，覆盖面宽，因此在大范围、长期性、互济性的功能上都较商业保险强。只有由国家举办社会保险，建立社会保险基金，实现风险共度，这种互济功能才能充分体现。

（三）非营利性

所谓非营利性，是指社会保险由政府的专业机构承办经营。保险基金的筹集、运营不以追求利润为目的。其他商业性保险机构是一种自负盈亏的企业组织，不可能也不应该要求它放弃利润目标，相反保险利润越丰厚说明其经营状况越好。社会保险由于实行强制性原则，如果追逐利润目标，就等于借助法律强制为社会保险基金经办机构谋取利益，实际上损害了酒店和劳动者的权益。但这不是说社会保险基金不要增值，只是增值资金应纳入基金，而不应给保险经办机构自身带来收益。因此，社会保险必须实行非营利原则，但这一原则在任何商业保险机构都较难贯彻。所以，由政府主管部门举办的社会保险机构来经办社会保险基金是必然的选择。

三、社会保险的种类

我国的社会保险包括养老保险、医疗保险、失业保险、工伤保险、生育保险五种，这些都是国家的福利政策，不以营利为目的，其主管单位为中华人民共和国人力资源和社会保障部。

（一）养老保险

养老保险是社会保障制度的重要组成部分，是社会保险五大险种中重要的险种之一。所谓养老保险（或养老保险制度）是国家和社会根据一定的法律和法规，为解决劳动者在达到国家规定的解除劳动义务的劳动年龄界限，或因年老丧失劳动能力退出劳动岗位后的基本生活而建立的一种社会保险制度。

（二）医疗保险

医疗保险就是当人们生病或受到伤害后提供医疗服务或经济补偿的一种社会保障制度。基本医疗保险费由用人单位和个人共同缴纳。《国务院关于建立城镇职工基本医疗保险制度的决定》明确规定，用人单位缴费率应控制在职工工资总额的6%左右，职工缴费率一般为本人工资收入的2%。退休人员参加基本医疗保险，个人不缴纳基本医疗保险费。对退休人员个人账户的计入金额和个人负担医疗费的比例给予适当照顾。

（三）工伤保险

工伤保险是社会保险制度中的重要组成部分，它是指国家和社会为在生产、工作中遭受事故伤害和患职业性疾病的劳动者及亲属提供医疗救治、生活保障、经济补偿、医疗和职业康复等物质帮助的一种社会保障制度。

（四）失业保险

失业保险是指国家通过立法强制实行的，由社会集中建立基金，对因失业而暂时中断生活来源的劳动者提供物质帮助的制度。它是社会保障体系的重要组成部分，是社会保险的主要项目之一。

《失业保险条例》所指失业人员只限定为在法定劳动年龄内有劳动能力的就业转失业的人员。根据有关规定，我国目前的法定劳动年龄是16～60岁，体育、文艺和特种工艺单位按照国家规定履行审批程序后可以招用未满16周岁的未成年人。对企业中男年满60周岁、女年满50周岁的职工和机关事业单位中男年满60周岁、女年满55周岁的职工实行退休制度，对从事有毒、有害工作和符合条件的患病、因工致残职工可以降低退休年龄。所谓有劳动能力，是指失业人员具有从事正常社会劳动的行为能力。在法定劳动年龄内的人员，若不具备相应的劳动能力，也不能视为失业人员，如精神病人、完全伤残不能从事任何社会性劳动的人员等。目前无工作并以某种方式寻找工作，是指失业人员有工作要求，但受客观因素的制约尚未实现就业。对那些目前虽无工作，但没有工作要求的人不能视为失业人员。这部分人自愿放弃就业权利，已经退出了劳动力的队伍，不属于劳动力，也就不存在失业问题。

（五）生育保险

生育保险是国家通过立法，对怀孕、分娩女职工给予生活保障和物质帮助的一项社会政策。其宗旨在于通过向职业妇女提供生育津贴、医疗服务和产假，帮助她们恢复劳动能力，重返工作岗位。

四、办理社会保险的程序

（一）办理社会保险登记

办理社会保险登记的用人单位，需提供以下资料（复印件需用A4纸）：

（1）用人单位"营业执照"副本原件及复印件；

（2）用人单位"组织机构代码证"原件及复印件；

（3）私营有限责任公司应提供"税务登记证"（地税）原件及复印件；

（4）"社会保险登记表"；

（5）参保职工人事档案存放地证明及劳动行政部门开具的职工录用手续。

（二）确定社会保险缴费基数

每年年初，酒店应按缴费职工本人上年月平均工资来确定社会保险缴费基数。职工工资收入低于缴费基数下限的，应按下限确定酒店和职工的社会保险缴费基数；职工工资收入超过缴费基数上限的，应按上限作为酒店和职工缴纳社会保险的基数。职工本人上年度工资无法确定的，按当地职工月平均工资作为缴费基数。当年新参加工作的职工，按其本人首月工资收入作为缴费基数。

核定缴费基数时，酒店应提供如下资料：

（1）"劳动工资统计年报汇总基层表"I102–1表；

（2）"劳动工资统计联审核实表"联审01表；

（3）"职工工资收入台账"；

（4）相关财务报表（即"损益表"）。

（三）缴纳社会保险

每个地区对社会保险缴纳额度的规定都不同，下面是某市规定的酒店必须缴纳的险种和比例。

（1）基本养老保险：单位14%，个人8%。

（2）基本医疗保险：单位7%，个人2%。

（3）失业保险：单位0.5%，个人0.5%。

（4）工伤保险：按规定，酒店属于第三产业，其缴纳工伤保险比例是单位0.4%，个人不用缴纳。

（5）生育保险：单位0.5%，个人不缴纳。

具体计算时，该酒店应先确定本酒店的社会保险缴纳基数，这个基数每年由酒店所在地社保中心公布，社保中心应规定各单位的社会保险缴纳基数最高为多少、最低为多少，酒店可以根据实际情况向社保中心申报介于最高基数与最低基数之间的一个基数。

以上述某市社会保险缴纳的比例为例，假设该市某酒店向当地社保中心申报的2017年社会保险缴纳基数为2820元，那么该酒店每月应缴纳的社会保险数额为：

基本养老保险费=2820×14%=394.8（元）

基本医疗保险费=2820×7%=197.4（元）

失业保险费=2820×0.5%=14.1（元）

工伤保险费=2820×0.4%=11.28（元）

生育保险费=2820×0.5%=14.1（元）

该酒店2017年每月为每位员工缴纳的社会保险费数额为631.68元。

任务三 解决劳动争议

一、劳动争议的概念

劳动争议也称劳动纠纷，亦称劳资争议或劳资纠纷。它是指劳动关系的双方主体及其代表之间在实现劳动权利和履行劳动义务等方面所产生的争议或纠纷。

酒店劳动争议的内容是多方面的。综合起来说，这些基本内容具体涵盖以下10个主要方面：

（1）有关工资、津贴和奖金等问题；

（2）有关集体合同的执行、解除和终止以及重新谈判等问题；

（3）有关个人劳动合同的执行、解除、变更和终止等问题；

（4）有关工人的录用、辞退、辞职和工作变动等问题；

（5）有关工会的成立、运作管理和代表权的承认等问题；

（6）有关工作安全和劳动卫生等问题；

（7）有关工作时间和休息、休假等问题；

（8）有关就业培训和职业训练等方面的问题；

（9）有关劳动保险、劳动福利以及女职工、未成年劳工特殊保护等方面的问题；

（10）有关社会宏观因素和酒店外部环境等问题，如通货膨胀、失业、社会保障、外国投资、政治因素和税率等。

二、劳动争议处理的原则

（一）着重调解、及时处理的原则

调解是处理劳动争议的基本手段，并贯穿于劳动争议处理的全过程。仲裁委员会和人民法院处理劳动争议，应当先行调解。即使进入裁决或判决程序，在裁决或判决之前还要为当事人提供一次调解争议的机会。

调解应在当事人双方自愿的基础上进行。调解必须是双方当事人自愿的，不能有丝毫的勉强或强制。否则，调解委员会调解协议书的执行力、仲裁委员会或人民法院调解书的法律效力就会受到影响。

调解应依法进行。调解劳动争议应依法进行，即依实体法，而不是无原则地"和

稀泥"。

对劳动争议的处理要及时。及时处理劳动争议包括以下三层含义：①调解委员会对案件调解不成，应在规定的时间内及时结案，不要使当事人丧失申请仲裁的权利；②劳动争议仲裁委员会对案件先行调解不成，应及时裁决；③人民法院在调解不成时，应及时判决。

（二）在查清事实的基础上依法处理的原则

只有处理好调查取证与举证责任的关系，才能查清事实。调查取证是劳动争议处理机构的权力和责任，举证是当事人应尽的义务和责任，只有将两者有机结合，才能达到查清事实的目的，为处理劳动争议提供依据。

处理劳动争议既要依程序法，又要依实体法，而且要掌握好依法的顺序，即有法律依法律，没有法律依法规，没有法规依规章。不同层次的法规相矛盾，则依据高层次的法规。

处理劳动争议既要有原则性，又要有灵活性，坚持原则性与灵活性相结合。

（三）当事人在适用法律上一律平等的原则

劳动争议当事人的法律地位平等，双方具有平等的权利和义务，任何一方当事人都不得有超越另一方当事人的特权。由于员工一方实际处于弱势，劳动立法的目的之一是侧重保护劳动者，向弱势群体倾斜，以保障员工一方当事人与企业一方当事人平等地参与仲裁活动。

三、解决劳动争议的途径和方法

根据《劳动法》的规定，我国目前的劳动争议处理机构为劳动争议调解委员会、劳动争议仲裁委员会和人民法院。这是解决劳动争议的三个现实渠道。

（一）通过劳动争议调解委员会进行调解

劳动争议的调解是指调解委员会在查明事实、分清责任，促使争议当事人在法律法规的基础上和在相互谅解的基础上达成协议的处理方法。

调解劳动争议的程序如下：

（1）劳动争议发生后，当事人申请调解，应当自知道或应当知道其权利被侵害之日起30日内，以口头方式或书面方式向调解委员会提出申请，并填写劳动争议调解申请书，其中应写明争议的原因、经过，并提出具体的要求。劳动者在3人以上并具有共同申请理由的劳动争议案件，劳动者当事人一方应当推举代表参加调解活动。

（2）调解委员会接到调解申请后，应当征询对方当事人的意见，对方当事人不愿调解的，应做好记录，在3日内以书面形式通知申请人；对方当事人愿意参加调解的，调解委员会应在4日内做出受理或者不受理的决定。

（3）劳动争议调解委员会调解劳动争议应在30日内结案。在此期限内，双方当事人协商一致、自愿达成协议的，应由调解委员会制作调解协议书。协议书送达双方当事人后，双方当事人应当自觉履行。在此期限内达不成协议的，或者达成协议后一方或双方当事人反悔的，视为调解不成，调解委员会应制作意见书，并与全部记录一并归档。调解委员会有权强制执行或限制当事人申请仲裁。

（二）通过劳动争议仲裁委员会进行裁决

劳动争议仲裁是指由劳动争议仲裁委员会在查明事实、分清责任的基础上，根据国家法律法规对纠纷事实和当事人责任做出认定和裁决的一种法律制度。劳动争议仲裁委员会是依法成立的、独立行使劳动争议仲裁的劳动争议处理机构，它以县、市、市辖区为单位，负责处理本地区发生的劳动争议。劳动争议仲裁委员会由劳动行政主管部门、同级工会、用人单位三方代表组成。

劳动争议仲裁委员会是一个带有司法性质的行政执行机关，其生效的仲裁决定书和调解书具有法律强制性。当事人在其权利被侵害之日起60日内，以书面形式向仲裁委员会申请仲裁。如果期限届满，即丧失请求保护其权利的申诉权，仲裁委员会对其仲裁申请不予受理。

解决劳动争议的程序：

（1）仲裁委员会应当自收到申诉之日起7日内做出受理或者不予受理的决定。仲裁委员会决定受理的，应当自做出决定之日起7日内将申诉书的副本送达被诉人，并组成仲裁庭；决定不予受理的，应当说明理由。

（2）被诉人应当自收到申诉书副本之日起15日内提交答辩书和有关证据。被诉人没有按时提交或者不提交答辩书的，不影响案件的审理。仲裁庭应当于开庭的4日前，将开庭时间、地点的书面通知送达当事人。当事人接到书面通知，无正当理由拒不到庭的，或者未经仲裁庭同意中途退庭的，对申诉人按照撤诉处理，对被诉人可以作缺席裁决。

（3）仲裁裁决是仲裁庭对劳动争议做出的、对当事人具有约束力的、具体解决争议的决定。当事人对仲裁裁决不服的，自收到裁决书之日起15日内，可以向人民法院起诉；期满不起诉的，裁决书即发生法律效力。当事人对发生法律效力的调解书和裁决书，应当依照规定的期限履行。一方当事人逾期不履行的，另一方当事人可以申请人民法院强制执行。

（三）通过人民法院处理劳动争议

人民法院并不处理所有的劳动争议，只处理以下范围内的劳动争议案件：

（1）争议事项范围：因履行和解除劳动合同发生的争议；因执行国家有关工资、保险、福利、培训、劳动保护的规定发生的争议；法律规定由人民法院处理的其他劳动争议。

（2）企业范围：国有企业；县（区）属以上城镇集体所有制企业；乡镇企业；私营企业；"三资"企业。

（3）职工范围：与上述企业形成劳动关系的劳动者；经劳动行政机关批准录用并已签订劳动合同的临时工、季节工、农民工；依据有关法律、法规的规定，可以参照《劳动法》处理的其他职工。

人民法院受理劳动争议案件的条件如下：

（1）劳动关系当事人间的劳动争议，必须先经过劳动争议仲裁委员会仲裁。

（2）必须是在接到仲裁决定书之日起15日内向人民法院起诉的，超过15日，人民法院不予受理。

（3）属于受诉人民法院管辖。

1. 调查你所在地三星及以上星级酒店为员工缴纳的社会保险情况，并指出其是否符合法律法规的要求。

2. 假如酒店一位员工小张在打扫客房时被床板压伤胳膊，到医院就治后花去了1000元，康复后小张到人力资源部来报销。如果酒店让你处理这件事，你该如何处理？

思考与练习

1. 劳动合同的订立程序是什么？

3. 劳动合同变更和解除的条件是什么？

3. 如何解决劳动争议？

4. 试分析以下两个案例，并回答相关问题。

案例一：

某外资酒店劳动合同争议案

案情介绍

申诉方：李某，女，26岁，某外资酒店前厅部秘书，合同制工人。

被诉方：某外资酒店。

李某于2017年5月19日由一家企业调到某外资酒店从事前厅部秘书工作，5月25日，经妇科检查发现已怀孕2个多月，5月27日即向本部门经理如实汇报了情况。同年7月4日，酒店与李某正式签订了为期3年的劳动合同。2017年9月12日，酒店以"李某上班时间在洗手间洗葡萄；下班委托他人代打卡；试用期间的表现不符合酒店要求"为由，解除了与李某的劳动合同。

李某则认为：酒店列举上述事实，是对一个怀孕女工的极苛刻的要求，酒店以"其表现不符合要求"为借口，强制与其解除合同，其根本目的是想甩掉包袱。李某对酒店的决定不服，向劳动争议仲裁委员会提出申诉，要求继续留在酒店工作，并享受国家规定的女工"三期"内应享有的各种待遇。

处理结果

劳动争议仲裁委员会经审理查明：李某在酒店工作期间，因怀孕身体不便，确实发生过上班迟到、下班委托别人代打卡，以及工作时间随意外出购买食物的情况。2017年8月，申诉人李某曾因妊娠反应严重到医院就诊，并根据医院开具的全休两周的诊断证明，于8月5日开始休假，直到8月19日才正式上班。按照酒店《员工手册》规定，李某的上述行为构成《员工手册》中的B类过失，该手册规定："对于B类过失的职工应给予书面警告……三次书面警告之后，将被解雇。"仲裁委员会认为，该酒店在做出与李某解除劳动合同的决定之前，没有给李某任何书面警告，程序上不符合《员工手册》的上述规定。另外，按照《劳动法》和国务院《女职工劳动保护规定》的规定要求，酒店在李某已经怀孕近7个月的时候，决定解除与李某的劳动合同，其做法有悖于国家的上述立法原则，同时也不利于保护妇女和儿童的合法权益。据此，仲裁委员会裁决如下：

（1）撤销某酒店做出的关于与李某解除劳动合同的决定，并按照合同规定继续履行各自的义务；

（2）酒店应补发李某9—11月的基本工资、各种补贴、医药费及各项劳保福利。

（3）仲裁费由酒店负担。

思考题：在李某诉外资酒店解除劳动合同争议案中，你得到的启示是什么？

案例二：

解除劳动合同无据应担责

案情介绍

小张来到一家餐饮娱乐有限公司求职，双方协商后签订了为期一年的劳动合同，期限为2016年2月1日至2017年2月1日，并就劳动合同在履行中双方出现的违约行为、所应承担的违约责任做出了约定。2016年4月16日，小张突然离开餐饮娱乐有限公司不知去向。

2016年6月12日，该餐饮娱乐有限公司发现小张已在另一家酒楼工作，当即要求小张按照劳动合同的约定支付违约金。餐饮娱乐有限公司认为双方签订的劳动合同是经过协商一致的，是双方真实意思的表达，是合法有效的，而小张无任何理由，擅自离开公司，违背了双方在劳动合同中的约定，给公司造成了一定的经济损失。小张却称是单位违约在先，单方与自己解除了合同，此事公司的新老员工都知道，自己迫不得已只得到处求职，刚好酒楼重新开业，就到此应聘，"现本人要求餐饮娱乐有限公司赔偿违约金"。

双方各执己见，互不相让。此后，餐饮娱乐有限公司作为申诉人，将小张告到劳动争议仲裁委员会，要求小张支付违约金及赔偿经济损失，并且认为小张在未与原公司解除劳动合同的情况下，又被酒楼聘用，依据《劳动法》第99条的规定，要求酒楼承担连带赔偿责任。仲裁委员会立案后，依据《中华人民共和国企业劳动争议处理条例》第22条的规定，将酒楼列为第三人，通知其参加仲裁活动。但酒楼认为：小张来酒楼处应聘，我方并不知道她与申诉人签订过劳动合同且尚未解除，故此我方不应当承担任何责任。

仲裁结果

申诉人与被诉人签订的劳动合同合法有效，职工小张在劳动合同尚未解除的情况下，前往第三人处工作，显属违约行为。第三人既不调查也不核实劳动者的真实身份，存在过失，应承担连带赔偿责任。最后仲裁委员会裁决小张向餐饮娱乐有限公司支付违约金12000元，第三人承担连带赔偿责任。

思考题：劳动争议仲裁委员会为何要这样裁决？其依据是什么？

中华人民共和国劳动合同法

（2007年6月29日第十届全国人民代表大会常务委员会第二十八次会议通过，根据2012年12月28日第十一届全国人民代表大会常务委员会第三十次会议《关于修改〈中华人民共和国劳动合同法〉的决定》修正）

第一章　总　　则

第一条　为了完善劳动合同制度，明确劳动合同双方当事人的权利和义务，保护劳动者的合法权益，构建和发展和谐稳定的劳动关系，制定本法。

第二条　中华人民共和国境内的企业、个体经济组织、民办非企业单位等组织（以下称用人单位）与劳动者建立劳动关系，订立、履行、变更、解除或者终止劳动合同，适用本法。

国家机关、事业单位、社会团体和与其建立劳动关系的劳动者，订立、履行、变更、解除或者终止劳动合同，依照本法执行。

第三条　订立劳动合同，应当遵循合法、公平、平等自愿、协商一致、诚实信用的原则。

依法订立的劳动合同具有约束力，用人单位与劳动者应当履行劳动合同约定的义务。

第四条　用人单位应当依法建立和完善劳动规章制度，保障劳动者享有劳动权利、履行劳动义务。

用人单位在制定、修改或者决定有关劳动报酬、工作时间、休息休假、劳动安全卫生、保险福利、职工培训、劳动纪律以及劳动定额管理等直接涉及劳动者切身利益的规章制度或者重大事项时，应当经职工代表大会或者全体职工讨论，提出方案和意见，与工会或者职工代表平等协商确定。

在规章制度和重大事项决定实施过程中，工会或者职工认为不适当的，有权向用人单位提出，通过协商予以修改完善。

用人单位应当将直接涉及劳动者切身利益的规章制度和重大事项决定公示，或者告知劳动者。

第五条　县级以上人民政府劳动行政部门会同工会和企业方面代表，建立健全协调劳动关系三方机制，共同研究解决有关劳动关系的重大问题。

第六条　工会应当帮助、指导劳动者与用人单位依法订立和履行劳动合同，并与用人单位建立集体协商机制，维护劳动者的合法权益。

第二章　劳动合同的订立

第七条　用人单位自用工之日起即与劳动者建立劳动关系。用人单位应当建立职工名册备查。

第八条　用人单位招用劳动者时，应当如实告知劳动者工作内容、工作条件、工作地点、职业危害、安全生产状况、劳动报酬，以及劳动者要求了解的其他情况；用人单位有权了解劳动者与劳动合同直接相关的基本情况，劳动者应当如实说明。

第九条　用人单位招用劳动者，不得扣押劳动者的居民身份证和其他证件，不得要求劳动者提供担保或者以其他名义向劳动者收取财物。

第十条　建立劳动关系，应当订立书面劳动合同。

已建立劳动关系，未同时订立书面劳动合同的，应当自用工之日起一个月内订立书面劳动合同。

用人单位与劳动者在用工前订立劳动合同的，劳动关系自用工之日起建立。

第十一条　用人单位未在用工的同时订立书面劳动合同，与劳动者约定的劳动报酬不明确的，新招用的劳动者的劳动报酬按照集体合同规定的标准执行；没有集体合同或者集体合同未规定的，实行同工同酬。

第十二条　劳动合同分为固定期限劳动合同、无固定期限劳动合同和以完成一定工作任务为期限的劳动合同。

第十三条　固定期限劳动合同，是指用人单位与劳动者约定合同终止时间的劳动合同。

用人单位与劳动者协商一致，可以订立固定期限劳动合同。

第十四条　无固定期限劳动合同，是指用人单位与劳动者约定无确定终止时间的劳动合同。

用人单位与劳动者协商一致，可以订立无固定期限劳动合同。有下列情形之一，劳动者提出或者同意续订、订立劳动合同的，除劳动者提出订立固定期限劳动合同外，应当订立无固定期限劳动合同：

（一）劳动者在该用人单位连续工作满十年的；

（二）用人单位初次实行劳动合同制度或者国有企业改制重新订立劳动合同时，劳动者在该用人单位连续工作满十年且距法定退休年龄不足十年的；

（三）连续订立二次固定期限劳动合同，且劳动者没有本法第三十九条和第四十条第一项、第二项规定的情形，续订劳动合同的。

用人单位自用工之日起满一年不与劳动者订立书面劳动合同的，视为用人单位与劳动者已订立无固定期限劳动合同。

第十五条　以完成一定工作任务为期限的劳动合同，是指用人单位与劳动者约定以某项工作的完成为合同期限的劳动合同。

用人单位与劳动者协商一致，可以订立以完成一定工作任务为期限的劳动合同。

第十六条　劳动合同由用人单位与劳动者协商一致，并经用人单位与劳动者在劳动合同文本上签字或者盖章生效。

劳动合同文本由用人单位和劳动者各执一份。

第十七条　劳动合同应当具备以下条款：

（一）用人单位的名称、住所和法定代表人或者主要负责人；

（二）劳动者的姓名、住址和居民身份证或者其他有效身份证件号码；

（三）劳动合同期限；

（四）工作内容和工作地点；

（五）工作时间和休息休假；

（六）劳动报酬；

（七）社会保险；

（八）劳动保护、劳动条件和职业危害防护；

（九）法律、法规规定应当纳入劳动合同的其他事项。

劳动合同除前款规定的必备条款外，用人单位与劳动者可以约定试用期、培训、保守秘密、补充保险和福利待遇等其他事项。

第十八条 劳动合同对劳动报酬和劳动条件等标准约定不明确，引发争议的，用人单位与劳动者可以重新协商；协商不成的，适用集体合同规定；没有集体合同或者集体合同未规定劳动报酬的，实行同工同酬；没有集体合同或者集体合同未规定劳动条件等标准的，适用国家有关规定。

第十九条 劳动合同期限三个月以上不满一年的，试用期不得超过一个月；劳动合同期限一年以上不满三年的，试用期不得超过二个月；三年以上固定期限和无固定期限的劳动合同，试用期不得超过六个月。

同一用人单位与同一劳动者只能约定一次试用期。

以完成一定工作任务为期限的劳动合同或者劳动合同期限不满三个月的，不得约定试用期。

试用期包含在劳动合同期限内。劳动合同仅约定试用期的，试用期不成立，该期限为劳动合同期限。

第二十条 劳动者在试用期的工资不得低于本单位相同岗位最低档工资或者劳动合同约定工资的百分之八十，并不得低于用人单位所在地的最低工资标准。

第二十一条 在试用期中，除劳动者有本法第三十九条和第四十条第一项、第二项规定的情形外，用人单位不得解除劳动合同。用人单位在试用期解除劳动合同的，应当向劳动者说明理由。

第二十二条 用人单位为劳动者提供专项培训费用，对其进行专业技术培训的，可以与该劳动者订立协议，约定服务期。

劳动者违反服务期约定的，应当按照约定向用人单位支付违约金。违约金的数额不得超过用人单位提供的培训费用。用人单位要求劳动者支付的违约金不得超过服务期尚未履行部分所应分摊的培训费用。

用人单位与劳动者约定服务期的，不影响按照正常的工资调整机制提高劳动者在服务期期间的劳动报酬。

第二十三条 用人单位与劳动者可以在劳动合同中约定保守用人单位的商业秘密和与知识产权相关的保密事项。

对负有保密义务的劳动者，用人单位可以在劳动合同或者保密协议中与劳动者约定竞业限制条款，并约定在解除或者终止劳动合同后，在竞业限制期限内按月给予劳动者经济补偿。劳动者违反竞业限制约定的，应当按照约定向用人单位支付违约金。

第二十四条　竞业限制的人员限于用人单位的高级管理人员、高级技术人员和其他负有保密义务的人员。竞业限制的范围、地域、期限由用人单位与劳动者约定，竞业限制的约定不得违反法律、法规的规定。

在解除或者终止劳动合同后，前款规定的人员到与本单位生产或者经营同类产品、从事同类业务的有竞争关系的其他用人单位，或者自己开业生产或者经营同类产品、从事同类业务的竞业限制期限，不得超过二年。

第二十五条　除本法第二十二条和第二十三条规定的情形外，用人单位不得与劳动者约定由劳动者承担违约金。

第二十六条　下列劳动合同无效或者部分无效：

（一）以欺诈、胁迫的手段或者乘人之危，使对方在违背真实意思的情况下订立或者变更劳动合同的；

（二）用人单位免除自己的法定责任、排除劳动者权利的；

（三）违反法律、行政法规强制性规定的。

对劳动合同的无效或者部分无效有争议的，由劳动争议仲裁机构或者人民法院确认。

第二十七条　劳动合同部分无效，不影响其他部分效力的，其他部分仍然有效。

第二十八条　劳动合同被确认无效，劳动者已付出劳动的，用人单位应当向劳动者支付劳动报酬。劳动报酬的数额，参照本单位相同或者相近岗位劳动者的劳动报酬确定。

第三章　劳动合同的履行和变更

第二十九条　用人单位与劳动者应当按照劳动合同的约定，全面履行各自的义务。

第三十条　用人单位应当按照劳动合同约定和国家规定，向劳动者及时足额支付劳动报酬。

用人单位拖欠或者未足额支付劳动报酬的，劳动者可以依法向当地人民法院申请支付令，人民法院应当依法发出支付令。

第三十一条　用人单位应当严格执行劳动定额标准，不得强迫或者变相强迫劳动者加班。用人单位安排加班的，应当按照国家有关规定向劳动者支付加班费。

第三十二条　劳动者拒绝用人单位管理人员违章指挥、强令冒险作业的，不视为违反劳动合同。

劳动者对危害生命安全和身体健康的劳动条件，有权对用人单位提出批评、检举和控告。

第三十三条　用人单位变更名称、法定代表人、主要负责人或者投资人等事项，不影响劳动合同的履行。

第三十四条　用人单位发生合并或者分立等情况，原劳动合同继续有效，劳动合同由承继其权利和义务的用人单位继续履行。

第三十五条　用人单位与劳动者协商一致，可以变更劳动合同约定的内容。变更劳动合同，应当采用书面形式。

变更后的劳动合同文本由用人单位和劳动者各执一份。

第四章　劳动合同的解除和终止

第三十六条　用人单位与劳动者协商一致，可以解除劳动合同。

第三十七条　劳动者提前三十日以书面形式通知用人单位，可以解除劳动合同。劳动者在试用期内提前三日通知用人单位，可以解除劳动合同。

第三十八条　用人单位有下列情形之一的，劳动者可以解除劳动合同：

（一）未按照劳动合同约定提供劳动保护或者劳动条件的；

（二）未及时足额支付劳动报酬的；

（三）未依法为劳动者缴纳社会保险费的；

（四）用人单位的规章制度违反法律、法规的规定，损害劳动者权益的；

（五）因本法第二十六条第一款规定的情形致使劳动合同无效的；

（六）法律、行政法规规定劳动者可以解除劳动合同的其他情形。

用人单位以暴力、威胁或者非法限制人身自由的手段强迫劳动者劳动的，或者用人单位违章指挥、强令冒险作业危及劳动者人身安全的，劳动者可以立即解除劳动合同，不需事先告知用人单位。

第三十九条　劳动者有下列情形之一的，用人单位可以解除劳动合同：

（一）在试用期间被证明不符合录用条件的；

（二）严重违反用人单位的规章制度的；

（三）严重失职，营私舞弊，给用人单位造成重大损害的；

（四）劳动者同时与其他用人单位建立劳动关系，对完成本单位的工作任务造成严重影响，或者经用人单位提出，拒不改正的；

（五）因本法第二十六条第一款第一项规定的情形致使劳动合同无效的；

（六）被依法追究刑事责任的。

第四十条　有下列情形之一的，用人单位提前三十日以书面形式通知劳动者本人或者额外支付劳动者一个月工资后，可以解除劳动合同：

（一）劳动者患病或者非因工负伤，在规定的医疗期满后不能从事原工作，也不能从事由用人单位另行安排的工作的；

（二）劳动者不能胜任工作，经过培训或者调整工作岗位，仍不能胜任工作的；

（三）劳动合同订立时所依据的客观情况发生重大变化，致使劳动合同无法履行，经用人单位与劳动者协商，未能就变更劳动合同内容达成协议的。

第四十一条　有下列情形之一，需要裁减人员二十人以上或者裁减不足二十人但占企业职工总数百分之十以上的，用人单位提前三十日向工会或者全体职工说明情况，听取工会或者职工的意见后，裁减人员方案经向劳动行政部门报告，可以裁减人员：

（一）依照企业破产法规定进行重整的；

（二）生产经营发生严重困难的；

（三）企业转产、重大技术革新或者经营方式调整，经变更劳动合同后，仍需裁减人员的；

（四）其他因劳动合同订立时所依据的客观经济情况发生重大变化，致使劳动合同无法履行的。

裁减人员时，应当优先留用下列人员：

（一）与本单位订立较长期限的固定期限劳动合同的；

（二）与本单位订立无固定期限劳动合同的；

（三）家庭无其他就业人员，有需要扶养的老人或者未成年人的。

用人单位依照本条第一款规定裁减人员，在六个月内重新招用人员的，应当通知被裁减的人员，并在同等条件下优先招用被裁减的人员。

第四十二条 劳动者有下列情形之一的，用人单位不得依照本法第四十条、第四十一条的规定解除劳动合同：

（一）从事接触职业病危害作业的劳动者未进行离岗前职业健康检查，或者疑似职业病病人在诊断或者医学观察期间的；

（二）在本单位患职业病或者因工负伤并被确认丧失或者部分丧失劳动能力的；

（三）患病或者非因工负伤，在规定的医疗期内的；

（四）女职工在孕期、产期、哺乳期的；

（五）在本单位连续工作满十五年，且距法定退休年龄不足五年的；

（六）法律、行政法规规定的其他情形。

第四十三条 用人单位单方解除劳动合同，应当事先将理由通知工会。用人单位违反法律、行政法规规定或者劳动合同约定的，工会有权要求用人单位纠正。用人单位应当研究工会的意见，并将处理结果书面通知工会。

第四十四条 有下列情形之一的，劳动合同终止：

（一）劳动合同期满的；

（二）劳动者开始依法享受基本养老保险待遇的；

（三）劳动者死亡，或者被人民法院宣告死亡或者宣告失踪的；

（四）用人单位被依法宣告破产的；

（五）用人单位被吊销营业执照、责令关闭、撤销或者用人单位决定提前解散的；

（六）法律、行政法规规定的其他情形。

第四十五条 劳动合同期满，有本法第四十二条规定情形之一的，劳动合同应当续延至相应的情形消失时终止。但是，本法第四十二条第二项规定丧失或者部分丧失劳动能力劳动者的劳动合同的终止，按照国家有关工伤保险的规定执行。

第四十六条 有下列情形之一的，用人单位应当向劳动者支付经济补偿：

（一）劳动者依照本法第三十八条规定解除劳动合同的；

（二）用人单位依照本法第三十六条规定向劳动者提出解除劳动合同并与劳动者协商一致解除劳动合同的；

（三）用人单位依照本法第四十条规定解除劳动合同的；

（四）用人单位依照本法第四十一条第一款规定解除劳动合同的；

（五）除用人单位维持或者提高劳动合同约定条件续订劳动合同，劳动者不同意续订的情形外，依照本法第四十四条第一项规定终止固定期限劳动合同的；

（六）依照本法第四十四条第四项、第五项规定终止劳动合同的；

（七）法律、行政法规规定的其他情形。

第四十七条 经济补偿按劳动者在本单位工作的年限，每满一年支付一个月工资的标准向劳动者支付。六个月以上不满一年的，按一年计算；不满六个月的，向劳动者支付半个月工资的经济补偿。

劳动者月工资高于用人单位所在直辖市、设区的市级人民政府公布的本地区上年度职工月平均工资三倍的，向其支付经济补偿的标准按职工月平均工资三倍的数额支付，向其支付经济补偿的年限最高不超过十二年。

本条所称月工资是指劳动者在劳动合同解除或者终止前十二个月的平均工资。

第四十八条 用人单位违反本法规定解除或者终止劳动合同，劳动者要求继续履行劳动合同的，用人单位应当继续履行；劳动者不要求继续履行劳动合同或者劳动合同已经不能继续履行的，用人单位应当依照本法第八十七条规定支付赔偿金。

第四十九条 国家采取措施，建立健全劳动者社会保险关系跨地区转移接续制度。

第五十条 用人单位应当在解除或者终止劳动合同时出具解除或者终止劳动合同的证明，并在十五日内为劳动者办理档案和社会保险关系转移手续。

劳动者应当按照双方约定，办理工作交接。用人单位依照本法有关规定应当向劳动者支付经济补偿的，在办结工作交接时支付。

用人单位对已经解除或者终止的劳动合同的文本，至少保存二年备查。

第五章　特别规定

第一节　集体合同

第五十一条 企业职工一方与用人单位通过平等协商，可以就劳动报酬、工作时间、休息休假、劳动安全卫生、保险福利等事项订立集体合同。集体合同草案应当提交职工代表大会或者全体职工讨论通过。

集体合同由工会代表企业职工一方与用人单位订立；尚未建立工会的用人单位，由上级工会指导劳动者推举的代表与用人单位订立。

第五十二条 企业职工一方与用人单位可以订立劳动安全卫生、女职工权益保护、工资调整机制等专项集体合同。

第五十三条 在县级以下区域内，建筑业、采矿业、餐饮服务业等行业可以由工会与企业方面代表订立行业性集体合同，或者订立区域性集体合同。

第五十四条 集体合同订立后，应当报送劳动行政部门；劳动行政部门自收到集体合同文本之日起十五日内未提出异议的，集体合同即行生效。

依法订立的集体合同对用人单位和劳动者具有约束力。行业性、区域性集体合同对当地本行业、本区域的用人单位和劳动者具有约束力。

第五十五条 集体合同中劳动报酬和劳动条件等标准不得低于当地人民政府规定的最低标准；用人单位与劳动者订立的劳动合同中劳动报酬和劳动条件等标准不得低于集体合同规定的标准。

第五十六条 用人单位违反集体合同，侵犯职工劳动权益的，工会可以依法要求用人单位承担责任；因履行集体合同发生争议，经协商解决不成的，工会可以依法申请仲裁、提起诉讼。

第二节　劳务派遣

第五十七条　经营劳务派遣业务应当具备下列条件：

（一）注册资本不得少于人民币二百万元；

（二）有与开展业务相适应的固定的经营场所和设施；

（三）有符合法律、行政法规规定的劳务派遣管理制度；

（四）法律、行政法规规定的其他条件。

经营劳务派遣业务，应当向劳动行政部门依法申请行政许可；经许可的，依法办理相应的公司登记。未经许可，任何单位和个人不得经营劳务派遣业务。

第五十八条　劳务派遣单位是本法所称用人单位，应当履行用人单位对劳动者的义务。劳务派遣单位与被派遣劳动者订立的劳动合同，除应当载明本法第十七条规定的事项外，还应当载明被派遣劳动者的用工单位以及派遣期限、工作岗位等情况。

劳务派遣单位应当与被派遣劳动者订立二年以上的固定期限劳动合同，按月支付劳动报酬；被派遣劳动者在无工作期间，劳务派遣单位应当按照所在地人民政府规定的最低工资标准，向其按月支付报酬。

第五十九条　劳务派遣单位派遣劳动者应当与接受以劳务派遣形式用工的单位（以下称用工单位）订立劳务派遣协议。劳务派遣协议应当约定派遣岗位和人员数量、派遣期限、劳动报酬和社会保险费的数额与支付方式以及违反协议的责任。

用工单位应当根据工作岗位的实际需要与劳务派遣单位确定派遣期限，不得将连续用工期限分割订立数个短期劳务派遣协议。

第六十条　劳务派遣单位应当将劳务派遣协议的内容告知被派遣劳动者。

劳务派遣单位不得克扣用工单位按照劳务派遣协议支付给被派遣劳动者的劳动报酬。

劳务派遣单位和用工单位不得向被派遣劳动者收取费用。

第六十一条　劳务派遣单位跨地区派遣劳动者的，被派遣劳动者享有的劳动报酬和劳动条件，按照用工单位所在地的标准执行。

第六十二条　用工单位应当履行下列义务：

（一）执行国家劳动标准，提供相应的劳动条件和劳动保护；

（二）告知被派遣劳动者的工作要求和劳动报酬；

（三）支付加班费、绩效奖金，提供与工作岗位相关的福利待遇；

（四）对在岗被派遣劳动者进行工作岗位所必需的培训；

（五）连续用工的，实行正常的工资调整机制。

用工单位不得将被派遣劳动者再派遣到其他用人单位。

第六十三条　被派遣劳动者享有与用工单位的劳动者同工同酬的权利。用工单位应当按照同工同酬原则，对被派遣劳动者与本单位同类岗位的劳动者实行相同的劳动报酬分配办法。用工单位无同类岗位劳动者的，参照用工单位所在地相同或者相近岗位劳动者的劳动报酬确定。

劳务派遣单位与被派遣劳动者订立的劳动合同和与用工单位订立的劳务派遣协

议，载明或者约定的向被派遣劳动者支付的劳动报酬应当符合前款规定。

第六十四条　被派遣劳动者有权在劳务派遣单位或者用工单位依法参加或者组织工会，维护自身的合法权益。

第六十五条　被派遣劳动者可以依照本法第三十六条、第三十八条的规定与劳务派遣单位解除劳动合同。

被派遣劳动者有本法第三十九条和第四十条第一项、第二项规定情形的，用工单位可以将劳动者退回劳务派遣单位，劳务派遣单位依照本法有关规定，可以与劳动者解除劳动合同。

第六十六条　劳动合同用工是我国的企业基本用工形式。劳务派遣用工是补充形式，只能在临时性、辅助性或者替代性的工作岗位上实施。

前款规定的临时性工作岗位是指存续时间不超过六个月的岗位；辅助性工作岗位是指为主营业务岗位提供服务的非主营业务岗位；替代性工作岗位是指用工单位的劳动者因脱产学习、休假等原因无法工作的一定期间内，可以由其他劳动者替代工作的岗位。

用工单位应当严格控制劳务派遣用工数量，不得超过其用工总量的一定比例，具体比例由国务院劳动行政部门规定。

第六十七条　用人单位不得设立劳务派遣单位向本单位或者所属单位派遣劳动者。

第三节　非全日制用工

第六十八条　非全日制用工，是指以小时计酬为主，劳动者在同一用人单位一般平均每日工作时间不超过四小时，每周工作时间累计不超过二十四小时的用工形式。

第六十九条　非全日制用工双方当事人可以订立口头协议。

从事非全日制用工的劳动者可以与一个或者一个以上用人单位订立劳动合同；但是，后订立的劳动合同不得影响先订立的劳动合同的履行。

第七十条　非全日制用工双方当事人不得约定试用期。

第七十一条　非全日制用工双方当事人任何一方都可以随时通知对方终止用工。终止用工，用人单位不向劳动者支付经济补偿。

第七十二条　非全日制用工小时计酬标准不得低于用人单位所在地人民政府规定的最低小时工资标准。

非全日制用工劳动报酬结算支付周期最长不得超过十五日。

第六章　监督检查

第七十三条　国务院劳动行政部门负责全国劳动合同制度实施的监督管理。

县级以上地方人民政府劳动行政部门负责本行政区域内劳动合同制度实施的监督管理。

县级以上各级人民政府劳动行政部门在劳动合同制度实施的监督管理工作中，应当听取工会、企业方面代表以及有关行业主管部门的意见。

第七十四条　县级以上地方人民政府劳动行政部门依法对下列实施劳动合同制度的情况进行监督检查：

（一）用人单位制定直接涉及劳动者切身利益的规章制度及其执行的情况；

（二）用人单位与劳动者订立和解除劳动合同的情况；

（三）劳务派遣单位和用工单位遵守劳务派遣有关规定的情况；

（四）用人单位遵守国家关于劳动者工作时间和休息休假规定的情况；

（五）用人单位支付劳动合同约定的劳动报酬和执行最低工资标准的情况；

（六）用人单位参加各项社会保险和缴纳社会保险费的情况；

（七）法律、法规规定的其他劳动监察事项。

第七十五条　县级以上地方人民政府劳动行政部门实施监督检查时，有权查阅与劳动合同、集体合同有关的材料，有权对劳动场所进行实地检查，用人单位和劳动者都应当如实提供有关情况和材料。

劳动行政部门的工作人员进行监督检查，应当出示证件，依法行使职权，文明执法。

第七十六条　县级以上人民政府建设、卫生、安全生产监督管理等有关主管部门在各自职责范围内，对用人单位执行劳动合同制度的情况进行监督管理。

第七十七条　劳动者合法权益受到侵害的，有权要求有关部门依法处理，或者依法申请仲裁、提起诉讼。

第七十八条　工会依法维护劳动者的合法权益，对用人单位履行劳动合同、集体合同的情况进行监督。用人单位违反劳动法律、法规和劳动合同、集体合同的，工会有权提出意见或者要求纠正；劳动者申请仲裁、提起诉讼的，工会依法给予支持和帮助。

第七十九条　任何组织或者个人对违反本法的行为都有权举报，县级以上人民政府劳动行政部门应当及时核实、处理，并对举报有功人员给予奖励。

第七章　法律责任

第八十条　用人单位直接涉及劳动者切身利益的规章制度违反法律、法规规定的，由劳动行政部门责令改正，给予警告；给劳动者造成损害的，应当承担赔偿责任。

第八十一条　用人单位提供的劳动合同文本未载明本法规定的劳动合同必备条款或者用人单位未将劳动合同文本交付劳动者的，由劳动行政部门责令改正；给劳动者造成损害的，应当承担赔偿责任。

第八十二条　用人单位自用工之日起超过一个月不满一年未与劳动者订立书面劳动合同的，应当向劳动者每月支付二倍的工资。

用人单位违反本法规定不与劳动者订立无固定期限劳动合同的，自应当订立无固定期限劳动合同之日起向劳动者每月支付二倍的工资。

第八十三条　用人单位违反本法规定与劳动者约定试用期的，由劳动行政部门责令改正；违法约定的试用期已经履行的，由用人单位以劳动者试用期满月工资为标准，按已经履行的超过法定试用期的期间向劳动者支付赔偿金。

第八十四条　用人单位违反本法规定，扣押劳动者居民身份证等证件的，由劳动行政部门责令限期退还劳动者本人，并依照有关法律规定给予处罚。

用人单位违反本法规定，以担保或者其他名义向劳动者收取财物的，由劳动行政部门责令限期退还劳动者本人，并以每人五百元以上二千元以下的标准处以罚款；给劳动者造成损害的，应当承担赔偿责任。

劳动者依法解除或者终止劳动合同，用人单位扣押劳动者档案或者其他物品的，依照前款规定处罚。

第八十五条 用人单位有下列情形之一的，由劳动行政部门责令限期支付劳动报酬、加班费或者经济补偿；劳动报酬低于当地最低工资标准的，应当支付其差额部分；逾期不支付的，责令用人单位按应付金额百分之五十以上百分之一百以下的标准向劳动者加付赔偿金。

（一）未按照劳动合同的约定或者国家规定及时足额支付劳动者劳动报酬的；

（二）低于当地最低工资标准支付劳动者工资的；

（三）安排加班不支付加班费的；

（四）解除或者终止劳动合同，未依照本法规定向劳动者支付经济补偿的。

第八十六条 劳动合同依照本法第二十六条规定被确认无效，给对方造成损害的，有过错的一方应当承担赔偿责任。

第八十七条 用人单位违反本法规定解除或者终止劳动合同的，应当依照本法第四十七条规定的经济补偿标准的二倍向劳动者支付赔偿金。

第八十八条 用人单位有下列情形之一的，依法给予行政处罚；构成犯罪的，依法追究刑事责任；给劳动者造成损害的，应当承担赔偿责任：

（一）以暴力、威胁或者非法限制人身自由的手段强迫劳动的；

（二）违章指挥或者强令冒险作业危及劳动者人身安全的；

（三）侮辱、体罚、殴打、非法搜查或者拘禁劳动者的；

（四）劳动条件恶劣、环境污染严重，给劳动者身心健康造成严重损害的。

第八十九条 用人单位违反本法规定未向劳动者出具解除或者终止劳动合同的书面证明，由劳动行政部门责令改正；给劳动者造成损害的，应当承担赔偿责任。

第九十条 劳动者违反本法规定解除劳动合同，或者违反劳动合同中约定的保密义务或者竞业限制，给用人单位造成损失的，应当承担赔偿责任。

第九十一条 用人单位招用与其他用人单位尚未解除或者终止劳动合同的劳动者，给其他用人单位造成损失的，应当承担连带赔偿责任。

第九十二条 违反本法规定，未经许可，擅自经营劳务派遣业务的，由劳动行政部门责令停止违法行为，没收违法所得，并处违法所得一倍以上五倍以下的罚款；没有违法所得的，可以处五万元以下的罚款。

劳务派遣单位、用工单位违反本法有关劳务派遣规定的，由劳动行政部门责令限期改正；逾期不改正的，以每人五千元以上一万元以下的标准处以罚款，对劳务派遣单位，吊销其劳务派遣业务经营许可证。用工单位给被派遣劳动者造成损害的，劳务派遣单位与用工单位承担连带赔偿责任。

第九十三条 对不具备合法经营资格的用人单位的违法犯罪行为，依法追究法律责任；劳动者已经付出劳动的，该单位或者其出资人应当依照本法有关规定向劳动者支付劳动报酬、经济补偿、赔偿金；给劳动者造成损害的，应当承担赔偿责任。

第九十四条 个人承包经营违反本法规定招用劳动者，给劳动者造成损害的，发包的组织与个人承包经营者承担连带赔偿责任。

第九十五条 劳动行政部门和其他有关主管部门及其工作人员玩忽职守、不履行法定职责，或者违法行使职权，给劳动者或者用人单位造成损害的，应当承担赔偿责任；对直接负责的主管人员和其他直接责任人员，依法给予行政处分；构成犯罪的，依法追究刑事责任。

第八章　附　　则

第九十六条 事业单位与实行聘用制的工作人员订立、履行、变更、解除或者终止劳动合同，法律、行政法规或者国务院另有规定的，依照其规定；未作规定的，依照本法有关规定执行。

第九十七条 本法施行前已依法订立且在本法施行之日存续的劳动合同，继续履行；本法第十四条第二款第三项规定连续订立固定期限劳动合同的次数，自本法施行后续订固定期限劳动合同时开始计算。

本法施行前已建立劳动关系，尚未订立书面劳动合同的，应当自本法施行之日起一个月内订立。

本法施行之日存续的劳动合同在本法施行后解除或者终止，依照本法第四十六条规定应当支付经济补偿的，经济补偿年限自本法施行之日起计算；本法施行前按照当时有关规定，用人单位应当向劳动者支付经济补偿的，按照当时有关规定执行。

工伤保险条例

（2003年4月27日中华人民共和国国务院令第375号公布，根据2010年12月20日《国务院关于修改〈工伤保险条例〉的决定》修订）

第一章　总　　则

第一条 为了保障因工作遭受事故伤害或者患职业病的职工获得医疗救治和经济补偿，促进工伤预防和职业康复，分散用人单位的工伤风险，制定本条例。

第二条 中华人民共和国境内的企业、事业单位、社会团体、民办非企业单位、基金会、律师事务所、会计师事务所等组织和有雇工的个体工商户（以下称用人单位）应当依照本条例规定参加工伤保险，为本单位全部职工或者雇工（以下称职工）缴纳工伤保险费。

中华人民共和国境内的企业、事业单位、社会团体、民办非企业单位、基金会、律师事务所、会计师事务所等组织的职工和个体工商户的雇工，均有依照本条例的规定享受工伤保险待遇的权利。

第三条 工伤保险费的征缴按照《社会保险费征缴暂行条例》关于基本养老保险费、基本医疗保险费、失业保险费的征缴规定执行。

第四条 用人单位应当将参加工伤保险的有关情况在本单位内公示。

用人单位和职工应当遵守有关安全生产和职业病防治的法律法规，执行安全卫生规程和标准，预防工伤事故发生，避免和减少职业病危害。

职工发生工伤时，用人单位应当采取措施使工伤职工得到及时救治。

第五条 国务院社会保险行政部门负责全国的工伤保险工作。

县级以上地方各级人民政府社会保险行政部门负责本行政区域内的工伤保险工作。

社会保险行政部门按照国务院有关规定设立的社会保险经办机构（以下称经办机构）具体承办工伤保险事务。

第六条 社会保险行政部门等部门制定工伤保险的政策、标准，应当征求工会组织、用人单位代表的意见。

第二章　工伤保险基金

第七条 工伤保险基金由用人单位缴纳的工伤保险费、工伤保险基金的利息和依法纳入工伤保险基金的其他资金构成。

第八条 工伤保险费根据以支定收、收支平衡的原则，确定费率。

国家根据不同行业的工伤风险程度确定行业的差别费率，并根据工伤保险费使用、工伤发生率等情况在每个行业内确定若干费率档次。行业差别费率及行业内费率档次由国务院社会保险行政部门制定，报国务院批准后公布施行。

统筹地区经办机构根据用人单位工伤保险费使用、工伤发生率等情况，适用所属行业内相应的费率档次确定单位缴费费率。

第九条 国务院社会保险行政部门应当定期了解全国各统筹地区工伤保险基金收支情况，及时提出调整行业差别费率及行业内费率档次的方案，报国务院批准后公布施行。

第十条 用人单位应当按时缴纳工伤保险费。职工个人不缴纳工伤保险费。

用人单位缴纳工伤保险费的数额为本单位职工工资总额乘以单位缴费费率之积。

对难以按照工资总额缴纳工伤保险费的行业，其缴纳工伤保险费的具体方式，由国务院社会保险行政部门规定。

第十一条 工伤保险基金逐步实行省级统筹。

跨地区、生产流动性较大的行业，可以采取相对集中的方式异地参加统筹地区的工伤保险。具体办法由国务院社会保险行政部门会同有关行业的主管部门制定。

第十二条 工伤保险基金存入社会保障基金财政专户，用于本条例规定的工伤保险待遇，劳动能力鉴定，工伤预防的宣传、培训等费用，以及法律、法规规定的用于工伤保险的其他费用的支付。

工伤预防费用的提取比例、使用和管理的具体办法，由国务院社会保险行政部门会同国务院财政、卫生行政、安全生产监督管理等部门规定。

任何单位或者个人不得将工伤保险基金用于投资运营、兴建或者改建办公场所、发放奖金，或者挪作其他用途。

第十三条 工伤保险基金应当留有一定比例的储备金，用于统筹地区重大事故的工伤保险待遇支付；储备金不足支付的，由统筹地区的人民政府垫付。储备金占基金总额的具体比例和储备金的使用办法，由省、自治区、直辖市人民政府规定。

第三章 工伤认定

第十四条 职工有下列情形之一的，应当认定为工伤：

（一）在工作时间和工作场所内，因工作原因受到事故伤害的；

（二）工作时间前后在工作场所内，从事与工作有关的预备性或者收尾性工作受到事故伤害的；

（三）在工作时间和工作场所内，因履行工作职责受到暴力等意外伤害的；

（四）患职业病的；

（五）因工外出期间，由于工作原因受到伤害或者发生事故下落不明的；

（六）在上下班途中，受到非本人主要责任的交通事故或者城市轨道交通、客运轮渡、火车事故伤害的；

（七）法律、行政法规规定应当认定为工伤的其他情形。

第十五条 职工有下列情形之一的，视同工伤：

（一）在工作时间和工作岗位，突发疾病死亡或者在48小时之内经抢救无效死亡的；

（二）在抢险救灾等维护国家利益、公共利益活动中受到伤害的；

（三）职工原在军队服役，因战、因公负伤致残，已取得革命伤残军人证，到用人单位后旧伤复发的。

职工有前款第（一）项、第（二）项情形的，按照本条例的有关规定享受工伤保险待遇；职工有前款第（三）项情形的，按照本条例的有关规定享受除一次性伤残补助金以外的工伤保险待遇。

第十六条 职工符合本条例第十四条、第十五条的规定，但是有下列情形之一的，不得认定为工伤或者视同工伤：

（一）故意犯罪的；

（二）醉酒或者吸毒的；

（三）自残或者自杀的。

第十七条 职工发生事故伤害或者按照职业病防治法规定被诊断、鉴定为职业病，所在单位应当自事故伤害发生之日或者被诊断、鉴定为职业病之日起30日内，向统筹地区社会保险行政部门提出工伤认定申请。遇有特殊情况，经报社会保险行政部门同意，申请时限可以适当延长。

用人单位未按前款规定提出工伤认定申请的，工伤职工或者其近亲属、工会组织在事故伤害发生之日或者被诊断、鉴定为职业病之日起1年内，可以直接向用人单位所在地统筹地区社会保险行政部门提出工伤认定申请。

按照本条第一款规定应当由省级社会保险行政部门进行工伤认定的事项，根据属地原则由用人单位所在地的设区的市级社会保险行政部门办理。

用人单位未在本条第一款规定的时限内提交工伤认定申请，在此期间发生符合本条例规定的工伤待遇等有关费用由该用人单位负担。

第十八条 提出工伤认定申请应当提交下列材料：

（一）工伤认定申请表；

（二）与用人单位存在劳动关系（包括事实劳动关系）的证明材料；

（三）医疗诊断证明或者职业病诊断证明书（或者职业病诊断鉴定书）。

工伤认定申请表应当包括事故发生的时间、地点、原因以及职工伤害程度等基本情况。

工伤认定申请人提供材料不完整的，社会保险行政部门应当一次性书面告知工伤认定申请人需要补正的全部材料。申请人按照书面告知要求补正材料后，社会保险行政部门应当受理。

第十九条 社会保险行政部门受理工伤认定申请后，根据审核需要可以对事故伤害进行调查核实，用人单位、职工、工会组织、医疗机构以及有关部门应当予以协助。职业病诊断和诊断争议的鉴定，依照职业病防治法的有关规定执行。对依法取得职业病诊断证明书或者职业病诊断鉴定书的，社会保险行政部门不再进行调查核实。

职工或者其近亲属认为是工伤，用人单位不认为是工伤的，由用人单位承担举证责任。

第二十条 社会保险行政部门应当自受理工伤认定申请之日起60日内作出工伤认定的决定，并书面通知申请工伤认定的职工或者其近亲属和该职工所在单位。

社会保险行政部门对受理的事实清楚、权利义务明确的工伤认定申请，应当在15日内作出工伤认定的决定。

作出工伤认定决定需要以司法机关或者有关行政主管部门的结论为依据的，在司法机关或者有关行政主管部门尚未作出结论期间，作出工伤认定决定的时限中止。

社会保险行政部门工作人员与工伤认定申请人有利害关系的，应当回避。

第四章 劳动能力鉴定

第二十一条 职工发生工伤，经治疗伤情相对稳定后存在残疾、影响劳动能力的，应当进行劳动能力鉴定。

第二十二条 劳动能力鉴定是指劳动功能障碍程度和生活自理障碍程度的等级鉴定。

劳动功能障碍分为十个伤残等级，最重的为一级，最轻的为十级。

生活自理障碍分为三个等级：生活完全不能自理、生活大部分不能自理和生活部分不能自理。

劳动能力鉴定标准由国务院社会保险行政部门会同国务院卫生行政部门等部门制定。

第二十三条 劳动能力鉴定由用人单位、工伤职工或者其近亲属向设区的市级劳动能力鉴定委员会提出申请，并提供工伤认定决定和职工工伤医疗的有关资料。

第二十四条 省、自治区、直辖市劳动能力鉴定委员会和设区的市级劳动能力鉴定委员会分别由省、自治区、直辖市和设区的市级社会保险行政部门、卫生行政部门、工会组织、经办机构代表以及用人单位代表组成。

劳动能力鉴定委员会建立医疗卫生专家库。列入专家库的医疗卫生专业技术人员应当具备下列条件：

（一）具有医疗卫生高级专业技术职务任职资格；

（二）掌握劳动能力鉴定的相关知识；

（三）具有良好的职业品德。

第二十五条　设区的市级劳动能力鉴定委员会收到劳动能力鉴定申请后，应当从其建立的医疗卫生专家库中随机抽取3名或者5名相关专家组成专家组，由专家组提出鉴定意见。设区的市级劳动能力鉴定委员会根据专家组的鉴定意见作出工伤职工劳动能力鉴定结论；必要时，可以委托具备资格的医疗机构协助进行有关的诊断。

设区的市级劳动能力鉴定委员会应当自收到劳动能力鉴定申请之日起60日内作出劳动能力鉴定结论，必要时，作出劳动能力鉴定结论的期限可以延长30日。劳动能力鉴定结论应当及时送达申请鉴定的单位和个人。

第二十六条　申请鉴定的单位或者个人对设区的市级劳动能力鉴定委员会作出的鉴定结论不服的，可以在收到该鉴定结论之日起15日内向省、自治区、直辖市劳动能力鉴定委员会提出再次鉴定申请。省、自治区、直辖市劳动能力鉴定委员会作出的劳动能力鉴定结论为最终结论。

第二十七条　劳动能力鉴定工作应当客观、公正。劳动能力鉴定委员会组成人员或者参加鉴定的专家与当事人有利害关系的，应当回避。

第二十八条　自劳动能力鉴定结论作出之日起1年后，工伤职工或者其近亲属、所在单位或者经办机构认为伤残情况发生变化的，可以申请劳动能力复查鉴定。

第二十九条　劳动能力鉴定委员会依照本条例第二十六条和第二十八条的规定进行再次鉴定和复查鉴定的期限，依照本条例第二十五条第二款的规定执行。

第五章　工伤保险待遇

第三十条　职工因工作遭受事故伤害或者患职业病进行治疗，享受工伤医疗待遇。

职工治疗工伤应当在签订服务协议的医疗机构就医，情况紧急时可以先到就近的医疗机构急救。

治疗工伤所需费用符合工伤保险诊疗项目目录、工伤保险药品目录、工伤保险住院服1务标准的，从工伤保险基金支付。工伤保险诊疗项目目录、工伤保险药品目录、工伤保险住院服务标准，由国务院社会保险行政部门会同国务院卫生行政部门、食品药品监督管理部门等部门规定。

职工住院治疗工伤的伙食补助费，以及经医疗机构出具证明，报经办机构同意，工伤职工到统筹地区以外就医所需的交通、食宿费用从工伤保险基金支付，基金支付的具体标准由统筹地区人民政府规定。

工伤职工治疗非工伤引发的疾病，不享受工伤医疗待遇，按照基本医疗保险办法处理。

工伤职工到签订服务协议的医疗机构进行工伤康复的费用，符合规定的，从工伤保险基金支付。

第三十一条　社会保险行政部门作出认定为工伤的决定后发生行政复议、行政诉讼的，行政复议和行政诉讼期间不停止支付工伤职工治疗工伤的医疗费用。

第三十二条　工伤职工因日常生活或者就业需要，经劳动能力鉴定委员会确认，可以安装假肢、矫形器、假眼、假牙和配置轮椅等辅助器具，所需费用按照国家规定的标准从工伤保险基金支付。

第三十三条　职工因工作遭受事故伤害或者患职业病需要暂停工作接受工伤医疗的，在停工留薪期内，原工资福利待遇不变，由所在单位按月支付。

停工留薪期一般不超过12个月。伤情严重或者情况特殊，经设区的市级劳动能力鉴定委员会确认，可以适当延长，但延长不得超过12个月。工伤职工评定伤残等级后，停发原待遇，按照本章的有关规定享受伤残待遇。工伤职工在停工留薪期满后仍需治疗的，继续享受工伤医疗待遇。

生活不能自理的工伤职工在停工留薪期需要护理的，由所在单位负责。

第三十四条　工伤职工已经评定伤残等级并经劳动能力鉴定委员会确认需要生活护理的，从工伤保险基金按月支付生活护理费。

生活护理费按照生活完全不能自理、生活大部分不能自理或者生活部分不能自理3个不同等级支付，其标准分别为统筹地区上年度职工月平均工资的50%、40%或者30%。

第三十五条　职工因工致残被鉴定为一级至四级伤残的，保留劳动关系，退出工作岗位，享受以下待遇：

（一）从工伤保险基金按伤残等级支付一次性伤残补助金，标准为：一级伤残为27个月的本人工资，二级伤残为25个月的本人工资，三级伤残为23个月的本人工资，四级伤残为21个月的本人工资；

（二）从工伤保险基金按月支付伤残津贴，标准为：一级伤残为本人工资的90%，二级伤残为本人工资的85%，三级伤残为本人工资的80%，四级伤残为本人工资的75%。伤残津贴实际金额低于当地最低工资标准的，由工伤保险基金补足差额；

（三）工伤职工达到退休年龄并办理退休手续后，停发伤残津贴，按照国家有关规定享受基本养老保险待遇。基本养老保险待遇低于伤残津贴的，由工伤保险基金补足差额。

职工因工致残被鉴定为一级至四级伤残的，由用人单位和职工个人以伤残津贴为基数，缴纳基本医疗保险费。

第三十六条　职工因工致残被鉴定为五级、六级伤残的，享受以下待遇：

（一）从工伤保险基金按伤残等级支付一次性伤残补助金，标准为：五级伤残为18个月的本人工资，六级伤残为16个月的本人工资；

（二）保留与用人单位的劳动关系，由用人单位安排适当工作。难以安排工作的，由用人单位按月发给伤残津贴，标准为：五级伤残为本人工资的70%，六级伤残为本人工资的60%，并由用人单位按照规定为其缴纳应缴纳的各项社会保险费。伤残津贴实际金额低于当地最低工资标准的，由用人单位补足差额。

经工伤职工本人提出，该职工可以与用人单位解除或者终止劳动关系，由工伤保险基金支付一次性工伤医疗补助金，由用人单位支付一次性伤残就业补助金。一次性工伤医疗补助金和一次性伤残就业补助金的具体标准由省、自治区、直辖市人民政府规定。

第三十七条 职工因工致残被鉴定为七级至十级伤残的，享受以下待遇：

（一）从工伤保险基金按伤残等级支付一次性伤残补助金，标准为：七级伤残为13个月的本人工资，八级伤残为11个月的本人工资，九级伤残为9个月的本人工资，十级伤残为7个月的本人工资；

（二）劳动、聘用合同期满终止，或者职工本人提出解除劳动、聘用合同的，由工伤保险基金支付一次性工伤医疗补助金，由用人单位支付一次性伤残就业补助金。一次性工伤医疗补助金和一次性伤残就业补助金的具体标准由省、自治区、直辖市人民政府规定。

第三十八条 工伤职工工伤复发，确认需要治疗的，享受本条例第三十条、第三十二条和第三十三条规定的工伤待遇。

第三十九条 职工因工死亡，其近亲属按照下列规定从工伤保险基金领取丧葬补助金、供养亲属抚恤金和一次性工亡补助金：

（一）丧葬补助金为6个月的统筹地区上年度职工月平均工资；

（二）供养亲属抚恤金按照职工本人工资的一定比例发给由因工死亡职工生前提供主要生活来源、无劳动能力的亲属。标准为：配偶每月40%，其他亲属每人每月30%，孤寡老人或者孤儿每人每月在上述标准的基础上增加10%。核定的各供养亲属的抚恤金之和不应高于因工死亡职工生前的工资。供养亲属的具体范围由国务院社会保险行政部门规定；

（三）一次性工亡补助金标准为上一年度全国城镇居民人均可支配收入的20倍。

伤残职工在停工留薪期内因工伤导致死亡的，其近亲属享受本条第一款规定的待遇。

一级至四级伤残职工在停工留薪期满后死亡的，其近亲属可以享受本条第一款第（一）项、第（二）项规定的待遇。

第四十条 伤残津贴、供养亲属抚恤金、生活护理费由统筹地区社会保险行政部门根据职工平均工资和生活费用变化等情况适时调整。调整办法由省、自治区、直辖市人民政府规定。

第四十一条 职工因工外出期间发生事故或者在抢险救灾中下落不明的，从事故发生当月起3个月内照发工资，从第4个月起停发工资，由工伤保险基金向其供养亲属按月支付供养亲属抚恤金。生活有困难的，可以预支一次性工亡补助金的50%。职工被人民法院宣告死亡的，按照本条例第三十九条职工因工死亡的规定处理。

第四十二条 工伤职工有下列情形之一的，停止享受工伤保险待遇：

（一）丧失享受待遇条件的；

（二）拒不接受劳动能力鉴定的；

（三）拒绝治疗的。

第四十三条 用人单位分立、合并、转让的，承继单位应当承担原用人单位的工伤保险责任；原用人单位已经参加工伤保险的，承继单位应当到当地经办机构办理工伤保险变更登记。

用人单位实行承包经营的，工伤保险责任由职工劳动关系所在单位承担。

职工被借调期间受到工伤事故伤害的，由原用人单位承担工伤保险责任，但原用人单位与借调单位可以约定补偿办法。

企业破产的，在破产清算时依法拨付应当由单位支付的工伤保险待遇费用。

第四十四条 职工被派遣出境工作，依据前往国家或者地区的法律应当参加当地工伤保险的，参加当地工伤保险，其国内工伤保险关系中止；不能参加当地工伤保险的，其国内工伤保险关系不中止。

第四十五条 职工再次发生工伤，根据规定应当享受伤残津贴的，按照新认定的伤残等级享受伤残津贴待遇。

第六章　监督管理

第四十六条 经办机构具体承办工伤保险事务，履行下列职责：

（一）根据省、自治区、直辖市人民政府规定，征收工伤保险费；

（二）核查用人单位的工资总额和职工人数，办理工伤保险登记，并负责保存用人单位缴费和职工享受工伤保险待遇情况的记录；

（三）进行工伤保险的调查、统计；

（四）按照规定管理工伤保险基金的支出；

（五）按照规定核定工伤保险待遇；

（六）为工伤职工或者其近亲属免费提供咨询服务。

第四十七条 经办机构与医疗机构、辅助器具配置机构在平等协商的基础上签订服务协议，并公布签订服务协议的医疗机构、辅助器具配置机构的名单。具体办法由国务院社会保险行政部门分别会同国务院卫生行政部门、民政部门等部门制定。

第四十八条 经办机构按照协议和国家有关目录、标准对工伤职工医疗费用、康复费用、辅助器具费用的使用情况进行核查，并按时足额结算费用。

第四十九条 经办机构应当定期公布工伤保险基金的收支情况，及时向社会保险行政部门提出调整费率的建议。

第五十条 社会保险行政部门、经办机构应当定期听取工伤职工、医疗机构、辅助器具配置机构以及社会各界对改进工伤保险工作的意见。

第五十一条 社会保险行政部门依法对工伤保险费的征缴和工伤保险基金的支付情况进行监督检查。

财政部门和审计机关依法对工伤保险基金的收支、管理情况进行监督。

第五十二条 任何组织和个人对有关工伤保险的违法行为，有权举报。社会保险行政部门对举报应当及时调查，按照规定处理，并为举报人保密。

第五十三条 工会组织依法维护工伤职工的合法权益，对用人单位的工伤保险工作实行监督。

第五十四条 职工与用人单位发生工伤待遇方面的争议，按照处理劳动争议的有关规定处理。

第五十五条 有下列情形之一的，有关单位或者个人可以依法申请行政复议，也可以依法向人民法院提起行政诉讼：

（一）申请工伤认定的职工或者其近亲属、该职工所在单位对工伤认定申请不予受理的决定不服的；

（二）申请工伤认定的职工或者其近亲属、该职工所在单位对工伤认定结论不服的；

（三）用人单位对经办机构确定的单位缴费费率不服的；

（四）签订服务协议的医疗机构、辅助器具配置机构认为经办机构未履行有关协议或者规定的；

（五）工伤职工或者其近亲属对经办机构核定的工伤保险待遇有异议的。

第七章　法律责任

第五十六条　单位或者个人违反本条例第十二条规定挪用工伤保险基金，构成犯罪的，依法追究刑事责任；尚不构成犯罪的，依法给予处分或者纪律处分。被挪用的基金由社会保险行政部门追回，并入工伤保险基金；没收的违法所得依法上缴国库。

第五十七条　社会保险行政部门工作人员有下列情形之一的，依法给予处分；情节严重，构成犯罪的，依法追究刑事责任：

（一）无正当理由不受理工伤认定申请，或者弄虚作假将不符合工伤条件的人员认定为工伤职工的；

（二）未妥善保管申请工伤认定的证据材料，致使有关证据灭失的；

（三）收受当事人财物的。

第五十八条　经办机构有下列行为之一的，由社会保险行政部门责令改正，对直接负责的主管人员和其他责任人员依法给予纪律处分；情节严重，构成犯罪的，依法追究刑事责任；造成当事人经济损失的，由经办机构依法承担赔偿责任：

（一）未按规定保存用人单位缴费和职工享受工伤保险待遇情况记录的；

（二）不按规定核定工伤保险待遇的；

（三）收受当事人财物的。

第五十九条　医疗机构、辅助器具配置机构不按服务协议提供服务的，经办机构可以解除服务协议。

经办机构不按时足额结算费用的，由社会保险行政部门责令改正；医疗机构、辅助器具配置机构可以解除服务协议。

第六十条　用人单位、工伤职工或者其近亲属骗取工伤保险待遇，医疗机构、辅助器具配置机构骗取工伤保险基金支出的，由社会保险行政部门责令退还，处骗取金额2倍以上5倍以下的罚款；情节严重，构成犯罪的，依法追究刑事责任。

第六十一条　从事劳动能力鉴定的组织或者个人有下列情形之一的，由社会保险行政部门责令改正，处2000元以上1万元以下的罚款；情节严重，构成犯罪的，依法追究刑事责任：

（一）提供虚假鉴定意见的；

（二）提供虚假诊断证明的；

（三）收受当事人财物的。

第六十二条 用人单位依照本条例规定应当参加工伤保险而未参加的，由社会保险行政部门责令限期参加，补缴应当缴纳的工伤保险费，并自欠缴之日起，按日加收万分之五的滞纳金；逾期仍不缴纳的，处欠缴数额1倍以上3倍以下的罚款。

依照本条例规定应当参加工伤保险而未参加工伤保险的用人单位职工发生工伤的，由该用人单位按照本条例规定的工伤保险待遇项目和标准支付费用。

用人单位参加工伤保险并补缴应当缴纳的工伤保险费、滞纳金后，由工伤保险基金和用人单位依照本条例的规定支付新发生的费用。

第六十三条 用人单位违反本条例第十九条的规定，拒不协助社会保险行政部门对事故进行调查核实的，由社会保险行政部门责令改正，处2000元以上2万元以下的罚款。

第八章 附 则

第六十四条 本条例所称工资总额，是指用人单位直接支付给本单位全部职工的劳动报酬总额。

本条例所称本人工资，是指工伤职工因工作遭受事故伤害或者患职业病前12个月平均月缴费工资。本人工资高于统筹地区职工平均工资300%的，按照统筹地区职工平均工资的300%计算；本人工资低于统筹地区职工平均工资60%的，按照统筹地区职工平均工资的60%计算。

第六十五条 公务员和参照公务员法管理的事业单位、社会团体的工作人员因工作遭受事故伤害或者患职业病的，由所在单位支付费用。具体办法由国务院社会保险行政部门会同国务院财政部门规定。

第六十六条 无营业执照或者未经依法登记、备案的单位以及被依法吊销营业执照或者撤销登记、备案的单位的职工受到事故伤害或者患职业病的，由该单位向伤残职工或者死亡职工的近亲属给予一次性赔偿，赔偿标准不得低于本条例规定的工伤保险待遇；用人单位不得使用童工，用人单位使用童工造成童工伤残、死亡的，由该单位向童工或者童工的近亲属给予一次性赔偿，赔偿标准不得低于本条例规定的工伤保险待遇。具体办法由国务院社会保险行政部门规定。

前款规定的伤残职工或者死亡职工的近亲属就赔偿数额与单位发生争议的，以及前款规定的童工或者童工的近亲属就赔偿数额与单位发生争议的，按照处理劳动争议的有关规定处理。

第六十七条 本条例自2004年1月1日起施行。本条例施行前已受到事故伤害或者患职业病的职工尚未完成工伤认定的，按照本条例的规定执行。

参考文献

[1] 方向红. 酒店人力资源管理实务[M]. 北京：中国旅游出版社，2015.

[2] 胡友宇. 酒店人力资源管理实务[M]. 北京：清华大学出版社，2013.

[3] 孔秋英. 创新现代酒店人力资源管理[M]. 广州：广东旅游出版社，2017.

[4] 李明宇. 现代饭店人力资源管理实务[M]. 北京：清华大学出版社，2017.

[5] 李志刚. 酒店人力资源管理[M]. 重庆：重庆大学出版社，2016.

[6] 罗旭华. 酒店人力资源管理[M]. 北京：机械工业出版社，2015.

[7] 吕勤. 酒店人力资源管理[M]. 北京：旅游教育出版社，2015.

[8] 栖息谷：http://www.21manager.com.

[9] 舒建辉，宋波. 金盾酒店绩效管理实例与操作[M]. 武汉：华中科技大学出版社，2017.

[10] 王珑. 酒店人力资源管理[M]. 北京：高等教育出版社，2016.

[11] 王文燕. 星级酒店人力资源管理[M]. 广州：广东经济出版社，2013.

[12] 王信乐. 中国民营酒店人力资源管理研究[M]. 北京：世界图书出版公司，2014.

[13] 肖云山. 新编酒店人力资源管理[M]. 南京：江苏美术出版社，2013.

[14] 张浩. 新编世界5星级酒店总经理工作实用全书[M]. 北京：海潮出版社，2016.

[15] 赵国军. 薪酬设计与绩效考核全案[M]. 北京：化学工业出版社，2016.

[16] 褚信. 酒店人力资源管理理论. 实践与工具[M]. 武汉：华中科技大学出版社，2017.

[17] 职业餐饮网：http://www.canyin168.com.

[18] 中华人民共和国人力资源和社会保障部官方网站：http://www.mohrss.gov.cn.

浙江大学出版社
ZHEJIANG UNIVERSITY PRESS

互联网+教育+出版

立方书

教育信息化趋势下，课堂教学的创新催生教材的创新，互联网+教育的融合创新，教材呈现全新的表现形式——教材即课堂。

 轻松备课　 分享资源　 发送通知　 作业评测　 互动讨论

"一本书"带走"一个课堂"　教学改革从"扫一扫"开始

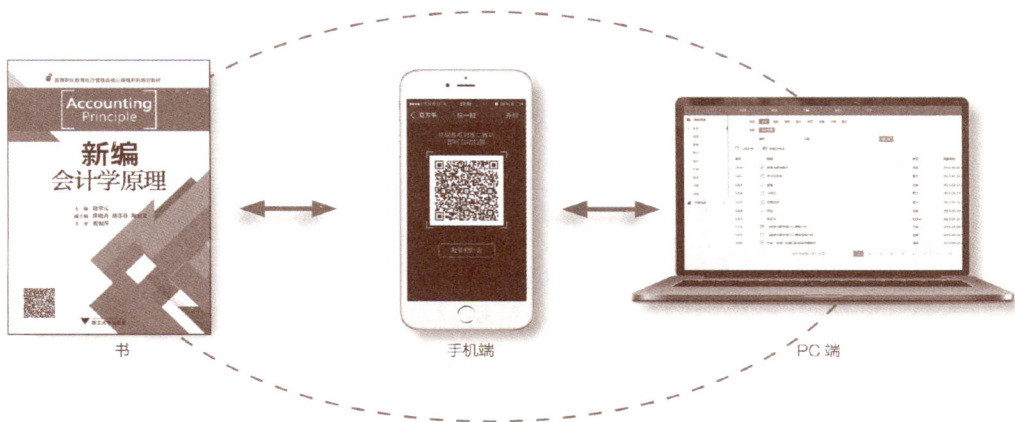

书　　　　　　　　　　手机端　　　　　　　　　　PC端

打造中国大学课堂新模式

【创新的教学体验】

开课教师可免费申请"立方书"开课，利用本书配套的资源及自己上传的资源进行教学。

【方便的班级管理】

教师可以轻松创建、管理自己的课堂，后台控制简便，可视化操作，一体化管理。

【完善的教学功能】

课程模块、资源内容随心排列，备课、开课，管理学生、发送通知、分享资源、布置和批改作业、组织讨论答疑、开展教学互动。

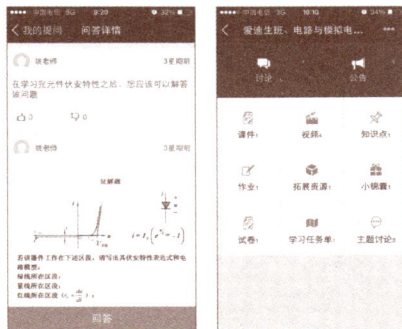

扫一扫 下载APP

教师开课流程

→ 在APP内扫描封面二维码，申请资源
→ 开通教师权限，登录网站
→ 创建课堂，生成课堂二维码
→ 学生扫码加入课堂，轻松上课

网站地址：www.lifangshu.com
技术支持：lifangshu2015@126.com；电话：0571-88273329